清华时间简史

哲学系

唐少杰 编著

清华大学出版社
北京

版权所有,侵权必究。举报:010-62782989,beiqinquan@tup.tsinghua.edu.cn。

图书在版编目(CIP)数据

清华时间简史. 哲学系 / 唐少杰编著. -- 北京:清华大学出版社,2025.4. -- ISBN 978-7-302-68965-2

Ⅰ.G649.281

中国国家版本馆 CIP 数据核字第 20251D2G67 号

责任编辑:梁　斐
封面设计:曲晓华
责任校对:王淑云
责任印制:丛怀宇

出版发行:清华大学出版社
　　　　网　　址:https://www.tup.com.cn,https://www.wqxuetang.com
　　　　地　　址:北京清华大学学研大厦 A 座　邮　　编:100084
　　　　社 总 机:010-83470000　邮　　购:010-62786544
　　　　投稿与读者服务:010-62776969,c-service@tup.tsinghua.edu.cn
　　　　质量反馈:010-62772015,zhiliang@tup.tsinghua.edu.cn
印 装 者:三河市东方印刷有限公司
经　　销:全国新华书店
开　　本:155mm×230mm　印　张:18.5　字　数:281 千字
版　　次:2025 年 4 月第 1 版　　　　印　次:2025 年 4 月第 1 次印刷
定　　价:98.00 元

产品编号:109033-01

清华大学校史编辑委员会

主　　任：邱　勇
副 主 任：向波涛　方惠坚　贺美英　张再兴　庄丽君　胡显章
　　　　　叶宏开　孙道祥　胡东成　韩景阳　史宗恺　范宝龙
　　　　　覃　川
委　　员（按姓氏笔画排序）：
　　　　　马　赛　马栩泉　王　岩　王有强　王孙禺　王赞基
　　　　　方惠坚　邓丽曼　邓景康　卢小兵　叶宏开　叶富贵
　　　　　田　芊　史宗恺　白本锋　白永毅　丛振涛　朱育和
　　　　　朱俊鹏　向波涛　庄丽君　刘桂生　许庆红　孙海涛
　　　　　孙道祥　杜鹏飞　李　越　杨殿阁　邱　勇　邱显清
　　　　　余蒲潇　张　佐　张　婷　张再兴　陈　刚　陈克金
　　　　　范宝龙　欧阳军喜　金富军　宗俊峰　赵　伟　赵　岑
　　　　　赵　鑫　赵庆刚　胡东成　胡显章　贺美英　袁　桅
　　　　　顾良飞　钱锡康　徐振明　唐　杰　曹海翔　韩景阳
　　　　　覃　川　裴兆宏

"清华时间简史"丛书
总　序

清华大学走过了110多年的沧桑历程。从一所留美预备学校,到独立培养人才的国立高等学府;从抗战烽火中的西南联大,到新中国成立回到人民的怀抱;从院系调整后的多科性工业大学,到改革开放后逐步发展成综合性、研究型、开放式的世界一流大学,清华见证了中国高等教育的发展壮大,也成为世界高等教育发展的重要组成部分。

在一所大学的历史中,学科与院系的建立、变迁与发展是十分重要的方面。1911年清华学堂建立,1912年更名为清华学校;1925年设立大学部,1926年设立了首批17个学系;1928年更名为国立清华大学,此后相继设立文、理、法、工4个学院,下设16个学系;1937年南迁长沙,与北京大学、南开大学合组长沙临时大学,1938年西迁昆明,成立国立西南联合大学,联大共设有5个学院26个学系;1946年复员后,清华大学设有文、理、法、工、农5个学院26个学系,1948年底清华园解放;20世纪50年代的高校院系调整后,清华大学成为多科性工业大学,设有8个系,至"文革"前发展成12个系;改革开放以来,大力加强学科建设,恢复和新设了许多院系,目前共有按学科设置的20多个二级学院,近60个系,以及承担人才培养和学术研究任务的若干研究院、中心等,覆盖理学、工学、文学、艺术学、历史学、哲学、经济学、管理学、法学、教育学和医学等11大学科门类。

清华大学始终非常重视校史研究和编纂,早在1959年就成立了校史编辑委员会,下设校史编写组,现已发展成校史研究室、党史研究室、校史馆"三位一体"从事校史研究和教育的专门机构。几十年来,先后编纂出版了《清华大学校史稿》《清华大学史料选编》《清华人物志》《清华大学志》《清华大学图史》《清华大学一百年》等一系列学校层面的校史系列图书。同时,许多院系和部门也结合院系庆等契机,组织编写了纪念文集、校友访谈录、大事记、人物名录及宣传画册等图书资料，多形式、多侧面、多角度地反映了自身历史的发展。但长期以来，全面系统的院系史研究、编写和出版，还是校史研究编纂工作中的空白。

2015年前后，校史编委会委员、教育研究所原所长王孙禺教授和校史研究室研究人员李珍博士，与相关院系合作，对电机系、人文社会科学学院、教育研究院等院系的历史进行了深入研究，相继编写出版了《清华时间简史：电机工程系》《清华时间简史：人文社会科学学院》《清华时间简史：教育研究院》等图书。这是推进院系史研究的一种有效形式，也是深化校史研究的一个重要途径。经过认真调研和周密筹划，我们提出在全校启动实施"学科院系部门发展史编纂工程"。

这一工程得到学校的充分肯定和大力支持。由校史研究室组织协调，实施"学科院系部门发展史编纂工程"，编写出版"清华时间简史"系列丛书，与档案馆牵头、校史馆参与的"清华史料和名人档案征集工程"，一同被写入清华大学党委颁布的《关于进一步加强和改进新形势下宣传思想工作的实施意见》和学校文化建设等发展规划，2018年还被列为清华大学工作要点的重点工作之一。从2017年起，学校每年拨付专门经费进行资助。先后担任校党委书记的陈旭、邱勇和先后担任校党委副书记分管校史工作的邓卫、向波涛等领导，对这一工作给予了亲切关心和具体指导。

这一工程更是得到各院系、各部门的热烈响应和踊跃参与。2017年工程正式启动，就有40多个院系等单位首批申报。经研究决定，采取"同步启动、滚动支持、校系结合、协力推进"的方式逐步实施。校史编委会多次召开专家会议，对各院系的编纂工作进展情况和经费预算进行评审，校史研究室通过年度检查和专家讲座等加强组织协调和学术指导。许多院系党委书记、院长主任等亲自负责，很多老领导、老同志热情参与，各院系单位都明确了主笔和联络人，成立了编写工作组等，落实编纂任务。档案馆在档案史料查阅等方面提供了积极帮助，出版社对本丛书的编辑出版给予了全力支持。

在大家的共同努力下，"学科院系部门发展史编纂工程"取得初步成效。按计划，首辑"清华时间简史"系列丛书于110周年校庆之际出版发行。现在，丛书第二辑也陆续交付出版。丛书在翔实、系统地搜集和梳理历史资料的基础上,全面、生动地回顾和总结各院系、学科、部门的发展历程,全方位、多样化地展示了清华的育人成果和办学经验,不仅有助于了解各院系的历史传承,结合各学科专业特点开展优良传统教育,促进各学科院系的长远发展,而且对更好地编纂"清华大学史"有重要帮助,也可为教育工作者和历史工作者研究高等教育史、学科发展史等,提供鲜活、细化的资料。

习近平总书记指出:"重视历史、研究历史、借鉴历史,可以给人类带来很多了解昨天、把握今天、开创明天的智慧。"学科院系部门发展史的研究与编纂是一项浩大的学术工程,意义重大、任务艰巨,需要持之以恒、不懈努力。我们要进一步加强组织协调、抓紧落实推进,确保"清华时间简史"丛书分批次、高质量地出版,力争"学科院系部门发展史编纂工程"不断取得新的成果,为清华新百年的发展积累宝贵的历史资源、提供有益的历史借鉴,为建设世界一流大学作出独特的贡献。

范宝龙

2022 年 4 月

(作者系清华大学校史研究室主任、研究员)

清华大学之成立,是中国人要求学术独立的反映。在对日全面战争开始以前,清华的进步,真是一日千里。对于融合中西新旧一方面,也特别成功。这就成了清华的学术传统。

抗战十年中间,清华在物质方面,受了许多打击。但是她的学术传统,是仍然存在的。这个学术传统对于中国的新文化,一定是有大贡献的。

不管政治及其他方面的变化如何,我们要继续这个学术传统,向前迈进。对于中国前途有了解的人,不管他的政治见解如何,对于这个传统是都应该重视爱护的。

——清华大学哲学系教授　冯友兰[①]

[①] 冯友兰:《清华的回顾与前瞻》,《三松堂全集》,第十三卷,751页,郑州,河南人民出版社,1994。

前　言

自 1899 年黄遵宪从日语引进、稍后由梁启超等推广的"哲学"一词在中国流行以来,现代意义上的中国哲学学科及学术的开启和演化,至今已有 120 余年。1912 年北京大学哲学系("哲学门")的设立,标志着中国现代哲学学科的正式确立。1926 年清华哲学系的建立以及之后的历史,成为这 120 余年中国现代哲学学科及学术发展的一个至关重要的部分。

纵览清华大学哲学系系史,有以下几点格外引人注目,值得进一步探讨。

其一,从 19 世纪最后几年开始,中国近世大学的出现意味着中国现代高等教育制度的发生或衍生,已完全不是中国古代高等教育理路和体制的延续或再现,而是借鉴、引进西方大学教育的理念和机制,折射出中国现代思想—学术—教育的不断重构和总体转型。因而,以北京大学哲学系、清华大学哲学系的建立和发展为契机甚或说"支点",20 世纪的中国哲学学科及学术已不同于以往千年的中国古代哲学传统,这种哲学学科及学术只有基于近代以来的中外文化的张力,只有立于东西哲学的汇合,才有可能开辟出创造的思想天地,才有可能收获创新的理论成果,进而也才有可能夯实中国现代哲学的安身立命之地。故此,清华大学哲学系系史的一大"亮点"在于:在 20 世纪上半叶的 20 多年里,清华大学哲学学科及学术取得的教学业绩和研究成就。具体地说,清华大学哲学系同人们对于中外哲学思想、东西哲学学术的批判性继承和创造性转化,致使这一时期的中国哲学既没有落伍于哲学文明的前沿,也没有游离于世界哲学的大道,更创造性地赋予整个中国哲学富有现代性的话语、视域、脉络和诉求,特别是促使整个中国哲学具有了现代世界哲学的论题、范式、旨趣和风格,从而使得清华大学哲学系成为这一时期中国哲学的一大标杆。毋庸置疑,相较于中国所有大学的哲学系,清华大学哲学系对于这一时期的中国哲学作出了无出其右的贡献。

其二,清华大学哲学系凝聚着其独有的"学统"。清华大学哲学系的进程就是由其独辟蹊径的中外哲学学科融会贯通、东西哲学学术相得益彰的学统所铸就的。这种学统主要体现在哲学学科建设的取向和哲学学术发展的风范上,即学统是学科及学术的内在"理路"。从"大历史观"来看,这种学统不限于中国古代"道统、法统、学统"结成的三位一体之关系所映现出的儒家意识形态的"正统""主导""权威"等特性,还专指某一学科或某一学派所积淀、所演进或所传承的学术传统。但是,具有深厚历史意蕴的学统问题对于现当代思想界、学术界和教育界的同人们来说,更加具体而又更加敏感的是指"学术自主""学术追求""学术创新"等。在很多时期或特定条件下,学统问题必然涉及某一学科及学术与非学科及非学术的力量或因素之间颇为复杂的甚至异常棘手的现实关系。清华大学哲学系系史表明:哲学学统的旨归在于求真、明善、唯美、至圣的互动和统一。唯有务实、反思、批判、创新的学统,才会有哲学学科的生长点,才会有哲学学术的生命力。质言之,哲学的真正进步和大学的全面升华就是各自独具精髓的学统的发扬光大、至全至臻。然而,尤为沉重而又令人痛心的是,一旦非学科的及非学术的甚至反学科的及反学术的作用和影响遮蔽、扭曲、消解或"包办"了学统,这种作用和影响就绝不只限于学科的领域和学术的范围,也不只是带来学科的惨淡和学术的凋零,更有可能造成大学的蜕化、启蒙的沦丧、精神的低迷、文明的落后⋯⋯因此,学统关联到教育的归宿、大学的目标、学问的畛域、思想的态势。

其三,清华大学的命运关系到清华哲学系的有无,而清华哲学系的有无则关系到清华大学学科及学术的兴衰。显而易见,在清华大学近110年的历史上,无比遗憾乃至无比尴尬的是,哲学学科的总体空白以及哲学系的整个缺失长达近半个世纪。确切地说,迄今为止,清华哲学系实际存在的时间只有46年,分别为1926—1952年和2000年至今。由此,引申出争论已久的对于现今和未来的清华大学来说是否需要甚至能否拥有哲学系之类的问题。对于这类问题,清华大学哲学系前系主任黄裕生在其当年的就职致辞中作出了掷地有声的答复:"大学之为大学,不在其学广而无所不包,而在其学通而无所不达。众学中者,唯哲学为至通之学,是以,哲学乃大学之灵魂,众学之根本。无哲学,则大学失其精神而为技校,众学丧其根基而为器术。人类有哲学而始有学园;自大学兴于中古,哲学系必与焉。盖此之故也。"换言之,我本人见证并置身于其中的清华大学最近30年的历程也从某一方面凸显出上述关系。1993年,清华大学首次提出到2011年建校100周年要把清华大学建设成"世界一流大学"。2011年,清华大学决定延续9年,到2020年建设成"世界一流大学"。尽管什么是"世界一流大学",见仁见智,争执不已,但是在我看来,"世界一流大学"的标准应该而且必须具备哲学学科及学术的定位(具体地说,哲学系的品位和取向)。这里,援引中国科学院院士、原华中理工大学(华中科技大学前身)校长杨叔子的真知灼见,权作激励:"没有一流的文科就没有一流的理科,没有一流的理科就没有一流的工科,而没有一流的哲学,就没有一流的文科。"①

历史不只是以往,以往也不等于遗忘。"一切历史都是当代史"(或"一切历史都是现代史")的说法和做法,不是囿于从"历史"来看待和评价"当代",而是旨在从"当代"来解说甚至反复"塑造""历史"。无论怎样,一部清华大学哲学系系史,可谓中国现代哲学学科及学术坎坷发展的典型个案化的"坐标系",堪称清华大学历史曲折前进的高度凝缩了的"活标本"!

唐少杰
2020年5月

---

① 转引自邓晓芒:《哲学起步》,89~90页,北京,商务印书馆,2017。

目　录

一、由来 ·· 1

二、演变 ·· 3

 （一）初创期（1926 年 9 月至 1932 年夏） ·· 3

 （二）成熟期（1932 年 7 月至 1937 年 7 月） ··· 4

 （三）兴盛期（1937 年 8 月至 1945 年） ·· 6

 （四）复员和转折期（1946 年至 1952 年夏） ··· 9

 （五）中止期（1952 年秋至 1999 年底） ··· 10

 （六）复建期（2000 年至今） ·· 11

三、现状 ·· 14

 （一）师资与学科的优势和特色 ·· 14

 （二）教学特长 ·· 18

 （三）国内外学术影响 ·· 19

 （四）学术研究团体活动 ··· 20

 （五）未来取向与发展目标 ·· 21

四、历年师资 ··· 22

 （一）1926 年 9 月至 1952 年 7 月 ·· 22

 （二）2000 年 5 月至今 ··· 23

五、学科沿革 ··· 27

六、教学及课程 ·· 34

 （一）初创期 ··· 34

 （二）成熟期 ··· 35

 （三）兴盛期 ··· 38

（四）复员和转折期 43
　　（五）中止期 45
　　（六）复建期 45

七、学术研究 75
　　（一）1929—1937 年 75
　　（二）1938—1952 年 83
　　（三）2000 年至今 96

八、学生简况 167
　　（一）1929—1952 年 167
　　（二）2000 年至今 172

九、历任系领导 191

十、大事记 193

附录 201
　　清华大学哲学系史略　胡伟希 201
　　冯友兰先生与清华大学原哲学系的传统学风　刘鄂培 ... 210
　　继往开来
　　　　——王玖兴先生访谈录　崔唯航　李云霞 采访整理 ... 225
　　学统、知识谱系和思想创造
　　　　——"清华哲学研究系列"总序　万俊人 231
　　我们为什么需要研究西方哲学？
　　　　——《清华西方哲学研究》创刊辞　黄裕生 238
　　我和清华的逻辑缘　刘奋荣 242

部分杰出系友简介 246

参考文献 252

致谢 253

补记 255

一、由　来

　　清华哲学系成立于 1926 年,是清华从早期培训留美学生的"预科学校"转变为现代综合大学的过程中,在设立大学部之际建立起来的,相关的哲学课程则从清华成立之始就已开设。

　　1909 年 7 月 10 日,清廷外务部与学部(教育部)会奏设立"游美学务处",下设"游美肄业馆"。游美学务处主管选派留美学生事务,游美肄业馆负责培训留美学生事宜。被选派去美国的学生必须在该馆接受半年至一年的品学考察与语文训练。游美肄业馆于 1909 年 9 月 28 日开办,实则成为清华的前身。

　　1911 年 4 月 9 日,外务部会同学部奏请批准,将游美肄业馆改名为"清华学堂"并订立章程。11 日,清宣统皇帝朱批:"依议。钦此。"奏折所附《清华学堂章程》,订于 1911 年 2 月。在这个章程中,课程分为哲学教育、本国文学、世界文学、美术音乐、史学政治、数学天文、物理化学、动植物生理、地文地质、体育手工十类,各学科分通修(识)与专修(业)两种。

　　1911 年秋天,在清华学堂历史上的第二个学期,由于 10 月 10 日爆发了辛亥革命,清华学堂难以为继,被迫关门。1912 年 5 月 1 日,清华学堂重新开学。10 月,清华学堂改名为"清华学校",删除了原英文名"Tsing Hua Imperial College"中的"帝国"(Imperial)一词,变为"Tsing Hua College"。由于进入了民国时代,清华着手准备改制培训学校为大学。清华从培训学校改制为大学,作用非凡,意义深远,影响重大。基于清华自身当时的状况和后来的发展,如果清华不改制成大学,就只是一所培训学校,就没有清华自身学术研究的独立性,也就很难实现清华乃至现代中国高等教育的创造和发展。

　　1925 年 5 月,清华学校在原有的"中等部"(初中)和"高等部"(高中)之外,设立"大学部"。自此,清华学校正式有了大学本科教育设置。

同月，清华学校"研究院国学门"（国学研究院）正式成立，清华学校有了学界瞩目且稍后闻名于全国的致力于研究中国学术思想文化的"重镇"。

1926年4月15日，清华学校为大学部订立了《清华学校组织大纲》，共分为八章。第一章"学制总规则"规定：本学程以学系为单位；大学部本科修业期至少四年，学生毕业后授予学士学位。第三章"关于评议会"规定：本校设评议会，以校长、教务长及教授会互选评议员七人组成；校长为当然主席……第四章"关于教授会"规定：本校设教授会，以全体教授及行政部各主任组织之。据此，评议会和教授会的职权制约着清华学校事务的诸多方面。这是清华"教授治校"运作机制的由来。

1926年4月28日，清华学校评议会举行第二次会议，决定大学部设立哲学系等17个系，其中哲学系、国文学系、西洋文学系、历史学系和社会学系5系为清华最早成立的一批学系。这次会议议决设立专修课程的11个系，包括国文学系、西洋文学系和历史学系等。暂不设立专修课程的有6个系，包括哲学系、东方语言学系、社会学系等。9月，在赵元任的引荐下，金岳霖被聘为清华学校大学部哲学教授，负责创办清华哲学系。

由此，清华哲学系开启了自己的历史。同时，在哲学系之外的"研究院国学门"也从事包括哲学在内的研究和教学。该院全称"清华学校研究院"（The Research Institute of Tsing Hua College），简称"研究院"。清华在1929年以前拥有的研究院仅指国学研究院。虽然该研究院与大学部是两个并列的机构，在教学、教育体制和学术研究方法上有所不同，但是这两个机构的一些教师都开设哲学课程，所以清华早期的哲学学科领域涉及上述两个机构。

二、演　　变

近百年的清华哲学系历史,可以分为六个时期:
(一) 初创期(1926 年 9 月至 1932 年夏)
(二) 成熟期(1932 年 7 月至 1937 年 7 月)
(三) 兴盛期(1937 年 8 月至 1945 年)
(四) 复员和转折期(1946 年至 1952 年夏)
(五) 中止期(1952 年秋至 1999 年底)
(六) 复建期(2000 年至今)
这六个时期的演变大致如下。

(一) 初创期(1926 年 9 月至 1932 年夏)

清华哲学系初创期可分为两个时期:一是 1926 年 9 月至 1929 年 6 月的创建期;二是 1929 年 9 月至 1932 年夏的发展期。

创建期的三年在清华的历史上跨越了清华学校与国立清华大学两个阶段。相对来说,哲学系当时呈现出势单力薄的特点,例如,师资结构单一,学生人数偏少,课程体系不全,学术成果不多,但哲学系的独特学风和精神面貌却初见端倪。这三年的清华哲学系也经历了两个阶段:先是 1926 年至 1927 年清华学校时期的哲学系;后是 1928 年至 1929 年国立清华大学伊始的哲学系。1926 年 9 月,年仅 31 岁学成回国的金岳霖讲授逻辑学课,成为哲学系唯一的教师兼系主任。当时哲学系的状况如同流传较广的说法,即一师一生之"一系"。"师"为金岳霖,"生"为沈有鼎,当时实际上有两个学生。之后,1928 年 8 月 17 日,南京国民政府决定把清华学校改制为"国立清华大学",任命罗家伦为清华大学校长。罗家伦将冯友兰等从燕京大学引进清华,冯友兰担任哲学系教授兼清华秘书长。这一时期的哲学系变化不大。

发展期的三年由于校长人选和改选等问题,成为国立清华大学校政动荡的时期,由此映现出当时中国政治格局的变换。1929年下半年的新学期,也即清华研究院解散后,金岳霖辞去哲学系主任一职,请冯友兰继任。在接下来的八年时间里,哲学系主任由冯友兰担任。这一时期的哲学系在校政动荡中稳步地发展,保持了向前拓展的良好态势。在这三年里,哲学系的学生有所增加,在原有教师外,1930年聘请数位青年教师为讲师。1931年张申府被聘为教授后,与冯友兰、金岳霖、邓以蛰三位教授齐聚哲学系,并称"四大金刚"。哲学系新开课程也有所增加。稍后,清华大学哲学系开始步入发展的成熟期。

(二) 成熟期(1932年7月至1937年7月)

这五年亦是清华哲学系基本定型、成熟并且趋于兴旺的时期,形成了自己独特的风格。其标志如下:

第一,文科研究所哲学部成立。1930年3月13日,清华大学本年度第7次评议会(冯友兰担任书记)修正通过了《国立清华大学研究院规程》,决定成立文科研究所,下辖哲学部等部。各部分别基于原有课程,增设研究课程若干门,由各系教授任导师,指导学生做专门研究。1931年3月26日,冯友兰主持召开清华大学第11次评议会,请教育部准许清华有硕士、博士学位的授予权。1934年5月30日,清华大学第77次评议会修正通过《国立清华大学研究院章程》:第一条,"国立清华大学遵照教育部颁布大学研究院暂行组织规程,暨本大学规程第二章第四条,设立研究院";第二条,"研究院按照本大学所有各学院暂设文理法三科研究所。文科研究所设中国文学、外国文学、哲学、历史学暨社会学五部"。从此,作为清华专门研究机构之一的哲学部正式成立。

第二,哲学系形成一定格局。1934年6月1日《清华周刊》第41卷发表各系主任介绍各系状况的专文,哲学系代理系主任张申府介绍当年该系状况的文章要点如下:

1. 教师方面,原有教授4人:冯友兰、张申府、金岳霖、邓以蛰,专任讲师沈有鼎,讲师林宰平、贺自昭、潘怀素。……本系在全国大学哲学系中又未尝不可称为最强一系。2.学生方面,本科生14人,研究所3人。本系学生虽尚不多,但却各有所长。……3.设备、建筑方面,本系无可称。本校……哲学馆则还缺如。因此,所谓哲学之家者,至今仍在旧图书馆楼下106~109号四间房子。理想上,一个哲学馆是可以有的。4.本年图书费虽减少二百七十,不复足六千之数,但英德法文新刊书册,大部分均能购置。……新近购进一全套MIND(全世界最好的哲学杂志)以及德国最有名的《科学的哲学季刊》(40卷)。此外英法德文主要的哲学杂志全套,也均拟从下年度起陆续购齐。至现在按期订阅的哲学杂志,已订有33种,计英文15种,法文7种,德文7种,日文4种。只有意大利文、俄文的尚未订。5.本系课程,可分三组:初等的即逻辑与哲学概论,均是预备性质;中等的即西洋哲学史、中国哲学史、印度哲学、论理学、美学等;高等的即为各专家研究、专题研究。本年度实际开班课程有14种。

张申府概括道:

清华重视逻辑,恐怕已经是全国都知的事实了。重视逻辑不但因为逻辑本来应当受到重视,也实在因本系教师恰巧大多数是努力于逻辑者。因此,关系逻辑的学程,当然也设得比较多。……本系之注重逻辑,注重解析,实在是全无疑虑的。此外,本系教师中哲学见解上也多少有一个共通点,即大多数均倾向于实在论。所以,本系的趋向与希望就在期成一个东方的剑桥派。因此使本系学生都有相当的科学基础,也必是本系不怠注意的事。同时,本系也不但只注意西洋哲学的研究而已,对于本国的东西也同样相当的重视。还有,哲学在现在至少可有两个意义,一则以为解析(逻辑解析),一则以为通观。前者可成一种谨严的专门学问,后者是现代社会所需要,本系也当同不忽之。

张申府实质上总结出了清华哲学系早期的"学术特长"乃至"学派特性"。

第三,哲学上的"清华学派"的初步形成。按照张申府所强调的,由于哲学系教师的特点,"本系的趋向与希望就在期成一个东方的剑桥派"。由此,"清华学派"日后也常被提起,更被人们所争论。尽管人们对这种学派的定性、取向、划分和影响等有着不同的看法、追述、解说和评论,但是比较确定的一点在于:狭义的"清华学派"是指坚持逻辑分析的教研特色以及具有实在论倾向的清华大学哲学系,这是从20世纪30年代开始,以40年代金岳霖、冯友兰各自创立的哲学体系和共同代表的清华哲学特性为标志的。又如后来张岱年所作的具体分析,哲学上的"清华学派"是指20世纪20年代末至40年代以清华哲学系为中坚,倡导新实在论、注重哲学的逻辑论证的哲学派别。

总之,1932年7月到1937年7月这五年间,哲学系无论是在师资力量和师资结构以及课程开设和学术著述,还是在学生的人数扩大和学生活动的丰富,以及拥有相关的教学和研究资料等方面,都有了长足的进步和显著的提高。

(三) 兴盛期(1937年8月至1945年)

这一时期包含三个阶段:一是1937年8月至1939年夏,二是1939年秋至1942年夏,三是1942年秋至1945年。

1. 1937年8月至1939年夏

1937年7月7日,卢沟桥事变爆发,日本全面入侵中国。北平失守,清华大学开始南迁。抗日战争全面爆发后,伴随着国土的不断沦陷,为形势所迫,陷入或即将陷入日本侵略军占领区的多所著名学府,流离颠沛,辗转异地,其中当然包括清华大学及其哲学系。9月10日,教育部宣布以清华大学、北京大学、南开大学以及中央研究院组建国立长沙临时大学,改定开学日期为10月25日,11月1日开始正式上课。10月2日,长沙临大第四次常委会通过了院系设置,文学院设四系,其中哲学、心理学和教育学三个学科并设一系,合称哲学心理教育学系。随后,任命冯友兰为系教授会主席(实为系主任)。该系迎来南渡之后的第一个发展时期。该系所在的文学院情况较为特殊,由于新址搬迁在开学之日未完成,故而只能向后推延。因为交通中断,一些教师不能按时到校开课。汤用彤等教授辗转多地、花费多时才到达长沙,足迹几乎遍及半个中国。长沙临大开学时,文学院仅到19位教授,其中哲学组只有冯友兰、金岳霖、沈有鼎三位原清华的教授按时开课。11月19日,文学院正式上课。哲学心理教育学系四个年级总共有在校学生64人。

12月,由于南京沦陷、武汉告急,长沙已处于战争前方。1938年1月19日,国民政府批准长沙临时大学迁往昆明。4月2日,教育部宣布改国立长沙临时大学为国立西南联合大学,弃用"临时"二字,以表示持久抗战的决心。5月4日,清华大学、北京大学、南开大学三校合并组成国立西南联合大学。西南联大成立伊始,因为教室、宿舍不够使用,配套设施也跟不上建设,所以校方3月15日开会决定在蒙自开辟分校,文学院与法学院安置在此,这里成了原清华哲学系新的所在地。4月19日,西南联大常委会决定批准冯友兰辞去哲学心理教育学系主任职务,代理文学院院长之职,改请汤用彤为该系主任。5月4日,该系在蒙自开学。由于该系只在长沙停留了一个学期,所以西南联大的第一个学期,其实就是长沙临大学年的下学期。课程与长沙临大时相比,没有大的区别。

西南联大第一个学期结束之后,因为蒙自分校已被航空学校征用,哲学心理教育学系又被迫搬迁。先是该系搬回昆明,联大在城西三分寺附近购置了土地,正施工建设新校址,但不能解燃眉之急;后是学校决定借昆华工业学校校舍作为文学院的基地,该系又一次迁回,几番折腾,不堪所累。

1938年11月15日新学期开始之前,哲学心理教育学系有比较大的调整。8月4日西南联大常委会做出新的学科调整的决定,将原统合于该系的教育学部分抽离,与云南大学教育学系合并后,划入新设立的师范学院中。因此,哲学心理教育学系也更名为哲学心理学系,下辖哲学组与心理学组。10月18日,冯友兰被正式任命为文学院院长,汤用彤继续担任系主任。本学年的哲学教授聘任名单也得以确定。

2. 1939年秋至1942年夏

西南联大第二个学年于1939年10月2日开始,三校各自的研究院(所)重新运行,意味着恢复研究生招生已被提上议事日程。1939年7月12日,清华大学本年度第2次评议会通过拟订本校研究院各所计划,允许文科研究所哲学部旧生复学,并可兼招新生,冯友兰任该部主任。8月23日,清华大学正式恢复文科研究所,设哲学部等四部,并确定研究生招生考试科目细则。文科研究所哲学部的恢复,使得原清华哲学系的研究与教学工作得以正常化,哲学系得以相对完整地重建,直到此时,哲学系才真正回到了战前的教研水平。这也标志着在经过从长沙临大到西南联大两年多的开拓期后,哲学系已步入了稳定发展和日益巩固的阶段。

1940—1941学年,尽管有着开学延迟等问题,但哲学心理学系哲学组还是基本上完成了这一学年的教学进度。在这一学年,包括该系在内的分校学生全部加入西南联大昆明本部。

接下来的1941—1942学年,由于分校的撤并,西南联大开始得以作为一个整体运作。中日战争双方进入相持阶段,西南联大相对幸运地有了持续发展的时机,不必再分离,四处奔波。哲学专业已有五届本科生毕业,他们大都表现优异,其中的一些人坚持哲学教研工作,一些人则从事文学创作、社会改良等领域的工作,更有奔赴抗日前线或共产党根据地的学生。

1940—1942年,包括清华哲学系在内的西南联大哲学心理学系哲学组取得了优异的成绩,特别是取得了突出的学术成果,而后几年西南联大的哲学学术研究及其发展,很大程度上是基于这三年所确定的方向。西南联大哲学学科这三年的成果影响之大,学术反响之深,有力地推进了西南联大进入其发展的兴旺期。更为显著的是,正是在这三年,清华哲学学科不断得以强化,清华学派持续得以弘扬,这些都为西南联大哲学教学与哲学研究的成熟和稳固作出了关键性的贡献。

3. 1942年秋至1945年

1942年前后,西南联大哲学心理学系哲学组的成就主要体现在两个方面。一方面,教学体系的稳定扎实、日益成熟和相对健全,学程的蔚为大观,课程的井然成序,已在当时中国的哲学学科以及中国所有的大学哲学教学中独占鳌头。与此同时,哲学组始终坚持教研相长,教学促进研究,研究带动教学,促动二者相辅相成,相得益彰,不仅直接代表了当时中国的哲学教学风范,而且具体体现了当时中国的哲学研究水平。另一方面,产生了一批意义显著、影响深切的哲学学术研究成果。就是在这一时期,来自清华哲学系的金岳霖和冯友兰分别出版《论道》一书和创立"新心学",标志着包括清华哲学系在内的西南联大的哲学学术研究成就达到了新的高度。

1945年8月15日,日本投降,抗日战争结束。整个西南联大与全中国一样欢天喜地,无比欣悦,教师和学生都自发走上街头,欢庆胜利。1946年5月4日上午9时,西南联大在新校舍图书馆前举行结业典礼,学生也从即日起分批离开昆明北上。清华大学哲学系跟随西南联大风雨漂泊、艰卓奋斗的岁月,此刻终告结束。

西南联大创造了中国现代大学教育以及哲学教研的奇迹,这些又恰恰与战乱年代的动荡、战时生活的艰辛及困苦不堪的求学,构成了格外鲜明的对比。从西南联大八年的历程中,走出了一批造诣突出、硕果累累、闻名遐迩的哲学学者,培养出了一批学业非凡、学识独到和学问深厚的后学,并成为日后中国哲学教育和哲学学术的中流砥柱。清华大学哲学系的教师们与北京大学、南开大学的同人们齐心协力,众志成城,铸就了西南联大这一当时整个中国首屈一指的哲学"重镇"的灿烂和辉煌。对于清华哲学系的历史而言,更为重要和更为独特的是,西南联大时期是清华哲学学科的定型期,也是清华哲学学派的兴盛时期。以冯友兰、金岳霖等为代表的清华哲学教授们的教学风范、学术著作和研究取向展示了正如万俊人所指出的清华哲学学派的两个基本特点:其一,穷思于明理;其二,极志于至善。若一言以蔽之,则可用冯友兰毕生乐道的"极高明而道中庸"概括之。

(四)复员和转折期(1946年至1952年夏)

哲学系在这一时期又有两个阶段:一是1946年至1948年底的复员期,二是1949年初至1952年夏的转折期。

1946年8—9月,清华大学回到北平原校址,10月10日正式开学。1946年10月至1948年底,哲学系基本上恢复了抗战前夕的规模,延续了西南联大的教研风格和水平。

1948年12月15日,中国人民解放军进驻清华园。次年1月10日,解放军北平军事管制委员会正式接管清华大学。哲学系进入新的时代。

1949年5月24日,金岳霖、郑昕召集第一次哲学座谈会,清华大学、北京大学哲学系教师及其他哲学工作者参加。7月8日,由原延安新哲学会和中国哲学会中的著名人士发起,召开筹备全国性的新哲学研究会的会议。稍后,在中央教育部和北京市委的领导下,清华大学开始了初步的教育改革工作。在这个时期,开设政治课程就是这种改革的重要环节之一。从1949年10月开始,清华开设了历史唯物主义和社会发展史的课程,并成立了辩证唯物主义与历史唯物主义教学委员会(简称"大课委员会")。这是马克思主义及其哲学课程第一次登上清华全校的讲台。政治课的开设引起较大的震动,促使一些文科课程发生变动。10月11日,华北高等教育委员会颁布《各大学、专科学校、文法学院各系课程暂行规定》,其中规定废除"反动课程"(国民党党义、六法全书等),开设马列主义课程,规定辩证唯物主义与历史唯物主义、新民主主义论和政治经济学为文法学院的共同必修课。稍前,清华哲学系还发生了系领导的人事变动。在这一时期,清华哲学系的教学和课程不仅发生变动,在规模上也有缩减。

(五)中止期(1952年秋至1999年底)

随着新中国的成立,一方面为了全力加速工业化及国防现代化的建设,急需大量工业建设的专门人才,另一方面为了大力肃清1949年之前旧社会的教育和思想等,新中国必然要进行大规模的教育整合以及全国性的大学调整。再加上新中国当时缺少自己的办学资源和办学经验,必然要运用苏联的大学办学模式,制定了"以苏联为师"和"向苏联一边倒"的政策。自1951年11月至1952年6月,教育部采取了一系列的调整方案,实施全国高等院校及学科专业的大调整。

1952年9月,经过批准,院系调整清华大学筹备委员会确定清华大学本校设立8个系、22个专业和15个专修科。1952年下半年,根据苏联经验,教育部制定"以培养工业建设人才和师资为重点,发展专门学院,整顿和加强综合性大学"的方针,初步完成华北、东北、华东等地的高等院校院系调整。清华大学拥有的工、农、文、理、法五大学院,只保留工学院,其他学院调出。清华大学由此成为一所工科大学。

从1952年夏秋开始,全国各大学除北京大学以外,均取消哲学系,各大学哲学教师集中在北京大学的哲学系。全国六所大学的哲学系(北京大学、清华大学、燕京大学、南京大学、武汉大学、中山大学)合并为北京大学哲学系,金岳霖任系主任。金岳霖决心掌握马列主义、毛泽东思想:"学好马列主义、毛泽东思想,一年不行,用两年;两年不行用五年;五年不行用十年;十年不行用二十年!"[①]冯友兰回忆,院系调整"方案提出后,许多清华的人持反对意见,有抵触的情绪。清华的人认为,北大和清华,从院系和课程方面看是重复的,但这两个大学代表不同的学派,有不同的

[①] 羊涤生、刘鄂培、钱逊、刘桂生等:《金老的道德文章永远是我们的表率》,载刘培育主编:《金岳霖的回忆与回忆金岳霖》,266页,成都,四川教育出版社,2000。

学风,应该像英国的剑桥和牛津两个大学那样,让它们并存,互相比较,互相竞争,以推动学术的进步";"我原来也是强调清华、北大的不同,主张要让它们并存的"。①

1953年2月,教育部通知,自1953年度起,马克思列宁主义基础为各类高等学校及专修科(两年以上)二年级的必修课。清华大学设立政治课教研室,下设的哲学教研组于1956年春成立,蒋南翔任该组主任。1957年夏季,政治课教研室各课程暂停,1960年恢复,哲学教研组主任先后由蒋南翔、艾知生担任。1966年7月至1976年底,政治课教研室各教研组陷于停顿;自1970年到1977年,政治课教师都下放到各系参加有关时事政策学习的辅导工作。

1978年清华大学恢复设立马列主义教研室以及哲学教研组并开课。1984年2月,马列主义教研室改为社会科学系,下设马克思主义哲学教研组等6个教研组。1993年12月,人文社会科学学院成立,下设哲学与社会学系(系主任李润海)等系,撤销社会科学系。从1953年至1999年,作为全校政治课的马克思主义哲学的讲授成为这一时期清华哲学教学的主要方面,这种教学在1966年至1977年也曾被中断。

从1952年秋到2000年5月,清华大学哲学系中止办学长达48年之久。

(六) 复建期(2000年至今)

20世纪80年代后期,清华大学重新确立综合性、研究型、开放式大学的办学方针,并逐步进入争取建设世界一流大学的进程。到80年代末,清华大学基本实现了工科学科体系相对完备和理学学科体系相对健全的目标;90年代初,清华大学开始人文社会科学学科的较大规模的复建。1999年,清华大学聘请北京大学哲学系教授万俊人负责筹备清华大学哲学系的复建工作,开始广泛引进国内外哲学教研人才。2000年5月,清华大学哲学系正式复建,万俊人任系主任,邹广文任副系主任。

自复建以来,与清华大学校内原有哲学教研机构密切配合,在清华大

---

① 蔡仲德:《冯友兰先生年谱初编(三松堂全集附录)》,375页,郑州,河南人民出版社,1994。

学校方的鼎力支持下,哲学系全体同人艰苦奋斗,精诚团结,齐心合力,矢志不渝,不仅在短短几年里完成了从哲学本科到哲学一级学科博士点、哲学博士后流动站的完整体系建设,而且在教学和研究两个方面都实现了跨越式的发展。这些成就主要体现在:

(1) 2000年,复建哲学系并建成伦理学硕士点,开始招收硕士研究生。

(2) 2002年,完成马克思主义哲学、中国哲学、外国哲学、逻辑学4个硕士点的建设,并开始招生。

(3) 2002年,建成伦理学专业博士点,并开始招收博士研究生。

(4) 2003年,开始正式招收哲学专业本科生,首届学生7名。

(5) 2004年,与清华大学科学技术与社会发展研究所合建哲学博士后流动站,并开始培养博士后人才。

(6) 2004年,伦理学学科点在全国伦理学专业中排名第三。

(7) 2004年,在"985二期"国家重大创新基地的申报中,哲学系同本校中文系、历史系和外语系一起申报"中华文明与文化研究国家创新基地"重大项目,获得成功。

(8) 2005年,在全国第十批增列学位授权审核工作中,申报哲学一级学科博士点授予权并获得批准(2006年8月国务院学位委员会公布)。

(9) 2009年11月成立的清华大学国学研究院,其教学业务挂靠在哲学系,以哲学研究和哲学学术为推力之一,拓展了哲学系与历史学科、语言与文学学科、中国文化学科等学科的内在互动和共同发展,促进了包括清华哲学学科在内的中国学术界与海内外学术界的交流、了解和合作。

(10) 2002—2004年和2007—2009年,在全国一级学科的两次评估中,清华大学哲学学科在全国哲学学科中皆排名第十一[①],在2017—2018年的同类评估中,清华大学哲学学科名列第九。

(11) 自1999年起,为了复建和发展哲学系,陆续调入来自全国有关大学或研究单位的教授或研究员,先后有万俊人(北京大学)、邹广文(山东大学)、王晓朝(浙江大学)、卢风(湖南师范大学)、王路(中国社会科学

---

① 陈旭、贺美英、张再兴主编:《清华大学志》,第一卷,446~447页,北京,清华大学出版社,2018。

院哲学研究所)、王中江(中国社会科学院哲学研究所)、陈来(北京大学)、刘东(北京大学)、黄裕生(中国社会科学院哲学研究所)、曹峰(山东大学)、吴国盛(北京大学)、丁四新(武汉大学)、唐浩(中山大学)、陈壁生(中国人民大学)等。这些在全国各自相关哲学学科领域或有领先成果、或教研皆有所成、或学术上颇有造诣的人才的引入,增强了哲学系教授团队的力量,提升了清华大学哲学学科的水平。

(12)二十余年来,哲学系一直不断地开拓和深化国际合作与国际交流。一方面,完成了从"个体访学型"向"机构合作型"的转换,哲学系现有的三个研究中心和国学研究院已成为清华校级研究机构成功的、高度国际化的学术平台或教学基地,已开展了诸多哲学项目的深度合作研究,主办或合办诸多国际性学术会议或工作坊,有力地推动了众多领域的学者交流和国际对话。另一方面,也逐步进行"请进来学习型"向"走出去讲学型"的转换,从以多种方式、多种渠道引进国外学者到哲学系短期讲学和专题授课,拓展为给清华师生提供与世界前沿学者进行持续交流的机会,定期选派优秀的中青年学者走出去讲学或参加学术会议,向国外同行报告最新研究成果,力求哲学系教师的学术研究保持与国际前沿的一流学者接轨的状态。迄今为止,哲学系已与众多世界一流大学哲学系进行过交流与合作,诸如美国的哈佛大学哲学系、斯坦福大学哲学系、罗格斯大学哲学系、匹兹堡大学哲学系、哥伦比亚大学哲学系、纽约大学哲学系,德国的弗莱堡大学哲学系、海德堡大学哲学系、图宾根大学哲学系、慕尼黑大学哲学系、柏林洪堡大学哲学系、波鸿大学哲学系,法国的巴黎索邦大学哲学系、里昂大学哲学系,荷兰的阿姆斯特丹大学哲学系、莱顿大学哲学系,澳大利亚的墨尔本大学哲学系,英国的牛津大学哲学系、谢菲尔德大学哲学系,奥地利的维也纳大学哲学系,日本的一桥大学社会学部、东北大学经济学部等。这些交流与合作都持续且有效地促进了清华哲学系教学研究事业的蓬勃发展。

在进入复建后的第二个十年历程中,哲学系依然保持着强劲的上升势头,在哲学学科各个分支学科的建设中,都取得了较大的成绩。这一点可以从哲学系的现状充分地体现出来。

三、现　　状

清华哲学系的现状主要体现在以下五个方面。

（一）师资与学科的优势和特色

（1）清华大学哲学学科目前共有专任教师近40人，哲学系全职教师26人，其中教授18人，副教授17人，助理教授1人。

哲学系教研系列长聘教授：万俊人、丁四新、田薇、圣凯、刘奋荣、朱东华、宋继杰、肖鹰、陈来、黄裕生、夏莹、韩立新、唐浩、唐文明、陈壁生、蒋运鹏。

"金岳霖逻辑学讲席教授团组"：范丙申(Johan van Benthem)、谢立民(Jeremy Seligman)、司马亭(Martin Stokhof)、魏达格(Dag Westerstahl)。

教研系列长聘副教授：瞿旭彤、陈浩、俞珺华。

教研系列准聘副教授：高海波、俞珺华、孙晶、范大邯、赵金刚、袁艾。

教研系列助理教授：石辰威。

挂靠哲学系招收研究生的兼任教师：甘阳、张伟特。

哲学系现任系主任：唐文明。

副系主任：陈浩、陈壁生、赵金刚。

系主任助理：蒋运鹏。

哲学系师资力量较为雄厚，成员具有很高的学术声誉，拥有全国八个哲学一级学会会长中的2名(中国哲学史学会会长陈来、中国伦理学会会长万俊人)，清华大学首批文科资深教授2名(万俊人、陈来)，享受国务院特殊津贴的学者2名(万俊人、陈来)，"马克思主义理论学科与理论建设工程"重大项目首席专家兼召集人2名(万俊人、陈来)，国家级有突出贡献专家1名(陈来)；另有教育部新世纪人才5名、教育部优秀青年教师1名、清华大学"百人工程"1名。

（2）清华大学哲学学科师资队伍结构合理，造诣显著，既有陈来、万俊人、王路等资深学者，又有黄裕生、韩立新、唐文明、丁四新、肖鹰、朱东华、宋继杰等年富力强的中年教授，还有唐浩、刘奋荣、圣凯、夏莹、陈壁生等45岁以下且享誉国内外哲学界的青年翘楚，更有从世界著名学府或国际一流的大学哲学系获得哲学博士学位的青年才俊立于教研第一线，例如来自海德堡大学的蒋运鹏、图宾根大学的范大邯、纽约市立大学的俞珺华、莱顿大学的孙晶、日本东北大学的陈浩、北京大学的高海波、牛津大学的袁艾等，学术创造旺盛，发展潜力巨大，均有望成为各自领域的杰出人才。

（3）哲学系教研团队的国际化程度令人瞩目：新近设立"金岳霖逻辑学讲席教授"职位，聘请四位国际著名逻辑学家担任讲席教授。十多年来，已聘请20余位海内外知名教授或学者分别为"清华大学名誉教授""清华大学访问教授""伟伦特聘讲座教授"等。哲学系以"清华大学海外名师短期课程"为平台，每学期聘请世界一流专业学者前来讲学，已有来自弗莱堡大学、哥廷根大学、斯坦福大学、罗格斯大学、谢菲尔德大学等著名大学的学者前来授课。在此背景下，学生的国际化培养特色明显，全英文课程丰富；另外，约有80%的博士研究生能够前往哈佛大学等世界一流大学进行交流学习。

（4）清华大学哲学学科目前已经建成马克思主义哲学、中国哲学、外国哲学、伦理学（含政治哲学）、逻辑学、宗教学、美学、科技哲学这八个教育部学科目录上所有的哲学二级学科，各个学科富有特色。

（5）校级研究中心

甲、2009年11月，由陈来任院长、刘东任副院长的清华大学国学研究院成立。这一跨学科研究机构，秉承建于1925年的清华学校研究院（"国学门"）的精神，接续20世纪20年代至40年代清华人文研究的传统和风范，积极参与新时期以来清华文科的恢复和振兴，逐步成为具有世界影响的中国文化研究中心之一，为中国文化研究提供一个一流的国际化平台。该院依托清华大学现有人文学的多学科条件，关注世界范围内中国研究的进展，内外沟通、交叉并进，着重围绕中国哲学、中国史学、中国美学与文学、世界汉学进行多维度的深入研究，以高端成果、高端讲座、高端刊物、高端丛书为特色，为发展国际化的中国文化研究作出贡献。该院先后设立"梁启超讲座""王国维讲座""陈寅恪讲座",编辑"清华国学讲座""清华国学文存""清华国学研究"丛书以及《中国学术》等。

乙、2012年6月,由韩立新任主任的清华大学"马克思恩格斯文献研究中心"成立。该中心有效地整合了清华大学图书馆、人文学院、社会科学学院以及马克思主义学院的科研力量。该中心的主要工作如下:一是收集马克思恩格斯文献资料,建立"马克思恩格斯文献的数字平台";二是对马克思恩格斯的经典著作进行文献学研究和文本解读,研究新 MEGA(*Zweite Marx-Engels-Gesamtaus-gabe*),成为中国颇具实力的新 MEGA 研究重镇;三是研究"日本马克思主义"。目前该中心与国际马克思恩格斯基金会(IMES)、日本 MEGA 编委会等有着密切交流,有来自中共中央编译局、中国人民大学、北京师范大学、北京航空航天大学等国内重要科研机构和高校,以及清华大学人文学院、社会科学学院、马克思主义学院、图书馆等部门在内的兼职研究人员 20 余名,拥有一支水平较高的科研人才队伍,居于中国研究新 MEGA 的领先地位。该中心还拥有两个文献库:"马克思恩格斯文献库"("服部文库")和清华大学"马克思恩格斯文献研究中心"资料库。这两大文库的建立不仅使清华大学的马克思恩格斯文献馆藏水平进入国内高校的最前列,而且使清华大学成为中国马克思恩格斯文献收藏方面的佼佼者。

丙、2013年12月,由刘奋荣任主任的清华大学—阿姆斯特丹大学逻辑学联合研究中心成立。该中心传承与发扬金岳霖创立的"重分析、重逻辑"的哲学传统,大力开展国际交流与合作,在学术上保持国际领先成绩。主要表现在:

第一,学术研究硕果累累。该中心共有 10 位研究员,近 5 年已发表论文 100 余篇,出版英文专著 2 部,90%以上的论文发表在经同行评议的国际英文刊物上。在项目方面,该中心获得荷兰皇家科学院资助的国际合作项目"The Logical Dynamics of Information Exchange in Social Networks",研究团队由清华大学和阿姆斯特丹大学的 13 位学者组成。该项目以逻辑学中心为平台,开展丰富的学术交流活动,发表了系列成果。2015 年刘奋荣的英文专著 *Reasoning about Preference Dynamics* 获第七届中国高等学校科学研究优秀成果奖(人文社会科学)一等奖,这是逻辑学领域近十年空缺之后的首个获奖成果。2017 年,该中心获得国家社会科学基金重大项目"基于社交网络的信息流逻辑研究"立项。

第二,国际学术交流成绩显著。该中心每年组织一次中型的逻辑学国际会议、3~5次小型工作坊。2015年10月,"金岳霖先生诞辰120周年学术研讨会"成功举行,来自中国、美国、荷兰、日本、丹麦、挪威等国共计110名专家学者参会。从2015年开始,该中心设立以"金岳霖讲座"命名的系列学术讲座,邀请诸多国际著名逻辑学家来清华做讲座。所有这些活动都强有力地推动了清华逻辑学的跨学科发展。

第三,人才培育和引进方面令人瞩目。基于逻辑学联合中心的平台,每年有超过2人次的荷兰师生来清华访问,每年有2名清华学生到荷兰留学。2017年,该中心设立"金岳霖讲席教授团组",已引进4位国外逻辑学领域著名学者(其中3位是美国或欧洲院士),在清华开展科研和教学工作。这一团组直接面向全校本科生开课,全英文教学,采用国外逻辑学的教育理念,以逻辑学为支点培养学生文理汇通的精神,推动了文理学科的交融。同时开展逻辑学教材建设,与斯普林格合作出版英文逻辑学教材丛书,在国内外同步发行。在逻辑学教育方面,清华已经实现了国际化,与世界一流大学的逻辑学科水平难分伯仲。

第四,在传承中国文化方面,该中心的成果在国际上产生广泛影响。中外研究员合作撰写的英文著作 *Five Questions on the History of Logic in China* 是国际上首次讨论中国逻辑史的英文著作。该书呈现了国内外学者的不同观点,受到国际社会密切关注。此外,中心正在开展的一个大项目《中国逻辑思想史手册》由40位国内外学者们共同撰写,英文版本将由斯普林格出版。本手册的面世将会是历史上首部关于中国逻辑思想史的英文著作,是国际逻辑学领域的一件大事。

丁、2013年12月,由万俊人任院长的清华大学道德与宗教研究院成立。该院围绕着道德与宗教开展了全方位的科研工作,已有多项国家社会科学基金重大项目获得立项或滚动资助。该院举办多次研讨会和系列讲座,展现学术影响力,并协同中国伦理学会举办第九届中国伦理学会代表大会。该院举办了数十场讲座,邀请国内外知名学者报告最新研究成果,发布多种科研成果,获得广泛的学界好评和社会影响。

（二）教学特长

近五年来，哲学系每年招收约 25 名博士生、10 名硕士生以及人文学科实验班完成一年级学业转入哲学专业的 10 名左右的本科生，还有挂靠单位每年招收约 10 名博士生（不含留学生）。每年硕士报名人数约 70 名，博士报名人数约 150 名，录取比例分别约为 14% 和 16%。每年招生均严格依照程序，由专家筛选、审核报名材料，组织笔试、面试，确保生源质量。每位研究生入学后都必须在导师指导下制订符合其自身实际的培养计划，并由相关学科教师组成导师组，指导其选课、读书和学术研究。清华大学哲学学科按照八个二级学科设置主干课程和选修课程，构成了层次合理、覆盖面广的教学体系，每年开设 30 多门研究生课程以及 20 余门本科生课程。哲学系在近五年里出现的教学特长主要在于三个人才培养方式：

一是"国际化"人才培养方式，以逻辑学和外国哲学学科为代表。通过常规性的国际交换项目和联合培养机制，学生在知识和素质方面都能得到国际化的培养，五年内学生长期出国（境）交流、交换、联合培养共达 48 人次。同时，每学期都会聘请国际著名学者到清华授课，促使学生与名师直接交流互动，大力提高学生们的学术素养和学识能力。

二是"Seminar"（研讨课）人才培养方式，以马克思主义哲学和中国哲学学科为代表，主要包括以下形式。第一，精读特定经典：选定某种本学科领域最为基础的经典文献进行句读，研读者需克服一定的阅读困难并完成一定的阅读时间，从而理解和把握这种经典文献。第二，集体研读：报告者要对自己所分担的部分进行认真的翻译和研读，写出导读报告；其他参与者（包括教师和其他研读者）同样要对经典文献进行同等程度的阅读，对经典文献和报告者的报告进行研讨与点评。第三，撰写论文：指导学生将这些研读报告变成能够发表的论文，旨在帮助他们理解经典文献的基本思路和论证过程，并能结合学界现有成果进行学术创作。

三是"Colloquium"（论文讨论课）人才培养方式，以外国哲学学科为代表。借鉴德国大学的研究生课程形式，每次讨论课由一到两名同学或教师提前一周将一篇他（她）们自己写作的论文（包括学期论文、硕士和博士毕业论文以及成熟的学术论文)用邮件群发给参与的老师和同学,然后大家一同在讨论课上针对论文提出批评和修改意见。这不仅仅是教师点评学生的论文,而且是大家一起对论文作者发表意见。该方式的理念在于：培养作为专业学术训练最重要一环的文科论文写作能力,提高措辞严谨性,加强论证严密度,达到行文清晰。论文讨论课就是要加强这些方面的训练和积累。参加这种讨论课,相当于有了一个论文写作的智囊团队。经过如琢如磨、如切如磋的集体讨论,论文水准会有明显提高,有益于作者获得更高的分数或增加论文发表的概率。

哲学系多年来坚持严格的教学要求,注重教研相长,不仅使得硕士生具有了基本的哲学学科学识和素质,而且使他们毕业之后能够成为具有扎实的哲学涵养和独立思考能力的人才；同时,不仅使得博士生具备了独立从事重大哲学研究课题的能力和水平,而且能够胜任高等学校、科研机构的哲学教学和研究工作,或者能够担当其他领域的相关工作,成为具有出色专业理论水平和突出实践工作能力的中坚。近五年来,哲学系在读学生发表论文数量达到 78 篇。这期间在校 66 位博士生,平均每位博士生发表论文达到 1.2 篇,并且已有全国优秀博士论文获得者 2 名、全国优秀博士论文提名奖获得者 1 名,相比清华其他院系博士生来说,这是较高的比例。

（三）国内外学术影响

清华大学哲学学科整体科研实力显著,成果突出,在学术界影响很大。2013—2017 年,出版著作 57 部,是中国社会科学院"马克思主义理论学科与理论建设工程"两个重大委托项目的首席专家单位(万俊人、陈来)；发表论文 287 篇,其中 SCI、SSCI 收录 13 篇,A&HCI 收录 20 篇,《中国社会科学》发表 5 篇,《哲学研究》发表 10 篇。清华大学哲学学科具有较强的国际影响力。2013 年、2014 年连续两年进入 QS 排名的"世界顶级哲学系前 30 位"(国内仅有北大、清华、复旦三所大学的哲学系进入过此行列)；清华大学—阿姆斯特丹大学逻辑学联合研究中心以逻辑学为核心,展开与哲学、语言学、计算机科学、认知科学的跨学科研究,特别是在社会理性、中国古代逻辑思想研究领域已发表了具有国际影响力的成果。

新近引进的唐浩教授在国际著名哲学期刊《哲学季刊》(*Philosophical Quarterly*)、《哲学与现象学研究》(*Philosophy and Phenomenological Research*)、《综合》(*Synthese*)发表论文4篇,在重大国际哲学会议(包括美国哲学学会年会)发表主题演讲4次,是中国国内学者中在国际顶级哲学期刊和哲学会议发表论文最多、层次最高、最具国际影响力的年轻哲学家之一,是国内分析哲学领域公认的权威人物;唐浩教授对维特根斯坦研究和作为世界哲学前沿方向的心灵哲学和行为哲学有突出的国际性贡献。范大邯的博士论文《康德〈审美批判力批判〉中的无关切问题》不仅被德国顶级哲学期刊《康德研究》接受出版(Walterde de Guryter,2017),而且获得了在德国文化界和学术界享有盛誉的"2017年度卢卡斯青年学者奖",成为第一个获得这两项殊荣的中国人;他还在4个重要的国际学术会议上发表主题报告。

(四)学术研究团体活动

清华大学哲学学科有多位教授负责及参与全国性的或专业性的学术研究团体活动。哲学系多位教授担任国家社会科学基金、教育部哲学教学指导委员会、国务院学位委员会的评审专家和委员,参与国家和省部级的学术评审、咨询和决策活动。例如,陈来担任国务院学位委员会委员、教育部社会科学委员会委员、全国古籍整理规划小组成员、教育部学科指导委员会委员。万俊人担任国家荣誉制(国家荣誉勋章等)咨询评审专家。清华大学多位哲学教授担任全国一级学会会长、副会长等职务。例如,万俊人任中国伦理学会会长、中华孔子学会副会长;陈来任全国中国哲学史学会会长、冯友兰研究会会长、朱熹研究会会长、国际中国哲学学会(ISCP)副执行长;黄裕生任中华全国外国哲学史学会秘书长、中国现代外国哲学学会常务理事、德国哲学学会会长;王路任中国逻辑学会常务理事;王晓朝任中国宗教学会副会长;圣凯任中华宗教文化交流协会理事、中国宗教学会理事、中国佛教协会常务理事、中国佛教文化研究所副所长;唐文明任青年伦理学会秘书长、中华孔子学会秘书长;夏莹任全国当代国外马克思主义研究会副会长、中国辩证唯物主义研究会理事;刘奋荣任国际符号逻辑学会东亚委员、教育委员,国际人文史会董事会成员,国际规范和道义学会监督理事;丁四新任中国周易学会副会长、北京市哲学会副会长、华夏老子学研究联合会副会长、中华孔子学会常务理事、中国哲学史学会理事。

自2000年以来,哲学系积极创办学术期刊,参与多种全国性学术刊物编辑,促进了哲学发展。哲学系先后策划《清华哲学年鉴》(万俊人主编)和《清华西方哲学研究》(黄裕生、宋继杰、蒋运鹏等主编)。陈来任《中国哲学史》主编,万俊人任《道德与文明》主编,并兼任《哲学动态》《孔子研究》等数十家杂志编委;黄裕生任《文景》杂志执行主编、《世界哲学》编委;王路任《世界哲学》编委;刘奋荣任斯普林格"亚洲逻辑"丛书主编、《逻辑学研究》副主编、英文杂志 Studia Logica 副主编、Australasian Journal of Logic 主编;圣凯任《佛学研究》主编、Studies in Chinese Religions 编委;韩立新任日本新 MEGA 编辑成员。最为突出和卓越的是刘东,担任《中国学术》以及"海外中国研究丛书""人文与社会译丛""清华国学丛书""清华国学书系""讲学社丛书""西方日本研究丛书""艺术与社会译丛""科学与社会译丛""地理大发现丛书"等十多种学术著作系列及译著系列的唯一主编,这在当代中国学术界、出版界独一无二。刘东还兼任英国《后殖民研究》(Post-Colonial Studies)编委、美国《中国研究书评》(China Review International)通讯编委、清华大学国际与地区研究院理事、国家出版基金评审专家、国家社科基金评审专家等,成绩非凡,影响广泛。

(五)未来取向与发展目标

以哲学系为龙头的清华大学哲学学科作为必要的基础文科,构成了清华大学文科建设乃至全校所有学科发展的重要基础之一,其悠久的历史、杰出的贡献、独特的文化底蕴和厚重的教研积淀,对于清华大学建设世界一流大学、培养优秀人才和造就文科中坚力量等具有不可替代的关键作用。自2000年5月复建以来,哲学系逐步向中国一流直至世界一流的哲学学术研究、教育与人才培养的基地迈进。面对哲学在当今中国所出现的难得的发展机遇和迫切需要,哲学系不仅要承担探索和创造新的哲学体系与哲学理论的神圣使命,而且要致力于培养专业基础厚实、具有"中西兼容、古今贯通"的学术素养的创新型哲学教研人才与其他类型人才。

四、历年师资

（一）1926 年 9 月至 1952 年 7 月

1926 年 9 月，金岳霖被赵元任推荐来清华讲授逻辑学课，成为哲学系唯一的教师。

1927 年，哲学系除了教授金岳霖外，还增加了讲师梁启超、赵元任、汪鸾翔、陆懋德，助教梁启雄。

1928 年下学期，聘冯友兰、邓以蛰为教授，另任用瞿世英、黄子通为教师。

1929 年初，随着国学院与留美预备处同时停办，陈寅恪成为中文、历史、哲学三系合聘之教授，瞿世英不再任教。

1929 年，聘林宰平为讲师。

1930 年，聘许地山、黄子通、张申府为讲师。

1931 年，聘张申府为教授。

1932 年 5 月，聘贺麟为兼任讲师，张颐、李翊灼、张东荪为讲师，沈有鼎为专任讲师。

1933 年 9 月，聘张岱年为助教。

1934 年 6 月，哲学系教授：冯友兰、金岳霖、邓以蛰、张申府。专任讲师：沈有鼎。讲师：林宰平、贺麟、潘怀素。哲学系与历史系合聘张荫麟为专任讲师。

1936 年下学期，聘张荫麟为教授，洪谦为讲师，王森为助教。

1936 年 7 月，清华大学第 109 次评议会决定，解除张申府哲学系教授聘约。

1938 年 10 月，西南联合大学哲学心理学系哲学组教授：冯友兰、汤用彤、金岳霖、沈有鼎、张荫麟、冯文潜、贺麟、郑昕、容肇祖、王维诚、陈康、熊十力。其中，张荫麟为哲学系与历史系合聘教授，陈康尚在国外，熊十力未到联大开课。哲学组还专门延聘外语系教师、维也纳学派成员洪谦为教授,开设语言哲学相关课程。同时,聘王宪钧为专任讲师。

西南联大时期由清华大学发聘书为教授者:汤用彤、贺麟、冯文潜(1937—1938年)①、郑昕(1939年)、陈康(1940年)、洪谦(1941年)、王宪钧和王维诚(1942年)。

1940年7月,张荫麟和容肇祖分别去浙江大学和岭南大学任教。石峻到系授课,陈康回国任教。

1942—1943年,西南联大哲学心理学系哲学组教授10人:汤用彤、贺麟、王维诚(以上属北大),冯友兰、金岳霖、沈有鼎、周先庚(以上属清华),冯文潜(南开),敦福堂、王宪钧(由联大聘任)。

1947年,清华哲学系教授:金岳霖、冯友兰、邓以蛰、沈有鼎、王宪钧。副教授:任华、张岱年。讲师:周叔迦、胡世华。助教:王玖兴。

1948年,聘任华为教授。

1949年,聘王逊为副教授。

1950年4月,清华哲学系教授:金岳霖、冯友兰、邓以蛰、沈有鼎、王宪钧、任华。副教授:张岱年、王逊。助教:周礼全。

1951年,聘张岱年、王逊为教授。

(二) 2000年5月至今

2000年5月,哲学系复建之始,教授有万俊人、王晓朝、邹广文、卢风、胡伟希、吴倬、赵甲明(后两位2004年调离);副教授有田薇、唐少杰、艾四林、侯铁桥;讲师有刘燕妮、韦正翔(最后四位2008年调离)。

2000年5月至今,哲学系的师资情况可分以下两点说明。

1. 教师的调入(或调离)

1999年,万俊人、邹广文(2015年调离)。

2000年,卢风、王晓朝、胡伟希、韦正翔。

2001年,宋继杰、唐文明。

2002年,王路。

---

① 括号内为聘期。

2003年,韩立新。

2004年,王中江(2010年调离)。

2005年,彭国翔(2011年调离)、贝淡宁、肖鹰、肖巍(2015年调离)。

2007年,刘奋荣、朱东华。

2009年,陈来、刘东、黄裕生、曹峰(2014年调离)。

2011年,夏莹。

2012年,圣凯。

2013年,高海波。

2014年,孙晶、陈浩、俞珺华。

2016年,丁四新、吴国盛(2017年任科学史系创系主任)。

2017年,蒋运鹏、范大邯。

2018年,唐浩。

2019年,陈壁生、袁艾。

2020年,赵金刚。

2020年,刘东(调离)。

2020年,赵金刚、瞿旭彤。

2021年,Hahmann Andree、Parker Adwait Akshaya。

2022年,石辰威。

2022年,Parker Adwait Akshaya(调离)。

2. 哲学系教师职称晋升情况

(1) 教授

2002年,艾四林。

2003年,唐少杰。

2007年,田薇。

2008年,彭国翔。

2009年,韩立新。

2012年,唐文明。

2016年,宋继杰。

2017年,圣凯、夏莹。

2018年,朱东华。

2023年,蒋运鹏。

（2）副教授

2002年，韦正翔。

2003年，韩立新。

2004年，唐文明。

2006年，宋继杰。

2008年，朱东华。

2016年，陈浩。

2017年，蒋运鹏。

2018年，俞珺华。

2019年，孙晶、范大邯。

2020年，瞿旭彤、赵金刚。

2021年，HAHMANN ANDREE。

2022年，袁艾。

2024年，石辰威。

（3）助理教授

2015年，孙晶。

2016年，俞珺华。

2018年，范大邯。

2019年，袁艾。

2021年，Parker Adwait Akshaya。

2022年，石辰威。

（4）兼职教授

陈来（2000—2006年）、罗国杰（2000—2003年）、陶德麟（2000—2003年）、卓新平（2000—2004年）、赵敦华（2002—2005年）、杨国荣（2008—2011年）、叶朗（2008—2011年）、袁贵仁（2008—2011年）、倪梁康（2011—2014年）。

（5）"清华大学荣誉教授"

杜维明（2001年4月）。

（6）"清华大学客座教授"

杜维明（2003年10月）。

（7）"伟伦特聘访问教授"

孙正聿（2000年9月—2001年9月）、卓新平（2002年3—7月）、叶朗

(2003年2—7月)、贝淡宁(Daniel Bell,2004年8月—2005年1月)、黄万盛(2008年2—7月)、范丙申(Johan van Benthem,2008年8月—2009年1月)、杨兆锭(2012年2—6月)、沈迈克(Lars Michael Schoenhals,2012年9月—2013年1月)、司马亭(Martin Stokhof,2014年10月—2015年3月)、谢立民(Jeremy Seligman,2016年5—9月)、杨儒宾(2016年9月—2017年1月)、平子友长(Tairako Tomonaga,2017年4月—2018年4月)。

(8)"清华大学访问教授"

习腾思(Thomas Sheehan,2016年)。

冯琦(2021年7月—2024年7月)。

(9)"清华大学名誉教授"

奥特弗利德·赫费(Otfried Hoeffe,2017年)。

(10)"金岳霖逻辑学讲席教授"

范丙申、谢立民、司马亭、魏达格(Dag Westerstahl),2017年。

(11)"中国外国专家局高端外国专家项目"

大村泉(Izumi Omura),2013—2015年每年在哲学系工作三个月。

(12)"清华大学人文学院特聘教授"

叶秀山(2012年4月—2015年7月)。

(13)退休教授

胡伟希、王晓朝、卢风、王路、唐少杰。

五、学 科 沿 革

创立于20世纪20年代中期的清华哲学系,与1912年创立的北京大学哲学系("哲学门")一起,成为中国最早创办的两个哲学系。清华哲学系奠基者金岳霖、冯友兰开创了现代中国哲学学科的教学和研究范式,长期垂范后来的中国哲学著述。发展到20世纪30年代初,清华哲学系进入成熟时期,形成了独具特色的"清华哲学学派"。从稍后的"西南联大时期"直至20世纪40年代末期,清华哲学系在全中国的大学哲学系和哲学学术研究团队中都居于领先表率的地位,发挥着举足轻重的作用。1952年,新中国高校院系调整,清华哲学系被并入北京大学哲学系,清华哲学学科的因素和特性依然有着不可磨灭的影响,对于近一百年来的中国哲学发展具有主导性的作用和持续性的影响。

清华哲学系以及清华大学哲学学科实由金岳霖所开创。金岳霖主持清华哲学系之际,基于现代西方逻辑学和新实在论,确立逻辑学为清华哲学系学科建设之本,大力发展以现代西方数理逻辑、符号逻辑等为主的逻辑学学科。之后的冯友兰、沈有鼎、王宪钧、王浩等著名学者,突出西方哲学史的贯通和中国哲学史的重构,注重知识论、形而上学、语言哲学等领域的教学和研究,为清华大学哲学学科的崛起和开拓作出了独特的学术贡献。

清华哲学系在其初期,就非常重视哲学学科的建设和深化。这一点不仅体现为一系列学术著述的独特性及其影响(后有论及),而且还表现在哲学学科教学的风范和特色上。

一方面,从20世纪30年代开始,清华哲学系一直注重哲学基础学科的教学,注重逻辑、知识论、形而上学、中国哲学史、西方哲学史等课程的开设和讲授,这些课程大多以新实在论和逻辑学的精神为讲课思路或学习脉络,不断加强概念之梳理以及概念之间的逻辑演绎,力求思想明晰,推论充分,言理有据。特别显著的是,清华哲学系早期所倡导的新实在论学风,本身也是哲学对现代自然科学革命和现代人文社会科学成就的一种反思或把握,因而非常重视与新科学的联系。在这一时期,哲学系就多次邀请校内外的一些著名科学家来系里讲述最新的科学成果,最有代表性的就是邀请现代控制论创始人维纳教授演讲。当年的学生张遂五后来回忆道:"清华哲学系有一种倾向,就是要通过自然科学的途径达到哲学。"①也正是在这一时期,哲学系所开设的"科学概论"一课,要求包括哲学专业学生在内的文科学生重视文理学科的联系,开阔视野,提升对所学习的或所涉及的诸多学科专业的融会贯通。

另一方面,自20世纪30年代初期开始,在开设哲学专业学科的课程上,清华哲学系几乎不间断地追求或保持这些课程的连续性、渐进性、层次性和特色性。特别是在1938年之后,哲学专业学科的教学体现出了这一特点:一是哲学专业的强度和难度增强,原来三年级和四年级的课程全部为选修性质,此时则增加两门必修课程。二是原有的专业训练不再是从三年级开始,二年级文学院学生共同必修课"哲学概论"被分成甲乙两科,甲科是哲学系学生选择,并欢迎对哲学有兴趣的学生加入,而乙科是对普通文学院学生进行初级教育。因而,从共同必修课开始,哲学系专业的系统训练就已经开始。三是有效推动专业训练,例如,逻辑学课程开课的时间从一年级基础逻辑学起,进入三年级用逻辑分析哲学结构,同时开设高深的"符号逻辑"课,促使对此科目深有兴趣的学生选择。又如,"中国哲学史"一课开设于二年级,而"中国哲学史研究"则开设于三、四年级,开课重点也逐步转向专业的具体领域。同时,还可以为以后的研究生招生或培养打下基础。四是要求提高基础能力。对于外国哲学名著选读课程(如沈有鼎讲授的"德国哲学名著选读"),要求必须学习过两年以上相应外文的学生才可以选修,为进一步培养高素质的学生打下良好的基础。不难看出,到了20世纪30年代末期,包括清华哲学系在内的西南联大哲学学科课程的设置和运行,标志着哲学教学步入了成熟、稳定的时期。这里所取得的教学成绩包含和映衬了清华哲学系学科建设和发展的成果。

显然,从1938年秋到1945年夏,从哲学学科的沿革来看,西南联大

---

① 转引自万俊人主编:《清华大学文史哲谱系》,292页,北京,清华大学出版社,2012。

哲学心理学系哲学组依然保持着清华哲学系所固有的逻辑学的领先优势。与长沙临大时期相比，由于清华哲学系与北京大学哲学系、南开大学哲学系一起形成了西南联大哲学学科的鼎足之势，三方所代表的当时中国哲学学科水平，无论是在研究的著述上还是在教学的课程上，都有了空前的提高和显著的成绩。仅在哲学学科的教学上就表现为以下几点：一是西方哲学专题课程的增加和深化，除了传统的西方哲学史以及康德哲学外，开设古希腊哲学、近代哲学和现代语言学派等新课程，这使得中国哲学界关于西方哲学史的教研水平有了飞跃。二是关于中国哲学史的专题性教研，无论是在广度上还是在深度上，都更上一层楼。三是关于专门哲学流派以及专门哲学代表人物的教研活动有了长足的进步或较大的拓展，这类专题课程的讲授强有力地推进了哲学学科的具体建设和具体发展。四是在哲学学科的总体布局上，进一步协调了中国哲学与西方哲学之间的教研平衡，进一步促进了哲学学科中的各主要分支学科的内在关联。毋庸置疑，以清华大学哲学系、北京大学哲学系、南开大学哲学系所构成的西南联大哲学学科，成为当时中国哲学学科存在和发展的标杆。

从1945年10月复员到1948年底的三年多时间里，清华哲学学科基本上保持了西南联大时期的势头和风格。

从1949年初开始，由于进入新的历史时代，清华哲学系的学科必然会发生重大的变化。同年10—12月，清华大学数次举行教学改革、学科调整等会议，缩减了包括一些哲学课程在内的文科课程，开设全校性的政治课。例如，从10月开始，清华开设了历史唯物主义和社会发展史的课程，成立了辩证唯物主义与历史唯物主义教学委员会（简称"大课委员会"）。金岳霖为12名常委之一。这是清华哲学系课程进入大规模调整和变革的开始。

1949年10月11日，华北高等教育委员会颁布《各大学、专科学校、文法学院各系课程暂行规定》，其中规定废除"反动课程"（国民党党义、六法全书等），开设马列主义课程，规定辩证唯物主义与历史唯物主义、新民主主义论和政治经济学为文法学院的共同必修课。1950年8月，教育部公布了《关于实施高等学校课程改革的决定》，指出课程改革要"废除政治上的反动课程，开设新民主主义的革命的政治课程"，"实行有计划有步骤的改革，达到理论与实际的一致。一面克服'为学术而学术'的空洞的教条主义倾向,另一面要防止忽视理论学习的狭隘的实用主义或经济主义的倾向","各校开设课程应按照国家建设的实际需要,不应因人设课"。根据以上精神,哲学系等系的一些课程陆续停开,还请校外有关人士来讲一些马克思主义理论课程等。

根据1951年1月1日《人民清华》第5期《各系动态》的报道,哲学系同人与校外哲学界合编《中国哲学史》《西洋哲学系》《中国近代思想史》《逻辑》的教学提纲之工作在进行中。根据1月16日《人民清华》第6期《本校各系与政府机关团体合作情形》的报道,哲学系全体教师参加了中国新哲学研究会筹备会领导下的两项工作:第一,新哲学讨论会(每两星期举行一次);第二,《中国哲学史》《西洋哲学史》《中国近代思想史》《逻辑》等教学提纲的编撰工作。北京各大学已试用这些提纲。根据1952年2月6日《清华大学哲学系概况》的报道,清华哲学系该年暑假将与北大、燕京两校的哲学系合并,发展计划与北大、燕京讨论后方能决定。无论怎样,值此之际,清华哲学系的学科发展受到抑制。

到了1952年夏秋,由于停办,清华大学哲学学科的沿革相应中止。

自2000年5月复建至今,清华大学哲学学科已经建成马克思主义哲学、中国哲学、外国哲学、伦理学(含政治哲学)、逻辑学、宗教学、美学、科技哲学这八个教育部学科目录上所有的哲学二级学科,哲学系为哲学学科门类和哲学一级学科单位,包括哲学全部七个二级分支学科。其中,伦理学是清华哲学系的优势学科;马克思主义哲学、中国哲学和外国哲学是清华哲学系的重点建设学科;逻辑学是清华哲学系的传统特色学科。哲学系所包括的七个哲学二级学科各具特色。

一方面,清华哲学学科的各个二级分支学科具有如下特点:

(1)马克思主义哲学学科目前有四个研究方向,即马克思恩格斯文献和文本研究、马克思和德国古典哲学关系研究、西方马克思主义研究和中国现代马克思主义哲学研究,形成了既有坚实的马克思文献研究和德国古典哲学的功底,又能处于时代前沿的研究特色,已在国内外产生了影响。

(2)中国哲学学科团队接续冯友兰、张岱年等先辈前贤开辟和推进的学科传统,努力再创中国哲学研究的新高度,在先秦哲学、隋唐佛学、宋明理学等研究领域居于领先地位,尤其是宋明理学有居于全国之首的优势。

（3）外国哲学学科实现了充分的专业化、国际化和前沿化，多数教师在世界著名哲学期刊发表论文，数量之多，层次之高乃为国内罕见。欧洲大陆近现代哲学，特别是康德研究，居国内前列，并在国际康德学界占有一席之地；英美分析哲学，积极引入国内外知名新秀，实现了教研实力的大幅提升，备受国内外分析哲学家的瞩目；古代中世纪哲学的师资尽管规模不大，但基础雄厚，成果显著。

（4）金岳霖开创出的清华逻辑学学科，自哲学系复建以来，一直作为特色专业重点发展，教研则集中在现代逻辑、逻辑哲学和中西逻辑史三个方向上。近年依托清华大学—阿姆斯特丹大学逻辑学联合研究中心，在学术研究、人才培养、国际交流、文化传承创新等领域取得了重要的成就，已经跻身国际一流的逻辑学中心，在清华人文学科的建设中起到了中坚作用。与此同时，借助清华大学综合大学的优势，结合逻辑学跨学科的特点，积极开展与校内其他院系的合作，包括交叉信息研究院、中文系、计算机系、数学系等，合作形式多样，联合指导学生，共同申请项目，组织会议，已经取得了诸多优秀的成果。

（5）伦理学学科是哲学系复建之际由万俊人所创立的最初且相当成熟的哲学学科分支，早在2007年就被确立为北京市重点学科，已形成自己的研究特色，在中国伦理学界产生了较大影响。在2012年的全国学科评估中，清华伦理学学科位居第三，成为清华哲学系的优势学科，其特点在于定位具体，取向鲜明，分别在政治哲学、中西伦理学比较和应用伦理学方面居于领先地位。

（6）美学学科是清华大学的传统经典学科，在现代中国美学史上发挥了开创性作用。目前本学科充满活力的创新团队致力于中国美学研究方向暨中国传统美学精神的核心价值与当代转换研究、美学理论研究方向暨当代艺术哲学问题研究、艺术批评研究方向暨当代艺术批评的美学反思。

（7）宗教学学科始终凸显哲学研究的特色，重点致力于宗教哲学、基督教思想、基督教和中国文化比较、佛教哲学和佛教文化史等领域的研究，完成了宗教现象学研究、中国唐元景教研究、宗教性生存伦理及其范型、基督教和佛教史等一系列独具特色的成果，在宗教学界获得了应有的地位和良好的反响。

（8）科技哲学学科由清华大学科学史系承担,该学科研究成果丰富且紧密结合历史与实践,关于科学史的研究和教学居于全国之首,关于科学实践哲学的相关研究形成了特色和优势,从技术哲学进一步延伸到产业哲学、企业文化研究。科技思想和社会史研究有系统性成果,持续进行了中日、中俄科技发展的比较研究,科技伦理和科技文化取得显著成果,为学术研究与服务社会相结合提供了更广阔的前景。

另一方面,清华哲学学科各个二级分支学科的教研团队主要现状如下：

（1）马克思主义哲学

负责人：韩立新教授。专任教师：韩立新教授、夏莹教授、陈浩副教授。

主要教研方向：①马克思主义哲学基础理论；②马克思主义哲学文本研究；③西方马克思主义研究；④马克思主义哲学史研究；⑤文化哲学；⑥人学与价值论哲学。

（2）中国哲学

负责人：丁四新教授。专任教师：陈来教授、丁四新教授、陈壁生教授、高海波副教授、赵金刚副教授、袁艾助理教授。兼任教师：唐文明教授、圣凯教授。

主要教研方向：①先秦两汉哲学；②宋明理学；③近现代中国哲学；④儒家哲学；⑤道家哲学；⑥佛学研究。

（3）外国哲学

负责人：蒋运鹏教授。专任教师：黄裕生教授、唐浩教授、宋继杰教授、蒋运鹏教授、范大邯副教授、Hahmann Andree 副教授。兼任教师：王路教授、田薇教授、夏莹教授、甘阳教授(新雅书院)、张伟特助理教授(新雅书院)。

主要教研方向：①西方古代中世纪哲学；②欧洲近代哲学；③分析哲学；④现当代德国哲学。

（4）伦理学

负责人：唐文明教授。专任教师：万俊人教授、唐文明教授。

主要教研方向：①西方伦理学与伦理学原理；②应用伦理学；③中国伦理学与中西伦理学比较；④宗教伦理学；⑤政治哲学。

（5）逻辑学

负责人：刘奋荣教授。专任教师：刘奋荣教授、范丙申教授、谢立民教授、司马亭教授、魏达格教授、俞珺华副教授、石辰威助理教授。

主要教研方向：①逻辑哲学和哲学逻辑；②认知逻辑；③语言逻辑；④逻辑史。

（6）美学

负责人：孙晶副教授。专任教师：肖鹰教授、孙晶副教授。

主要教研方向：①美学原理；②中西美学比较；③当代艺术与当代文化；④美学史论与艺术史论。

（7）宗教学

负责人：圣凯教授。专任教师：圣凯教授、田薇教授、朱东华教授。

主要教研方向：①基督教思想研究；②宗教哲学与宗教伦理学；③道教研究；④佛教研究；⑤儒教研究。

（8）科学技术哲学（略）[①]

[①] 清华大学科学技术哲学学科先属1993年12月成立的清华大学科学技术与社会研究所，后为2017年5月成立的清华大学科学史系的主要学科，其相关的教学事务和研究事宜不属于清华哲学系。具体信息参见：http://www.dhs.tsinghua.edu.cn/overview。

六、教学及课程

清华哲学系的教学及课程经历了一个早期(20世纪20年代至40年代)发展比较平稳、中期相对空白、最近20年迅速恢复和逐步建设的过程。在一定意义上可以说,20世纪30年代初期至40年代底,清华哲学系的教学及课程实际上代表了或体现出那一时期中国大学哲学教学的最高水平。

(一)初创期

1921年清华学制由四四制改为三三二制,即中等科三年、高等科三年、初级大学二年。1922年又改为四三一制,停招中等科学生,1924年起停招高等科,到1925年中等科结束,设立大学部和研究院("国学门")。大学部设有文、理、法三个学院,共计有包括哲学系在内的11个系;研究院("国学门")聘请名师,招考大学部和研究院第一届新生。同时继续保留旧制,直到1929年全部毕业生留美为止。

1925年,大学专门科筹备处拟就的课程中,西洋哲学组课程草案如下。专门科第一年(共修科目):一、西洋哲学概论或社会学原理;二、实验心理学;三、教育哲学;四、伦理学;五、论理学①。专门科第二年:一、西洋哲学史;二、比较哲学思想;三、比较宗教;四、美育。

1927年学程大纲显示,汪鸾翔、陆懋德合开中国哲学史;梁启超开设儒家哲学;赵元任与金岳霖同开论理学。同时,金岳霖还在政治系开设哲学课和西方政治史两门课。

1929年新学年里,哲学系开设的课程趋于丰富。一二年级依然实行有争议的通识教育和学分制②:一年级的课程包括国文6,论理或各系公

---

① 即逻辑学。
② 这里以及下文所列出的课程名称后面的具体数字皆为学分数。

共必修学科甲组8(物理、化学、生物,其中择一),乙组6(政治、经济、社会学、历史、现代文化,其中择一),哲学概论4(黄子通),第一年德文或法文。二年级的课程包括中国哲学史6(冯友兰),西洋哲学史6(邓以蛰),普通心理学6,论理或各系公共必修学科甲组择一8,第二年德文或法文8,他系课程任选4。三、四年级的课程包括伦理学4(冯友兰、金岳霖),美学4(邓以蛰),知识论4,形上学4,印度哲学概念4,哲学专题或专家研读2,认识论4(金岳霖),佛典校读2(陈寅恪),中国中世纪哲学2(陈寅恪),休谟4(金岳霖),哲学问题4(本学年不开班),洛克4(本学年不开班),康德4(本学年不开班)。

清华对教授授课义务要求颇严,规定至少每周授课8小时,最多12小时,或每年授课达到16学分,最多24学分,否则不能去外校兼课,且兼课每周至多4小时。教授每学期请假时间不得超过授课时间总数的1/5。从课表上看,哲学系的课程在1932年之前不太多,在1932年以后增加不少,只是在实行学分制的学年里,哲学系只要求学生拿到16~24学分即可毕业,因此相对轻松。

1931年6月1日在《清华周刊》上,冯友兰概述哲学系简况:

> 哲学依其内容分,则有研究价值之分布,如伦理学、美学等;有研究真实之部分,如本体论、宇宙论等;有研究知识论之部分,如知识论、论理学等。此外,于哲学,又可以作历史研究,如中国哲学史、西洋哲学史、印度哲学史等,又可以作专家研究,如康德哲学、休谟哲学、洛克哲学等。本系所定四年课程之次序,在先使学生对于哲学之各个部分,皆有普通之知识,然后使学生依其兴趣,作专题专家研究。

(二) 成熟期

1932—1933学年、1933—1934学年课程与上述学年基本相同,并有所发展。

1934年6月1日,张申府在《清华周刊》第四十一卷发表介绍哲学系状况的文章,谈及该系课程可分三组:一、初等的,有逻辑与哲学概论等,均是预备性质;二、中等的,有西洋哲学史、中国哲学史、印度哲学、论理学、美学等;三、高等的,则为各专家研究、专题研究。本年度实际开班课程有14种。

根据清华史料记载,这些课程分为:

逻辑,哲学概论,中国哲学史,西洋哲学史,印度哲学概论,为初级课程。其目的在于使学生选通思考之方法,先知哲学内容之大概,及历史上已有诸大哲学系统之内容。论理学,美学,知识论,形上学为中级课程。其目的在于使学生就哲学中之各个部分,作较深的研究。哲学专题或专家研究,为高级课程。其目的在于使学生就某种哲学问题或某哲学系统作详细的研究。初级和中级课程,供本科学生选习;高级课程,本科三四年级学生及研究所学生,均可以选习;哲学系与各种科学皆有密切联系。除本系必修课外,本系鼓励学生就其兴趣及所研究哲学问题之所近,选修其他系课程。学生对于其他系课程,如作有系统之选系,本系并可以认其所选课程之系为辅系。于学生毕业时,请学校证明。

本系同人认为哲学乃写出或说出之道理。一家哲学之结论及其所以支持此结论之论证,同属重要。因鉴于中国原有之哲学,多重结论而忽视论证,故于讲授一家哲学时,对于其中论证部分,特别注意。使得学生不能独知一哲学家之结论,并能了解其论证,运用其方法。又鉴于逻辑在哲学中之重要及中国哲学原有哲学中之不发达,故亦拟多设关于此方面课程,以资补救。

哲学系这些课程的具体实施如下。第一年(不分系):国文6,英文6,逻辑6(张崧年①、金岳霖、沈有鼎),公共必修课甲组物理、化学、生物学(择一)8,公共必修课乙组社会学、政治学、经济、历史(择一)6,德文或法文8,其他系课任选4~5。第二年:哲学概论4(邓以蛰)、中国哲学史6(冯友兰)、西洋哲学史6(张崧年)、普通心理学6。第三、四年:伦理学4(张荫麟)、美学4(邓以蛰)、知识论4(金岳霖)、形上学4(张崧年)、哲学专题或专家研究(冯友兰)、中国哲学史研究4(冯友兰)、哲学问题4(金岳霖)、英美近代哲学家选读4(张荫麟)、数理逻辑4(张崧年)、逻辑史4(张崧年)、逻辑研究4(沈有鼎)、洛克4(金岳霖)、休谟4(金岳霖)、康德4(沈有鼎)、罗素4(张崧年)、中国美术史5(邓以蛰)、中国美学史大纲4

---

① 张崧年,字申府。

（邓以蛰）、西洋美术史6（邓以蛰）、西洋美学史大纲6（邓以蛰）。

1935—1936、1936—1937两个学年课表与前一学年基本相同。这期间,按照教师开设的具体课程如下:

冯友兰:中国哲学史研究4(自周秦至近代中国哲学家之哲学系统)、老庄2(老子、庄子精读)、朱子2(朱子之主要著作精读)。

金岳霖:逻辑(上学期为演绎法,下学期为归纳逻辑)、哲学问题4(提出哲学问题,从方方面面讨论之,以认识论和批评哲学为主,偏重实用主义)、洛克4、休谟4、康德4、布莱德雷4。

邓以蛰:伦理学(西洋主要伦理学系统,批判考验,对比我国)、知识论(知识论中重要问题,哲学史重要哲学家对诸问题的解答)、形而上学(元学上根本问题,当特别注意现代关于心物、事情、因果、空时、关系与结构的学说)、中国美术史6、西洋美术史6、西洋美学史4。

沈有鼎:周易研究4(古代哲学之大统一,宋明理学之总源泉)、数理逻辑4(每周写作一次概要研究,使学生能读《数学原理》)、逻辑研究4(返本探源,纠正数理逻辑学家之失,以期建立真科学)、逻辑体系4(融会贯通各家学说,自成一家之言)、康德4、胡塞尔论著选读3、怀特海3。

贺麟:西洋哲学史(希腊至19世纪末西洋哲学思想之发展变迁及关联的社会背景)。

张荫麟:英美近代哲学家选读4。

张岱年:中国哲学问题[哲学问题及其发展(1)形而上学;(2)本体论:唯物,唯心;(3)宇宙论:机械观、神论、进化论;(4)知识论:理智派、经验派;(5)价值论:伦理问题;(6)美学]。

王森:印度哲学概论4。

另外,清华大学文科研究所哲学部设有的课程在本科课程里已有介绍,但实际授课对象是研究生,本科生也可以修习,实际开设与修课人数相关。按照教授开设的课程具体如下:

冯友兰:中国哲学史研究4、老庄2、朱子2。

金岳霖:哲学问题4、洛克4、休谟4、布莱德雷4。

沈有鼎:周易研究4、数理逻辑4、逻辑研究4、逻辑体系4、康德4、胡塞尔论著选读3、怀特海3。

邓以蛰:中国美术史6、中国美学史4、西洋美术史6、西洋美学史4。

哲学系的所有课程设置除了有对本系学生的必修课程要求外,还有对其他系的任选课程的要求。如学生兴趣在伦理学者,可选修社会科学等系之课程;如学生兴趣在形上学者,可选修自然科学等系之课程;如学生兴趣在知识论者,可选修数学、心理学等系之课程。

1932—1937年,哲学系课程的主要特点如下:其一,在课程内容上,重视哲学结论的论证,强调讲授一家哲学时,对其中论证之部分特别注重,力求学生不独能知一家哲学之结论,并能了解其论证,运用其方法;其二,基于逻辑在哲学中的重要性和在中国原有哲学中的不发达,高度注重逻辑课,先后开出的逻辑课程颇多,诸如形式逻辑、数理逻辑、逻辑体系、逻辑研究、逻辑史等;其三,立于概念的分析,强化问题的研究,突出认识论、形而上学、哲学问题等课程,而相对忽视社会哲学、政治哲学、历史哲学等;其四,哲学史课程尤其是外国哲学史课程相对较少,仅有的几门哲学史课程属于入门性的。

(三) 兴盛期

1937年下半年,长沙临大时期哲学心理教育学系的课程设置是由冯友兰决定的,三个专业分别设立三个教学组,总共开设了31门课程,其中哲学组课程有15门,具体如下。一是文学院共同必修课:哲学概论4,郑昕主讲;逻辑6(上学期),金岳霖主讲;逻辑6(下学期),任华主讲。二是哲学专业必修课:中国哲学史6,冯友兰主讲;西洋哲学史6,贺麟主讲;知识论6(上学期),金岳霖主讲;形上学4,沈有鼎主讲;伦理学4,贺麟主讲;朱子哲学4,冯友兰主讲;数理逻辑4,沈有鼎主讲;康德哲学4,郑昕主讲;王阳明哲学6,容肇祖主讲;汉晋自然主义4,容肇祖主讲;印度佛学概论4(上学期),汤用彤主讲;汉唐佛学4(下学期),汤用彤主讲。

上述课程设置也延续到了西南联大时期。从学科课程分布来看,在必修课程中,西方哲学的课程量要高于中国哲学,而在选修课中,中国哲学的课程则多于西方哲学,而哲学具体学科则涵盖了西方哲学、中国哲学、伦理学、逻辑学等。宗教学主要集中于佛教研究,尚未开出通论性的宗教学课程。

西南联大哲学心理学系哲学组十分重视对一年级新生的培养,由于哲学专业学生数量相对稀少,同时该专业聚集了一大批中西兼通的著名教授,非常有利于实行新生导师制。这种导师制就是要求一位教师专向指导与管理若干位新生的学业。因而,如果新生在学业上出现疑问与困惑,就可及时得到教师的指导。这种导师制促使新生从入学之日起就走上了专业化培养的道路,通过接受导师的引领并与导师之间的交流互动,相对顺利地确立自己的学习取向,发现自己的研究旨趣,着手自己的专业研究。显然,这种导师制与西南联大哲学学科培养出许多哲学专业佼佼者是密切相关的。

1938年下半年新学期开始,由于师资力量的壮大,西南联大哲学学科的水平和成就毋庸置疑地成为当时中国大学哲学学科之最。从这时起,哲学课程有所变化,本学年哲学课程共开设20门。一是文学院共同必修课:逻辑(甲)6,金岳霖;逻辑(乙)6,王宪钧;逻辑(丙)6,王宪钧;哲学概论4,郑昕。二是专业必修课:中国哲学史6,冯友兰;西洋哲学史6,冯文潜;印度哲学史4,汤用彤;哲学问题6,金岳霖;柏拉图哲学4,冯文潜;康德伦理学3(上学期),郑昕;康德美学3(下学期),郑昕;周易哲学3(上学期),沈有鼎;维特根斯坦哲学3(下学期),沈有鼎;逻辑原理4,沈有鼎;先秦儒家3(上学期),容肇祖;先秦法家3(下学期),容肇祖;宋代思想史4,容肇祖;魏晋玄学3(上学期),汤用彤;斯宾诺莎哲学3(下学期),汤用彤;历史哲学4,张荫麟。

从学程及课程的分布来看,西南联大哲学专业继续保持着清华哲学系所具有的逻辑学的强势,此外,相较长沙临大时期,课程设置有所改进。首先是西方哲学的专题课程得到增加,除了康德哲学外,古希腊哲学、近代哲学以及现代语言学派也进入课程系列,这就使得整个西方哲学史的讲授更加合理、宽广和深厚;其次是中国哲学的专题课程得到了大力的提升,同一历史时期的中国哲学流派讲授有了明确的梳理,分门别类授课,有益于提高学生们的学业知识和问题理念。因此,在西南联大哲学学科教学上,清华哲学系与北大哲学系、南开哲学系的互动共存和相得益彰,非常有力地推动并且十分显著地提高了西南联大整个哲学学科的教学事业。

1939—1940学年哲学系共开设20门课程,与前一年大致持平,内容略有变化,课程如下。一是文学院共同必修课程:逻辑(甲)6,金岳霖;逻辑(乙)6,张荫麟;逻辑(丙)6,王宪钧;哲学概论(甲)4,郑昕;哲学概论(乙)4,贺麟;科学概论4,毛准。二是专业必修课程:伦理学4,贺麟;中国哲学史6,冯友兰;西洋哲学史6,冯文潜;知识论6,金岳霖;形上学4,沈有鼎;德国哲学名著选读4,沈有鼎;佛典选读4,汤用彤;明代哲学6,容肇祖;中古儒学之发展4,容肇祖;符号逻辑(一)3(上学期),王宪钧;符号逻辑(二)3(下学期),王宪钧;康德哲学6,郑昕;中国哲学史研究(研究班)、中国哲学与佛学(研究班),学分不定。

1940—1941学年的课程设置如下。一是文学院共同必修课:逻辑(甲)6,金岳霖;逻辑(乙)6,王宪钧;哲学概论(甲)4,贺麟;哲学概论(乙)4,郑昕;哲学概论(丙)4,石峻;科学概论4,毛准。二是专业必修课:中国哲学史6,冯友兰;西洋哲学史6,冯文潜;人生哲学4,冯友兰;印度哲学史4,汤用彤;逻辑问题6,沈有鼎;儒家哲学2,王维诚;哲学问题6,金岳霖;逻辑语法6,王宪钧;魏晋玄学4,汤用彤;康德伦理学3,郑昕;康德美学3,郑昕;西洋现代哲学6,贺麟;胡塞尔原著习读6,沈有鼎;亚里士多德哲学导论2,陈康;亚里士多德哲学3,陈康。共计21门课程。其中,哲学专业学生必须在"哲学概论"与"科学概论"两课中选修一门。选修"科学概论"者,又必须在一年级的数学或者自然科学这两门共同必修课程中获得70分以上。而"西洋现代哲学"课程选修者,必须是"哲学概论"或者"西洋哲学史"两课成绩名列前茅者。这里所列的课程与上学年的课程在所涉及的课程与专业领域,基本上成为之后几年哲学心理学系哲学专业课程开设的"蓝图",常常轮替出现。而授课的教师后来也没有大的人事变动,可以说到这一学年,哲学专业的课程培养方案已经定型。这种方案是北大哲学系与清华哲学系两种教研方法的融合,但仍然以清华哲学系的教研方法为基础。特别是"逻辑问题"以及"哲学问题"等课程,集中体现了清华教研方法中注重问题意识的传统和风格。从各年级所设置课程来看,如"中国哲学史""西洋哲学史"之类哲学通史性质的课程,其讲授跨度从一学年扩至两学年,表明讲授的广度和深度有所提高。四年级也开始设置必修课,致使必修科目从始至终贯穿着大学四年学习,力求专业培养在整个大学学习期间得以很好地连接、过渡和延伸。

1941—1942学年的课程设置如下。文学院必修课程:逻辑(甲)6,王宪钧;逻辑(乙)6,张遂五;逻辑(丙)6,张遂五;哲学概论(甲)4,贺麟;

哲学概论(乙)4,郑昕;哲学概论(丙)4,石峻;科学概论4,毛准。哲学专业必修课程:中国哲学史6,冯友兰;西洋哲学史6,冯文潜;伦理学4,石峻;知识论4,陈康;形上学6,沈有鼎;美学4,冯文潜;儒家哲学4,王维诚;符号逻辑(一)3,王宪钧;符号逻辑(二)3,王宪钧;数理哲学4,洪谦;维特根斯坦3,沈有鼎;晚周辩学3,沈有鼎;欧洲大陆理性主义4,汤用彤;康德哲学6,郑昕;黑格尔哲学4,贺麟;希腊哲学名著研究4,陈康;中国哲学史研究(四年级选修课)4,冯友兰;中国哲学与佛学研究(三四年级专业选修课),学分不定,汤用彤。共计达25门之多。这一课程的主体与前一学年的课程大体上相似。美学首次独立出现。专题中涉及哲学史相关阶段,则新增加贺麟主讲的黑格尔哲学和洪谦主讲的分析哲学,领域宽度进一步加大。贺麟教授从1940年开始,致力于以德国哲学改造中国文化,其后几乎所有的论文与课程,都围绕这一改造。洪谦是哲学系请自外语系的教授,所设"数理哲学"课程的副标题为"从弗莱格到罗素",因此是关于整个分析哲学学派史的课程。另外,金岳霖这一学年赴四川李庄休假,全力撰写《知识论》,所以没有开设课程。

  1942—1943学年的课程设置如下。文学院必修课程:逻辑(甲)6,金岳霖;逻辑(乙)6,王宪钧;逻辑(丙)6,王宪钧;哲学概论(甲)4,贺麟;哲学概论(乙)4,郑昕;哲学概论(丙)4,石峻;科学概论4,毛准。哲学专业必修课程:中国哲学史6,冯友兰、任继愈;西洋哲学史6,冯文潜;印度哲学史4,汤用彤;伦理学4,石峻;知识论6,金岳霖;艺术论4,冯文潜;老庄哲学4,王维诚;魏晋玄学4,汤用彤;康德伦理学3,郑昕;康德美学3,郑昕;符号逻辑(三)3,王宪钧;真与意义3,王宪钧;康德哲学研究3,郑昕;西洋现代哲学研究2,贺麟。总共21门。另外,教育部在5月接到蒋介石"手令",要求联大在新学年开始"伦理学"课程,作为全校公共必修课,冯友兰担任主讲。这门伦理学课与哲学系的专业课"伦理学"是不一样的。按照教育部的提法,开全校必修课"伦理学",为的是"注意阐述先哲嘉言懿行,暨伦理道德方面多种基本概念,用以砥砺学生德行,转移社会风气"。这一课程不是为了培育学生的人文精神或者提高学生的哲学思辨而开设,而是有着规劝学生听从说教而顺服的政治倾向或政治企求。这一课程在随后的几年里由于听课学生逐年锐减,不得不于1945年取消。

1943—1944学年的课程设置如下。文学院选修课：逻辑(甲)6，王宪钧；逻辑(乙)6，王逊；逻辑(丙)6，王逊。文学院必修课：哲学概论(甲)4，贺麟；哲学概论(乙)4，郑昕；哲学概论(丙)4，齐良骥；科学概论4，毛准。哲学专业必修课：中国哲学史6，冯友兰；西洋哲学史6，冯文潜；伦理学4，石峻；形上学6，沈有鼎；美学4，冯文潜。哲学专业选修课：逻辑问题3，沈有鼎；符号逻辑(一)3，王宪钧；符号逻辑(二)3，王宪钧；孔孟荀哲学4，王维诚；老庄哲学4，王维诚；易传与易学3，沈有鼎；程朱陆王哲学4，任继愈；康德哲学6，郑昕；黑格尔哲学4，贺麟；亚里士多德哲学4，陈康；中国哲学研究4，冯友兰；语言与哲学4，洪谦。共计24门。很明显，中西哲学史下的具体年代或者具体流派哲学专题讨论课程，比以往丰富，也比较全面。而冯友兰主讲的全校共同必修课"伦理学"为2学分。

1944—1945学年的课程设置如下。文学院必修课程：逻辑(甲)6，金岳霖；逻辑(乙)6，王宪钧；逻辑(丙)6，王逊；逻辑(丁)6，王逊；哲学概论(甲)4，贺麟；哲学概论(乙)4，郑昕；哲学概论(丙)4，齐良骥；科学概论4，毛准；中国哲学史，冯友兰。文学院选修课程：西洋哲学史6，冯文潜；印度哲学史4，汤用彤；伦理学4，石峻；形上学6，沈有鼎；知识论6，金岳霖；艺术论4，冯文潜；符号逻辑(一)3，王宪钧；符号逻辑(二)3，王宪钧；语言逻辑研究2，洪谦；大陆理性主义4，汤用彤；黑格尔哲学4，贺麟；哲学德文习读6，沈有鼎；哲学方法研究2，冯友兰；孔孟荀哲学4，王维诚；老庄哲学4，王维诚；程朱陆王哲学4，任继愈。共计25门。其中逻辑课四班学员人数均分，不再按照"满即换班"的原则开设。冯友兰所开设之全校必修课"伦理学"暂停授课。另外1944年底，冯友兰因母亲过世，回家治丧，故下半学期的课程停止，因学分不够而影响毕业的学生，冯友兰特准以读书报告形式，经哲学系评定合格，仍给予学分。

1945年，西南联大哲学心理学系哲学专业最后学期的课程设置如下。文学院必修课程：逻辑(甲)6，金岳霖；逻辑(乙)6，王逊；逻辑(丙)6，王逊；哲学概论(甲)4，贺麟；哲学概论(乙)4，石峻；哲学概论(丙)4，齐良骥。哲学专业必修课程：中国哲学史6，冯友兰；西洋哲学史6，冯文潜；伦理学4，石峻；美学4，冯文潜；孔孟荀哲学4，王维诚；老庄哲学4，王维诚；魏晋玄学6，汤用彤；隋唐佛学4，任继愈；印度佛学通论4，汤用彤；希腊哲学史5，陈康；黑格尔哲学选读4，贺麟；哲学方法研究4，冯友兰；

柏拉图巴曼尼得斯篇2,陈康;柏拉图教育哲学2,陈康。共计20门。因为即将北归复员,各系忙于杂务,所以不再邀请外系教师开课。

在中国现代大学教育及教学历史上,西南联大收获高教学质量与高教育成果的原因之一,还在于实行"教授治校"的原则。西南联大的日常工作分为行政运作与教学运作两个方面。相比之下,教学运作无疑重于并大于行政运作,即管理学校的主体是教授,而不是行政官员。西南联大在各个系都设有教授会,哲学系也有哲学系的教授会。按照1938年5月公布的《西南联大教授会组织大纲》,教授会由全体教授、副教授组成。教授会的职责在于确定教学与研究事项改定方案,审议学生导育方案,授予学位,以及给予常委会与校务会建议。在此意义上,教授会是两种角色以及两种职能的统一:首先它是教学工作的决定者、实施者和管理者,其次它是校系领导及行政部门的咨询者。这就使得教授们具有决定教学事务和课程事宜的权力,可以自由地制定有利于本学科发展的教学方式与管理方法,即使在与政府政策冲突时,教授们也能通过教授会而具有较强的独立性和批判性。"教授治校""教授治系"的原则和机制给现代大学,尤其是西南联大的教育事业,直至各项学科教学事业持续且有效的发展带来了有力的保障。

(四) 复员和转折期

1946—1948年,清华哲学系的本科学程相比抗日战争前变化不大,新增了符号逻辑、现代哲学、印度哲学史等课程。另外,哲学系还开设了选修课,供文学院其他系学生选择。大约过了一年,哲学系就恢复了抗日战争前清华重哲学问题研究的教学传统,开始注重哲学史的讲授,增加了原有中西哲学史的分量。战时停开的美学课程,复员后因邓以蛰回校任教,又复开出。聘请周叔迦来校兼课,讲授中国佛学史。哲学系教师认为哲学与各种科学有着密切关系,自然科学来源于哲学,因此积极鼓励学生选修其他系的有关课程。

1948年出版的《清华年刊》载有学生写的《院系漫谈》,其中对哲学系的课程、教授以及学习生活做出了生动的描述:"哲学系是清华许多系中很足以自豪的一系,教授阵容之强可说是国内任何一个大学都是难与之相比的。冯友兰先生担任系主任,最近才从美国回来。冯先生的博学是毋庸多介绍的。凡是看过他的《中国哲学史》和《贞元六书》的人都可知道,他是现代中国正统派哲学的权威学者。金岳霖先生是国内形式逻辑的执牛耳者,他的《逻辑》一书是各大学逻辑班最常用的课本。关于维也纳学派,有王宪钧先生开的'符号逻辑'和'逻辑实验论'。王先生讲话很有条理,抄他的笔记最舒服不过。邓以蛰先生是清代书法大家邓完白的裔孙,家学渊源,'美学'是他最叫座的功课。此外,如张岱年先生的'中国哲学史',任华先生的'柏拉图',也都是哲学系的王牌。"这段描写可以说是这一时期清华哲学系教学的一个缩影。

1948年公布的《清华文学院哲学系必修学程》中设定的课程如下。第一年级:国文6、英文壹6、中国通史6、逻辑6、哲学概论4、微积分、普通物理学、普通化学和普通生物学(以上四门各选一门)、普通心理学、三民主义、体育2。第二年级:中国哲学史8、西洋哲学史8、西洋通史6、政治学概论3、经济学概论6、社会学概论6、普通心理学6、伦理学6、体育2。第三、四年级:印度哲学史6、形上学4、知识论4、美学4、伦理学4、孔孟荀哲学6、老庄哲学(上或下)3、西洋哲学专家6、符号逻辑4、现代哲学4、毕业论文、第二外国语壹和贰12、体育2。

1949年9月,清华哲学系与燕京大学哲学系订立教学及研究工作合作办法:第一,两系所设课程,可供双方学生选修;第二,一方教师可担任他方四年级学生的毕业论文导师;第三,双方教师共同组成教研组;第四,双方教材可共用。

1950—1951学年,哲学系开课情况如下。金岳霖:洛克、哲学本体论研究、知识论研究。冯友兰:中国近代哲学史、中国古代哲学之社会背景、中国哲学史之辩证法与唯物论。邓以蛰:哲学问题。沈有鼎:符号论理学问题、语言与意义、德国古典哲学。王宪钧:论理学、符号论理学、演绎科学方法论。任华:西洋哲学史、历史唯物主义研究。张岱年:中国哲学史、辩证唯物主义研究、宋明哲学。王逊:中国美术品举例、中国工艺美术概论。

1951—1952学年哲学系开课情况如下。金岳霖:辩证唯物论、马列名著选读。张岱年:(甲)公共必修的辩证唯物论与历史唯物论、(乙)马列主义基础。任华:公共必修的辩证唯物论与历史唯物论的部分讲授。

王宪钧：逻辑。王逊（与营建系合聘教授）：上学期为营建系进修生作有关中国美术的报告，每周三小时；下学期为历史系及营建系讲授中国美术史。周礼全：逻辑、辩证唯物论。

（五）中止期

1952年下半年至2000年上半年，由于清华哲学系的中止，清华哲学学科基础课程和专业课程也被迫停开。先是从1952年下半年至1966年清华大学政治课教研室下属的哲学教研组，然后是从1978年至1984年清华大学马列主义教研室下属的哲学教研组，再之后是从1984年至1993年清华大学社会科学系下属的哲学教研组，最后是从1993年至2000年5月清华大学人文社会科学学院下属的哲学与社会学系，承担了"马克思主义哲学"（有时也称"辩证唯物主义和历史唯物主义"或"马克思主义哲学原理"等）的教学。这一课程成为全校本科生的政治大课之一（1957年下半年至1960年一度停开，1966年下半年至1977年底中断）。

（六）复建期

自2000年5月复建以来，清华哲学系确立并且一直推进的教学体系（这种教学体系比起前述的1929年至1952年的学程及课程更为广泛）包括本科生教学、硕士生教学、博士生教学三个层面。这种教学体系的要点在于：首先，以哲学一级学科为平台，三个层面相互贯通，按照哲学八个二级学科设置主干课程和选修课程，构成了梯次完备、覆盖全面的哲学学科教学体系。其次，坚持人文基础教育和哲学专业教育相结合，注重专业理论学习和科研能力培养相结合，鼓励哲学专业学术人才培养和高层次社会应用型人才培养相结合。再则，充分利用清华大学校、院、系各级资源，设置了常规性的国际交换培养和联合培养的学生学业机制；除邀请国际著名学者举办讲座、授课外，哲学系每年均择优选派多名各层面的学生到国外学习，促使本系学生在知识和素质两方面都能得到国际化的培养。最后，基于上述教学的三个层面，哲学系多年来不断招收中国内地（大陆）境外的学生（含香港、澳门、台湾），实现了学生来源的全国化和国际化。

下面,对教学体系、课程设置、学程要求三个方面作简要概述。

1. 教学体系

(1) 本科生教学体系

2003年9月,复建后的清华哲学系正式开始招收本科生。在哲学系复建后的最初十年间,哲学系本科生的培养旨在注重培养哲学方面具有较为广博的基础知识、扎实的理论和方法论基础,能够运用所学知识从事哲学研究、教学、翻译、理论和行政工作,从事国际交流、新闻出版等相关工作的全面创新型人才。

哲学系本科生的培养过程及阶段如下。第一学年,在人文学科实验班对学生进行文史哲基础综合教育,要求学生除修学校要求必修的共同课程外,还必修以下课程:中国经典研读12、西方经典研读8、古代汉语6、人文学科文献检索及学术论文写作2、文史哲学术入门3等。第一学年实行新生导师制,导师对所指导的学生作专业学习和文化思想引导。第二至四学年,对学生进行哲学专业教育,要求学生必修哲学专业主干理论课程:马克思主义哲学、马克思主义哲学史、马克思主义哲学经典著作或文献研读、中国哲学史、西方哲学史、伦理学原理、逻辑学、美学原理、宗教学原理、科学技术哲学。同时,开设应用伦理学、古希腊哲学、先秦哲学、宋明理学、西方马克思主义、现代西方哲学、中国现代哲学、一阶逻辑、价值哲学、艺术史导论等课程,供学生选修。在学习本专业要求的课程同时,应选修文、史两个专业的课程15学分以上。进入第三学年后,综合论文训练15学分。

(2) 硕士生教学体系

2000年12月,哲学系伦理学学科获得清华大学自行审批硕士学位授权,并开始招生。2003年,马克思主义哲学、中国哲学、外国哲学、逻辑学成为获得清华大学自行审批硕士学位授权的学科。

哲学系作为哲学一级学科硕士学位授予单位,以哲学七个分支学科(科技哲学学科除外)为基本专业方向招收硕士研究生。在哲学系复建后的最初十年里,哲学系硕士生的培养目标如下:拓展并深化学生的专业基础理论,加强并提高学生的哲学学术研究能力,为有志于进入博士生阶段深造的学生打下学术基础;同时,基于现代化建设、国际化发展的社会对哲学人才的需要,培养在行政、企业管理、文化产业等诸领域具有广泛适用性的骨干人才。

哲学系硕士生的培养过程及阶段包括：①硕士生培养实行导师负责制，新生通过哲学一级学科考试招生入学后，按照双向选择原则确定导师，导师负责指导学生在校期间的课程学习和学位论文撰写。②哲学一级学科教学和科研体系是培养硕士生的基本平台，鼓励硕士生在这个平台上根据培养方向需要自由修课和接受指导。③硕士生在完成学校规定的共同课程和必修环节的同时，必须根据培养专业方向需要，按规定选修如下专业基础理论课程2~3门：中国哲学经典研读、西方哲学经典研读、中国哲学史专题、西方哲学史专题、马克思主义哲学专题、马克思哲学文献研读、西方马克思主义专题、伦理学史专题、应用伦理学、数理逻辑（一阶逻辑）、艺术哲学、宗教伦理与宗教文化、宗教哲学经典研读、中西艺术导论、哲学方法论、逻辑问题研究、文化哲学专题研究等。④硕士生应根据专业方向研究需要，选修如下专业课程3~4门：现代西方伦理学专题、西方伦理学史、现代西方价值观评介、西方形而上学史、德国哲学、西方政治思想史、宗教学专题研究、柏拉图自然哲学研究、中国人生哲学研究、原始儒家伦理思想研究、模态逻辑、马克思主义哲学专题、马克思哲学文献研读、生命伦理研究、现代西方文化哲学专题研究、现代文化与现代艺术等。⑤非哲学本科毕业的硕士生，应根据硕士培养专业需要，补修相关哲学本科课程（不少于4门）。⑥论文撰写：论文从选题报告通过到申请答辩不少于一年时间，在导师指导下进行和完成。

（3）博士生教学体系

2003年9月，清华哲学系伦理学学科获得国务院学位委员会批准的博士学位授予权，并开始招生。2005年，清华哲学系获得哲学一级学科博士点授予权。2006年，国务院学位委员会批准清华大学学科增列一级学科博士、硕士学位授权点，其中哲学学科博士学位授权点覆盖其八个分支学科：马克思主义哲学、中国哲学、外国哲学、逻辑学、伦理学、美学、宗教学、科学技术哲学。

在哲学系复建后的最初十年间，哲学系作为哲学一级学科博士授予单位，以哲学七个分支学科（科学技术哲学除外）为基本专业方向招收博士生。哲学系博士生的培养目标如下：①培养专门从事哲学研究、哲学教学或教研结合的高级哲学人才。②根据现代化建设和国际化发展对于哲学人才的需要,培养行政、企业管理、文化产业等诸领域需要的高级哲学人才。

哲学系博士生的培养过程及阶段包括:①实行导师负责制。导师指导与集体培养相结合,成立包括导师在内的博士生指导小组,由3~5人组成,导师为组长,指导小组成员应具有高级职称或为本专业领域的专家,如确属必要,可邀请1~2位系外或校外兼职教授或客座研究员参加指导工作。②博士生在按规定完成必修课程和必修环节的同时,应积极参与高深层次的学术研究和重大应用课题的研究。根据清华大学博士生培养要求及学位论文需要,确定个人的培养计划,力求打下宽广的学术基础,同时获得从事高深专业理论研究的能力,掌握创造性的研究方法,并在学科前沿和学科应用领域有较强的科研创新能力与学业建树。③脱产的在读博士生可以担任助教或助理研究员工作,按学校有关规定,以聘任合同的方式确定工作内容与要求。

2. 课程设置

从2000年哲学系复建后至今所开设的本科生、硕士生和博士生三个层面的课程,可以看出哲学系的课程建设和教学发展的大体经过。

2000—2001学年,虽然还没有开始正式招收哲学专业本科生,但是哲学系为2003年开始招收的"文科实验班"中要分流的哲学专业本科生,初步确定了如下课程要求(从下列课程中选修不少于50学分的课程):逻辑学3、中国哲学史(1)3、西方哲学史(1)3、马克思主义哲学3、伦理学原理3、宗教学原理3、现代西方哲学3、一阶逻辑2、科学技术哲学2、中国现代哲学2、哲学导论3、中国哲学史(2)3、西方哲学史(2)3、西方马克思主义专题3、应用伦理学3、美学原理3、古希腊哲学(选修)2、价值哲学(选修)2、宋明理学(选修)2。

在2003年"文科实验班"的基础上,人文社会科学学院2005年按照"人文科学实验班"和"社会科学实验班"两大类招生。2006年度,人文科学实验班的分流专业为哲学、历史学、汉语言文学。人文科学实验班本科培养方案的哲学专业课程如下(从下列课程中选修不少于50学分的课程)。

必修课程:哲学导论3、逻辑学3、中国哲学史(1)3、中国哲学史(2)3、西方哲学史(1)3、西方哲学史(2)3、马克思主义哲学3、西方马克思主义专题 3、伦理学原理 3、应用伦理学 3、宗教学原理 3、美学原理 3、现代西方哲学 3、一阶逻辑 3。

选修课程：价值哲学 2、宋明理学 2、古希腊哲学 2、中国现代哲学 2、科学技术哲学 2。

（1）已开设的本科生课程一览

2005 年之前，哲学系所开设的本科生课程，一部分是担负全校选修的人文素质教育的相关课程；另一部分还处在由过去所担负的全校必修的"马克思主义哲学原理"大课向哲学专业课程的转变之中，这一点可从哲学系相当多的教师所讲授这一课程体现出来。从 2005 年开始，最主要的是由于"人文科学实验班"的建立意味着其所包含的哲学专业的确立，哲学系的本科生课程逐步并且稳健地发展起来。下面所列是从 2005 年初到 2024 年初，哲学系历年历学期所开设的本科生（包括人文社会科学学院及稍后的人文学院的必修或选修，以及清华大学全校性的选修）课程。

2004—2005 学年春季学期（2005 年 2 月至 6 月）：现代西方哲学流派（田薇）、古代希腊的哲学与文化（宋继杰）、哲学导论（邹广文）、人文社会科学导论（万俊人、唐文明）、中国哲学史（下）（王中江）、西方哲学史（下）（艾四林）、宗教学基础知识（朱东华）、心理健康与精神进化（刘燕妮）；艾四林、邹广文、唐少杰、宋继杰、唐文明、韦正翔、刘燕妮在十多个大课堂讲授"马克思主义哲学原理"一课。

2005—2006 学年秋季学期（2005 年 9 月至 2006 年 1 月）：逻辑与思维方式（王路）、中国哲学史（上）（王中江）、西方哲学史（上）（王晓朝）、先秦哲学（胡伟希）、宋明理学（彭国翔）、古希腊哲学（宋继杰）、伦理学原理（卢风）、西方经典研读（1）（王晓朝、宋继杰）；侯铁桥、韩立新、田薇在多个大课堂讲授"马克思主义哲学原理"一课。

2005—2006 学年春季学期（2006 年 3 月至 6 月）：现代西方哲学流派（田薇）、中国哲学史（下）（王中江）、西方哲学史（下）（艾四林）、应用伦理学（卢风）、中国现代哲学（胡伟希）、宗教学基础知识（朱东华、王晓朝）、美学原理（肖鹰）、心理健康与精神进化（刘燕妮）；刘燕妮、艾四林、邹广文、韦正翔、唐文明、唐少杰在十多个大课堂讲授"马克思主义哲学原理"一课。

2006—2007 学年秋季学期（2006 年 9 月至 2007 年 1 月）：逻辑学（王

路)、现代西方哲学流派(田薇)、当代道德问题探讨(万俊人)、伦理学原理(肖巍)、先秦哲学(王中江)、宋明理学(彭国翔)、古希腊哲学(宋继杰)、欧洲大陆哲学(宋继杰)、西方马克思主义专题(唐少杰)、西方经典研读(1)(王晓朝)、宗教伦理学(朱东华);田薇、侯铁桥、韩立新、艾四林在多个大课堂讲授"马克思主义哲学原理"一课。

2006—2007学年春季学期(2007年3月至6月):心理健康与精神进化(刘燕妮)、西方哲学精神探源(王晓朝)、西方哲学史(1)(王晓朝)、英美分析哲学(王路)、追寻幸福——中西伦理比较(韦正翔)、艺术史导论(肖鹰)、美学原理(肖鹰)、哲学导论(邹广文)、中国哲学史(1)(王中江)、应用伦理学(卢风)、宗教学基础知识(朱东华、圣凯)、一阶逻辑(刘奋荣);一部分教师继续讲授全校性的"马克思主义哲学原理"一课。

2007—2008学年秋季学期(2007年9月至2008年1月):生态伦理学(卢风)、逻辑学(王路)、西方经典研读(1)(朱东华)、西方哲学史(2)(宋继杰)、欧洲大陆哲学(宋继杰)、伦理学原理(肖巍)、中国现代哲学(胡伟希、王中江)、中国哲学史(2)(王中江)、西方马克思主义专题(唐少杰);一部分教师继续讲授全校性的"马克思主义哲学原理"一课。

2007—2008学年春季学期(2008年2月至6月):《大学》《中庸》与现代心理学(刘燕妮)、宗教伦理学(朱东华)、西方哲学精神探源(王晓朝、朱东华)、西方哲学史(1)(王晓朝、田薇)、现代西方哲学(田薇)、中国哲学史(1)(王中江)、西方马克思主义专题(唐少杰)、追寻幸福——中西伦理比较(韦正翔)、西方政治理论导论(贝淡宁)、当代文化哲学(邹广文);一部分教师继续讲授全校性的"马克思主义哲学原理"一课。

2008—2009学年秋季学期(2008年9月至2009年1月):逻辑学(王路)、中国哲学史(2)(王中江)、西方哲学史(2)(艾四林)、哲学导论(邹广文)、宋明理学(彭国翔)、伦理学原理(肖巍)、生命伦理学及其案例研究(肖巍)、应用伦理学(卢风)、中国现代哲学(胡伟希)、西方经典研读(1)(宋继杰)、一阶逻辑(刘奋荣)、宗教学原理(朱东华)、艺术史导论(肖鹰)、当代道德问题探讨(万俊人);侯铁桥、刘燕妮、田薇、唐少杰、艾四林、韦正翔、邹广文在十多个大课堂讲授"马克思主义哲学原理"一课。

2008—2009学年春季学期(2009年2月至6月):西方政治理论导论(贝淡宁)、中国哲学史(1)(王中江)、西方哲学史(1)(田薇)、应用伦理学(卢风)、中国现代哲学(胡伟希)、美学原理(肖鹰)、英美分析哲学(王路)、古代希腊哲学(宋继杰)、宗教比较(朱东华)、西方马克思主义(唐少杰)、西方哲学精神探源(王晓朝、朱东华)、西方哲学精神探源(导修课)(王晓朝、朱东华)、马克思主义哲学原理(韩立新)。

自2009年之后,哲学系若干教师所承担的全校性的"马克思主义哲学原理"一课,转入2008年成立的清华大学马克思主义学院,由该院并入"马克思主义基本原理"一课。值此之后,哲学系所开设的马克思主义哲学、马克思主义哲学史、马克思主义哲学经典著作研读等课程皆为人文学院或哲学系的基础选修课或专业必修课。

2009—2010学年秋季学期(2009年9月至2010年1月):生态伦理学(卢风)、生命伦理学及其案例研究(肖巍)、中西方伦理思想比较(唐文明)、中国哲学概论(胡伟希)、逻辑学(王路)、中国哲学史(2)(王中江)、西方哲学史(2)(田薇)、哲学导论(邹广文)、马克思主义哲学史(韩立新)、伦理学原理(肖巍)、一阶逻辑(刘奋荣)、宗教学原理(朱东华)、西方经典研读(1)(朱东华)、1966—1976年中国文化史论(唐少杰)。

2009—2010学年春季学期(2010年3月至6月):中国哲学经典导读(曹峰)、现代中国哲学(彭国翔)、西方哲学史(1)(田薇)、现代西方哲学(田薇)、当代道德问题探讨(万俊人)、政治哲学原理(万俊人)、逻辑学(王路)、西方哲学精神探源(王晓朝)、中国哲学史(1)(王中江)、艺术史导论(肖鹰)、哲学导论(邹广文)、1966—1976年中国文化史论(唐少杰)。

2010—2011学年秋季学期(2010年9月至2011年1月):马克思主义哲学史(韩立新)、马克思主义哲学(邹广文)、中西方伦理思想比较(唐文明)、应用伦理学(卢风)、当代社会道德与应用伦理学(卢风)、伦理学原理(肖巍)、伦理学理论与道德实践(肖巍)、中国哲学史(2)(彭国翔)、西方哲学史(2)(黄裕生)、一阶逻辑(刘奋荣)、宗教学原理(朱东华)。

2010—2011学年春季学期(2011年2月至6月):西方哲学精神探源(朱东华)、政治理论导论(贝淡宁)、哲学导论(邹广文)、马克思主义哲学(唐少杰)、综合论文训练(韩立新)、古希腊哲学(宋继杰)、美学原理(肖鹰)、宗教学原理(朱东华)、西方马克思主义(夏莹)、逻辑学(王路)、中国哲学史(1)(曹峰)、西方哲学史(1)(田薇)、1966—1976年中国文化史论(唐少杰)。

2011—2012学年秋季学期(2011年9月至2012年1月):一阶逻辑(刘奋荣)、当代社会道德与应用伦理学(卢风)、中国哲学史(2)(外聘:彭永捷)、西方哲学史(2)(黄裕生)、马克思主义哲学史(韩立新)、伦理学原理(肖巍)、应用伦理学(卢风)、西方经典研读(1)(宋继杰)、中国哲学经典导读(曹峰)、1966—1976年中国文化史论(唐少杰)。

2011—2012学年春季学期(2012年2月至6月):西方哲学精神探源(朱东华)、逻辑学(王路)、中国哲学史(1)(曹峰)、西方哲学史(1)(田薇)、哲学导论(邹广文)、马克思主义哲学(唐少杰)、政治哲学原理(贝淡宁)、综合论文训练(刘奋荣)、现代西方哲学(田薇)、宗教学原理(朱东华)、西方马克思主义(夏莹)、古希腊哲学(宋继杰)、中西伦理学比较(唐文明)、1966—1976年中国文化史论(唐少杰)。

2012—2013学年秋季学期(2012年9月至2013年1月):中国哲学史(2)(圣凯)、西方哲学史(2)(黄裕生)、马克思主义哲学史(韩立新)、伦理学原理(肖巍)、伦理学理论与道德实践(肖巍)、应用伦理学(卢风)、当代社会道德与应用伦理学(卢风)、西方经典研读(1)(宋继杰)、一阶逻辑(刘奋荣)、宗教比较(朱东华)、1966—1976年中国文化史论(唐少杰)。

2012—2013学年春季学期(2013年2月至6月):中西伦理学比较(唐文明)、西方哲学精神探源(王晓朝)、逻辑学(王路)、中国哲学史(1)(曹峰)、西方哲学史(1)(田薇)、哲学导论(邹广文)、政治哲学原理(万俊人)、综合论文训练(刘奋荣)、美学原理(肖鹰)、宗教学原理(朱东华)、西方马克思主义(夏莹)、中国哲学经典导读(圣凯)、1966—1976年中国文化史论(唐少杰)。

2013—2014学年秋季学期(2013年9月至2014年1月):宗教学基础知识(朱东华)、应用伦理学(卢风)、伦理学原理(肖巍)、生命伦理学及其案例研究(肖巍)、中国哲学史(2)(圣凯)、西方哲学史(2)(黄裕生)、西方经典研读(宋继杰)、马克思主义哲学史(韩立新)、现代中国哲学(高海波)、中国经典研读(曹峰)、一阶逻辑(刘奋荣)、宗教比较(朱东华)、1966—1976年中国文化史论(唐少杰)。

2013—2014学年春季学期(2014年2月至6月):西方哲学精神探源(王晓朝)、政治理论导论(贝淡宁)、不朽的艺术——走进大师与经典(肖鹰)、佛教哲学概论(圣凯)、逻辑学(王路)、中国哲学史(1)(高海波)、西方哲学史(1)(田薇)、现代西方哲学(田薇)、哲学导论(邹广文)、西方马克思主义(夏莹)、马克思主义哲学史(韩立新)、马克思主义哲学(唐少杰)、综合论文训练(圣凯)、宗教学原理(朱东华)、1966—1976年中国文化史论(唐少杰)。

2014—2015学年秋季学期(2014年9月至2015年1月)：宗教学基础知识(朱东华、圣凯)、中国哲学史(2)(圣凯)、西方哲学史(2)(黄裕生)、现代中国哲学(高海波)、中国哲学经典导读(高海波)、伦理学原理(肖巍)、生命伦理学及其案例研究(肖巍)、应用伦理学(卢风)、西方经典研读(1)(宋继杰)、马克思主义哲学经典导读(陈浩)、1966—1976年中国文化史论(唐少杰)。

2014—2015学年春季学期(2015年3月至6月)：佛教哲学概论(圣凯)、柏拉图哲学入门(王晓朝)、生态文明十五讲(卢风)、西方思想经典与现代社会(黄裕生)、逻辑学(王路)、中国哲学史(1)(高海波)、西方哲学史(1)(田薇)、哲学导论(邹广文)、政治哲学原理(万俊人)、综合论文训练(圣凯)、中国经典研读(陈来)、美学原理(孙晶)、一阶逻辑(俞珺华)、现代西方哲学(田薇)、宗教学原理(朱东华)、西方马克思主义(夏莹)、西方哲学经典导读(陈浩)、1966—1976年中国文化史论(唐少杰)。

2015—2016学年秋季学期(2015年9月至2016年1月)：西方经典研读(1)(宋继杰)、西方哲学史(2)(黄裕生)、西方哲学精神探源(王晓朝)、西方艺术史(孙晶)、不朽的艺术——走进大师与经典(肖鹰、孙晶)、宗教学基础知识(朱东华)、当代法国思想与文化研究(夏莹)、中国哲学史(2)(圣凯、高海波)、现代中国哲学(高海波)、马克思主义哲学史(韩立新)、马克思主义哲学经典导读(陈浩)、应用伦理学(卢风)、伦理学原理(肖巍)、生命伦理学及其案例研究(肖巍)、1966—1976年中国文化史论(唐少杰)。

2015—2016学年春季学期(2016年2月至6月)：不朽的艺术——走进大师与经典(肖鹰)、美学原理(孙晶)、佛教哲学概论(圣凯)、西方哲学精神探源(王晓朝)、生态文明十五讲(卢风)、西方思想经典与现代社会(黄裕生)、逻辑学(王路)、中国哲学史(1)(高海波)、西方哲学史(1)(田薇)、现代西方哲学(田薇)、马克思主义哲学(唐少杰)、西方马克思主义(夏莹)、综合论文训练(圣凯)、一阶逻辑(俞珺华)、宗教学原理(朱东华)、《圣经》与西方文化(黄裕生)、德国社会政治哲学(陈浩)、1966—1976年中国文化史论(唐少杰)。

2016—2017学年秋季学期(2016年9月至2017年1月):政治哲学原理(万俊人)、不朽的艺术——走进大师与经典(肖鹰、孙晶)、宗教学基础知识(朱东华)、柏拉图哲学入门(王晓朝)、西方哲学精神探源(王晓朝)、西方哲学史(2)(黄裕生)、西方经典研读(1)(宋继杰)、当代法国思想与文化研究(夏莹)、儒家哲学概论(高海波)、《孟子》研读(唐文明)、中国哲学史(2)(圣凯、高海波)、伦理学原理(肖巍)、应用伦理学(卢风)、马克思主义哲学史(韩立新)、马克思主义哲学经典导读(陈浩)、马克思主义哲学(唐少杰)、1966—1976年中国文化史论(唐少杰)。

2016—2017学年春季学期(2017年2月至6月):《圣经》与西方文化(黄裕生)、宗教学原理(朱东华)、佛教哲学概论(圣凯)、中国哲学经典导读(圣凯)、西方艺术史(孙晶)、不朽的艺术——走进大师与经典(肖鹰)、生态文明十五讲(卢风)、科学通史(吴国盛)、西方思想经典与现代社会(黄裕生)、西方哲学精神探源(英语)(王晓朝)、逻辑学(王路)、中国哲学史(1)(高海波)、西方哲学史(1)(田薇)、现代西方哲学(田薇)、综合论文训练(圣凯)、一阶逻辑(俞珺华)、1966—1976年中国文化史论(唐少杰)。

2017—2018学年秋季学期(2017年9月至2018年1月):当代法国思想与文化研究(夏莹),西方哲学精神探源(王晓朝),西方哲学名著精读(陈浩),西方古典与中世纪艺术史(孙晶),西方哲学精神探源(英语)(王晓朝),科学革命(吴国盛),西方哲学思想经典(宋继杰),古希腊哲学(宋继杰),中国哲学史(2)(圣凯),西方哲学史(2)(蒋运鹏),现代中国哲学(高海波),逻辑、语言与哲学(范丙申),伦理学原理(唐文明),应用伦理学(卢风),西方马克思主义(夏莹),德国社会政治哲学(陈浩),逻辑与知识论(刘奋荣),不朽的艺术——走进大师与经典(肖鹰),宗教学基础知识(朱东华),马克思主义哲学史(韩立新),马克思主义哲学(唐少杰)。

2017—2018学年春季学期(2018年3月至6月):西方哲学精神探源(王晓朝)、生态文明十五讲(卢风)、现代西方哲学(田薇)、佛教哲学概论(圣凯)、西方思想经典与现代社会(黄裕生)、西方哲学精神探源(英语)(王晓朝)、逻辑学(王路)、中国哲学思想经典(圣凯、丁四新)、中国哲学史(1)(丁四新)、西方哲学史(1)(范大邯)、政治哲学原理(万俊人)、逻辑学基础理论(魏达格)、模态逻辑及其应用(谢立民)、综合论文训练(夏莹)、美学原理(孙晶)、现代西方哲学(蒋运鹏)、宗教学原理(朱东华)、《圣经》与西方文化(黄裕生)。

2018—2019学年秋季学期(2018年9月至2019年1月):古代—中世纪西方哲学(宋继杰),不朽的艺术——走进大师与经典(肖鹰),宗教学基础知识(朱东华),当代法国思想与文化研究(夏莹),西方马克思主义(夏莹),西方哲学精神探源(王晓朝),西方哲学名著精读(陈浩),中国古代的逻辑论证与知识论(刘奋荣),逻辑、语言与哲学(刘奋荣),逻辑、计算和博弈(范丙申),西方哲学精神探源(英语)(王晓朝),西方哲学思想经典(蒋运鹏),中国哲学史(2)(圣凯),西方哲学史(2)(蒋运鹏),德国社会政治哲学(陈浩),康德哲学与黑格尔哲学(范大邯),伦理学导论(唐文明),马克思主义哲学史(韩立新),马克思主义哲学(唐少杰)。

2018—2019学年春季学期(2019年2月至6月):政治哲学原理(万俊人)、不朽的艺术——走进大师与经典(孙晶)、西方文艺复兴与早期现代艺术史(孙晶)、逻辑学(王路)、逻辑学基础理论(魏达格)、模态逻辑及其应用(谢立民)、中英文哲学写作(唐浩)、中国哲学思想经典(圣凯)、先秦哲学(丁四新)、形而上学(蒋运鹏)、宗教学原理(朱东华)、佛教哲学概论(圣凯)、西方思想经典与现代(黄裕生)、《圣经》与西方文化(黄裕生)、综合论文训练(陈浩)。

2019—2020学年秋季学期(2019年9月至2020年1月):宗教学基础知识(朱东华)、西方哲学思想经典(蒋运鹏)、马克思主义哲学史(韩立新)、现代中国哲学(高海波)、逻辑、语言与哲学(刘奋荣、Stokhof Martin)、古代—中世纪西方哲学(宋继杰)、近代西方哲学(范大邯)、应用伦理学(卢风)、伦理学导论(唐文明)、逻辑、计算和博弈(Johannes Van Benthem)、宋明理学(高海波)、马克思主义哲学(唐少杰)。

2019—2020学年春季学期(2020年2月至6月):不朽的艺术——走进大师与经典(肖鹰)、当代法国思想与文化研究(夏莹)、佛教哲学概论(圣凯)、西方思想经典与现代社会(黄裕生)、逻辑学(俞珺华)、中国哲学思想经典(陈壁生)、政治哲学原理(万俊人)、逻辑学基础理论(Westerstahl Dag Ture Hjalmar)、模态逻辑及其应用(Seligman Jeremy

Michael)、先秦哲学(丁四新)、隋唐佛学(圣凯)、美学原理(孙晶)、综合论文训练(陈浩)、西方经典研读(范大邯)、宗教学原理(朱东华)、西方马克思主义(夏莹)、《圣经》与西方文化(黄裕生)、早期现代西方哲学(唐浩)、西方分析哲学史(唐浩)、英语世界中的道家哲学(袁艾)、马克思主义哲学(唐少杰)。

2020—2021学年秋季学期(2020年9月至2021年1月)：不朽的艺术——走进大师与经典(孙晶)、宗教学基础知识(朱东华)、西方哲学名著精读(陈浩)、西方哲学思想经典(蒋运鹏)、悦读马克思(夏莹)、马克思主义哲学史(韩立新)、逻辑、语言与哲学(刘奋荣、Stokhof Martin)、古代—中世纪西方哲学(宋继杰)、德国社会政治哲学(陈浩)、伦理学导论(唐文明)、逻辑、计算和博弈(Johannes Van Benthem)、康德哲学与黑格尔哲学(范大邯)、宋明理学(赵金刚)、经学概论(陈壁生)、马克思主义哲学(唐少杰)。

2020—2021学年春季学期(2021年2月至6月)：不朽的艺术——走进大师与经典(肖鹰)、儒家哲学概论(高海波)、现代西方哲学(田薇)、佛教哲学概论(圣凯)、西方思想经典与现代社会(黄裕生)、四书精读(赵金刚)、逻辑学(俞珺华)、中国哲学思想经典(丁四新、陈壁生)、政治哲学原理(万俊人)、逻辑学基础理论(Westerstahl Dag Ture Hjalmar)、模态逻辑及其应用(Seligman Jeremy Michael)、近代西方哲学(唐浩)、先秦哲学(丁四新)、隋唐佛学(圣凯)、综合论文训练(陈浩)、宗教学原理(朱东华)、西方马克思主义(夏莹)、《圣经》与西方文化(黄裕生)、西方分析哲学史(唐浩)、英语世界中的道家哲学(袁艾)、现当代英美哲学(蒋运鹏)、现代基督教哲学(瞿旭彤)、马克思主义哲学(唐少杰)。

2021—2022学年秋季学期(2021年9月至2022年1月)：宗教学基础知识(朱东华)、西方哲学名著精读(陈浩)、艺术、哲学与科学(黄裕生、李睦)、马克思主义哲学史(韩立新)、逻辑、语言与哲学(刘奋荣、Stokhof Martin)、古代—中世纪西方哲学(宋继杰)、现当代欧陆哲学(瞿旭彤)、中国哲学经典导读(赵金刚)、德国社会政治哲学(陈浩)、伦理学导论(唐文明)、逻辑、计算和博弈(Johannes Van Benthem)、康德哲学与黑格尔哲学(范大邯)、宋明理学(高海波)、经学概论(陈壁生)、四书研读(赵金刚)、第一哲学的沉思(蒋运鹏)、马克思主义哲学(唐少杰)。

2021—2022学年春季学期(2022年2月至6月):不朽的艺术——走进大师与经典(肖鹰)、当代法国思想与文化研究(夏莹)、现代西方哲学(田薇)、佛教哲学概论(圣凯)、西方思想经典与现代社会(黄裕生)、《孟子》研读(赵金刚)、写作与沟通(袁艾)、悦读马克思(夏莹)、逻辑学(俞珺华)、数理逻辑(冯琦)、政治哲学原理(万俊人)、逻辑学基础理论(Westerstahl Dag Ture Hjalmar)、模态逻辑及其应用(Seligman Jeremy Michael)、近代西方哲学(唐浩)、先秦哲学(丁四新)、形而上学(蒋运鹏)、隋唐佛学(圣凯)、综合论文训练(陈壁生)、美学原理(孙晶)、宗教学原理(朱东华)、《圣经》与西方文化(黄裕生)、综合论文训练(陈壁生)、西方分析哲学史(唐浩、Travis Charles Stephen)、英语世界中的道家哲学(袁艾)、现代基督教哲学(瞿旭彤)、当代政治哲学(Otfried Hoeffe)、牛津-Tutorial研讨课程(范大邯)、柏拉图的《理想国》(Hahmann Andree)、《礼记》研读(陈壁生)、《肇论》研读(圣凯)、哲学经典与专题研讨班(2)(万俊人)、哲学经典与专题研讨班(2)(Hahmann Andree)、哲学经典与专题研讨班(2)(赵金刚)、马克思主义哲学(唐少杰)。

2022—2023学年秋季学期(2022年9月至2023年1月):不朽的艺术——走进大师与经典(孙晶)、宗教学基础知识(朱东华)、艺术、哲学与科学(黄裕生、李睦)、古希腊哲学经典研读(宋继杰)、逻辑与思维(刘奋荣、石辰威)、数理逻辑(冯琦)、马克思主义哲学史(韩立新)、逻辑、语言与哲学(刘奋荣、Stokhof Martin)、古代—中世纪西方哲学(Hahmann Andree)、现当代欧陆哲学(瞿旭彤)、伦理学导论(唐文明)、逻辑、计算和博弈(Johannes Van Benthem)、宋明理学(赵金刚)、经学概论(陈壁生)、牛津-Tutorial研讨课程(范大邯)、四书研读(赵金刚)、第一哲学的沉思(蒋运鹏)、柏拉图的《理想国》(Hahmann Andree)、哲学经典与专题研讨班(3)(韩立新)、哲学经典与专题研讨班(3)(蒋运鹏)、哲学经典与专题研讨班(3)(唐文明)、《传习录》研读(高海波)、马克思主义哲学(唐少杰)。

2022—2023学年春季学期(2023年2月至6月):不朽的艺术——走进大师与经典(肖鹰)、现代西方哲学(田薇)、佛教哲学概论(圣凯)、西方思想经典与现代社会(黄裕生)、《孟子》研读(赵金刚)、逻辑与思维(刘奋荣、石辰威)、逻辑学(俞珺华)、数理逻辑(冯琦)、政治哲学原理(万俊人)、逻辑学基础理论(Westerstahl Dag Ture Hjalmar)、模态逻辑及其应用

(Seligman Jeremy Michael)、先秦哲学(丁四新)、西方马克思主义(夏莹)、语言哲学(唐浩)、综合论文训练(陈壁生)、宗教学原理(朱东华)、中国哲学经典导读(高海波)、《圣经》与西方文化(黄裕生)、康德哲学与黑格尔哲学(范大邯)、英语世界中的道家哲学(袁艾)、现代基督教哲学(瞿旭彤)、当代政治哲学(Otfried Hoeffe)、《坛经》研读(圣凯)、当代西方哲学专题(唐浩、Travis Charles Stephen)、德国古典哲学与马克思(陈浩)、牛津-Tutorial 研讨课程(范大邯)、《礼记》研读(陈壁生)、哲学经典与专题研讨班(4)(石辰威)、哲学经典与专题研讨班(4)(范大邯)、哲学经典与专题研讨班(4)(圣凯)、马克思主义哲学(唐少杰)。

2023—2024 学年秋季学期(2023 年 9 月至 2024 年 1 月):不朽的艺术——走进大师与经典(孙晶)、宗教学基础知识(朱东华)、古希腊哲学经典研读(宋继杰)、逻辑与思维(刘奋荣、石辰威)、数理逻辑(冯琦)、马克思主义哲学史(韩立新)、逻辑、语言与哲学(刘奋荣、Stokhof Martin)、古代—中世纪西方哲学(Hahmann Andree)、逻辑与知识论(石辰威)、伦理学导论(唐文明)、逻辑、计算和博弈(Johannes Van Benthem)、宋明理学(高海波)、英语世界中的道家哲学(袁艾)、现当代英美哲学(蒋运鹏)、经学概论(陈壁生)、牛津-Tutorial 研讨课程(范大邯)、四书研读(赵金刚)、柏拉图的《理想国》(Hahmann Andree)、哲学经典与专题研讨班(5)(夏莹、肖薇)、哲学经典与专题研讨班(5)(高海波)、哲学经典与专题研讨班(5)(朱东华)、《传习录》研读(高海波)、研究与写作对话导引(范大邯)、《周易》研读(赵金刚)。

2023—2024 学年春季学期(2024 年 2 月至 6 月):不朽的艺术——走进大师与经典(肖鹰)、现代西方哲学(田薇)、佛教哲学概论(圣凯)、西方思想经典与现代社会(黄裕生)、《孟子》研读(赵金刚)、逻辑学(俞珺华)、数理逻辑(冯琦)、逻辑学基础理论(Westerstahl Dag Ture Hjalmar)、模态逻辑及其应用(Seligman Jeremy Michael)、近代西方哲学(唐浩)、西方马克思主义(夏莹)、综合论文训练(陈壁生)、美学原理(孙晶)、宗教学原理(朱东华)、中国哲学经典导读(赵金刚)、《圣经》与西方文化(黄裕生)、现代基督教哲学(瞿旭彤)、跨文化视野下早期中国哲学关键词(袁艾)、《坛经》研读(圣凯)、当代西方哲学专题(Travis Charles Stephen、唐浩)、德国古典哲学与马克思(陈浩)、牛津-Tutorial 研讨课程(范大邯)、第一哲学的沉思(蒋运鹏)、哲学经典与专题研讨班(1)(瞿旭彤)、哲学经典与专题研讨班(1)(肖鹰)、哲学经典与专题研讨班(1)(孙晶)。

(2)已开设的研究生课程一览

从2000年5月以来的二十年里,哲学系研究生课程的演变表明了哲学系研究生培养工作的不断深化,特别是研究生教学的日益增强。自2002年开始至今,哲学系开设的研究生课程目录如下。

2001—2002学年春季学期(2002年2月至6月):西方伦理学史(万俊人)、国际政治伦理(韦正翔)。

2002—2003学年秋季学期(2002年9月至2003年1月):西方形而上学史(宋继杰)。

2002—2003学年春季学期(2003年2月至6月):原始儒家伦理思想研究(唐文明)。

2003—2004学年秋季学期(2003年9月至2004年1月):哲学系没有开研究生课。

2003—2004学年春季学期(2004年2月至6月):宗教伦理与宗教文化(王晓朝)、语言哲学(王路)、西方形而上学史(王路)。

2004—2005学年秋季学期(2004年9月至2005年1月):国际政治伦理(韦正翔)、西方形而上学史(宋继杰)、生命伦理研究(肖巍)。

2004—2005学年春季学期(2005年2月至6月):西方伦理学史(万俊人)、原始儒家伦理思想研究(唐文明)、性别研究与女性主义(肖巍)、逻辑哲学(王路)、语言哲学(王路)。

2005—2006学年秋季学期(2005年9月至2006年1月):西方哲学经典研读(王晓朝)、生命伦理研究(肖巍)、马克思主义发展史(唐少杰)。

2005—2006学年春季学期(2006年2月至6月):宗教伦理与宗教文化(田薇)、国际政治伦理(韦正翔)、原始儒家伦理思想研究(唐文明)、中西艺术导论(肖鹰)、语言哲学(王路)、中国哲学经典研读(彭国翔)。

2006—2007学年秋季学期(2006年9月至2007年1月):伦理学专题(唐文明)、环境伦理学(卢风)、生命伦理研究(肖巍)、马克思主义发展史(唐少杰)、艺术评论专题(肖鹰)、艺术哲学(肖鹰)、逻辑学问题研究(王路)、当代社会发展理论研究(邹广文)、哲学方法论(邹广文)、道家哲学研究(王中江)、中国哲学专题研究(胡伟希)。

2006—2007学年春季学期(2007年3月至6月):经济伦理研究(万俊人)、西方伦理学研究(万俊人)、模态逻辑(刘奋荣)、原始儒家伦理思想研究(唐文明)、西方社会政治哲学的过去与现在(贝淡宁)、宗教伦理与宗教文化(田薇)、中国哲学经典研读(彭国翔)、西方哲学史专题(宋继杰)、中西哲学比较研究(胡伟希)。

2007—2008学年秋季学期(2007年9月至2008年1月):中国哲学(韦正翔)、哲学方法论(邹广文)、逻辑哲学(王路)、政治哲学基础(万俊人)、性别研究与女性主义(肖巍)、马克思主义发展史(唐少杰)。

2007—2008学年春季学期(2008年2月至6月):科技伦理学(卢风)、原始儒家伦理思想研究(唐文明)、中国哲学经典选读(胡伟希)、模态逻辑(刘奋荣)。

2008—2009学年秋季学期(2008年9月至2009年1月):古希腊哲学(王路)、西方形而上学史(宋继杰)、美学专题研究(肖鹰)、道家哲学研究(王中江)、现代新儒家研究(彭国翔)、性别研究与女性主义(肖巍)、马克思主义发展史(唐少杰)。

2008—2009学年春季学期(2009年2月至6月):政治哲学基础(万俊人)、宗教伦理与宗教文化(田薇)、中国哲学(韦正翔)、哲学方法论(邹广文)、美学经典选读(肖鹰)、中国哲学经典选读(彭国翔)、马克思主义哲学经典选读(韩立新)。

2009—2010学年秋季学期(2009年9月至2010年1月):哲学方法论(邹广文)、马克思主义发展史(唐少杰)、美学专题研究(肖鹰)、中西艺术导论(肖鹰)、逻辑学专题研究(王路)、模型论(刘奋荣)、一阶逻辑(刘奋荣)、道家哲学研究(王中江)、德国哲学研究(黄裕生)、性别研究与女性主义(肖巍)。

2009—2010学年春季学期(2010年2月至6月):科技伦理学(卢风)、原始儒家伦理思想研究(唐文明)、政治哲学基础(万俊人)、马克思主义哲学专题(韩立新)、西方哲学经典研读(王晓朝)、逻辑学经典研读(王路)、模态逻辑(刘奋荣)、宋明理学研究(陈来)、中国哲学史专题(曹峰)、宗教学专题研究(朱东华)。

2010—2011学年秋季学期(2010年9月至2011年1月):语言哲学(王路)、模态逻辑(刘奋荣)、伦理学专题(唐文明)、形而上学史(宋继杰)、德国哲学研究(黄裕生)、中国哲学史专题(曹峰)、宋明理学研究(陈来)、美学经典选读(肖鹰)。

2010—2011学年春季学期(2011年2月至6月):哲学逻辑(刘奋荣)、中国近现代哲学研究(陈来)、中国哲学经典研读(彭国翔)、先秦哲学研究(曹峰)、现象学—存在主义研究(黄裕生)、生命伦理研究(肖巍)、马克思主义哲学经典研读(韩立新)、哲学方法论(邹广文)。

2011—2012学年秋季学期(2011年9月至2012年1月):宗教学专题研究(朱东华)、政治哲学基础(万俊人)、现代新儒家研究(唐文明)、原始儒家伦理思想研究(唐文明)、生命伦理学(肖巍)、性别研究与女性主义(肖巍)、哲学方法论(邹广文)、西方哲学史专题(黄裕生)、思想史专题研究(刘东)、中国哲学史专题(陈来)、先秦哲学研究(曹峰)、一阶逻辑(刘奋荣)。

2011—2012学年春季学期(2012年2月至6月):西方马克思主义专题(夏莹)、模态逻辑(刘奋荣)、古希腊哲学(王路)、伦理学专题(唐文明)、宋明理学研究(陈来)、中国哲学史专题(曹峰)。

2012—2013学年秋季学期(2012年9月至2013年1月):政治哲学基础(万俊人)、西方伦理学史(万俊人)、科技伦理(卢风)、生命伦理研究(肖巍)、哲学逻辑(刘奋荣)、哲学方法论(邹广文)、文化与美学(刘东)、美学专题研究(肖鹰)、西方形而上学史(宋继杰)、中国哲学经典研读(曹峰)、现代新儒学研究(唐文明)、马克思主义哲学经典研读(韩立新)、德国哲学研究(黄裕生)、宗教学专题研究(朱东华)、海外中国哲学研究(陈来)、现代欧陆哲学研究(夏莹)、佛教哲学研究(圣凯)。

2012—2013学年春季学期(2013年2月至6月):马克思主义发展史(唐少杰)、西方马克思主义专题(夏莹)、逻辑学经典研读(王路)、模态逻辑(刘奋荣)、伦理学专题(唐文明)、宗教伦理与宗教文化(田薇)、佛教经典选读(圣凯)、宗教哲学经典研读(王晓朝)、西方哲学经典研读(王晓朝)、艺术评论专题(肖鹰)、道家哲学研究(曹峰)、儒家哲学研究(陈来)、现象学—存在主义研究(黄裕生)、政治哲学基础(贝淡宁)、西方哲学的历史发展(叶秀山)。

2013—2014学年秋季学期(2013年9月至2014年1月):西方伦理学史(万俊人)、哲学方法论(邹广文)、马克思主义哲学专题(韩立新)、古希腊哲学(宋继杰)、亚里士多德的《形而上学》(王路)、比较中的美学(刘东)、佛教哲学研究(圣凯)、宗教哲学研究(朱东华)、一阶逻辑(刘奋荣)、西方哲学史专题(黄裕生)、现代欧陆哲学研究(夏莹)、中国哲学史专题(曹峰)、现代新儒家研究(唐文明)、应用伦理学(卢风)、性别研究与女性主义(肖巍)。

2013—2014学年春季学期(2014年2月至6月):马克思主义哲学经典研读(韩立新)、西方马克思主义专题(夏莹)、现代文化与现代艺术(肖鹰)、人工智能中的逻辑(刘奋荣)、模态逻辑(刘奋荣)、逻辑哲学(王路)、语言哲学(王路)、政治哲学基础(万俊人)、宗教哲学经典研读(王晓朝)、西方哲学经典研读(王晓朝)、佛教经典选读(圣凯)、宗教伦理与宗教文化(田薇)、伦理学专题(唐文明)。

2014—2015学年秋季学期(2014年9月至2015年1月):思想史专题研究(刘东),中国文化、历史和价值(贝淡宁),西方伦理学史(万俊人),中国伦理思想经典研读(唐文明),性别研究与女性主义(肖巍),古希腊哲学(宋继杰),德国哲学研究(黄裕生),现代欧陆哲学研究(夏莹),逻辑学专题研究(王路),美学专题研究(肖鹰),道家哲学研究(曹峰),儒家哲学研究(陈来),宗教哲学专题研究(朱东华),哲学方法论(邹广文)。

2014—2015学年春季学期(2015年2月至6月):佛教哲学研究(圣凯)、宗教伦理与宗教文化(田薇)、宗教哲学经典研读(王晓朝)、证明论(俞珺华)、模态逻辑(刘奋荣)、逻辑学经典研读(王路)、国际政治伦理(贝淡宁)、政治哲学基础(万俊人)、伦理学专题(唐文明)、中国哲学史专题(曹峰)、西方马克思主义专题(夏莹)、马克思主义发展史(唐少杰)。

2015—2016学年秋季学期(2015年9月至2016年1月):现代欧陆哲学研究(陈浩)、现象学—存在主义研究(黄裕生)、古希腊哲学(宋继杰)、西方哲学经典研读(王晓朝)、比较中的美学(刘东)、哲学逻辑(刘奋荣)、西方伦理学史(万俊人)、科技伦理学(卢风)、性别研究与女性主义(肖巍)、原始儒家伦理思想研究(唐文明)、佛教经典研读(圣凯)、哲学方法论(邹广文)。

2015—2016学年春季学期(2016年2月至6月):模型论(俞珺华)、语言哲学(王路)、模态逻辑(刘奋荣)、伦理学专题(唐文明)、国际政治伦理(贝淡宁)、宗教学专题研究(朱东华)、现代西方宗教观专题(田薇)、西方马克思主义专题(夏莹)。

2016—2017学年秋季学期(2016年9月至2017年1月):德国哲学研究(黄裕生)、中西哲学比较研究(刘东)、现代欧陆哲学研究(陈浩)、西方形而上学史(宋继杰)、政治哲学基础(万俊人)、科技伦理(卢风)、中国伦理思想史经典研读(唐文明)、现代西方宗教观专题(田薇)、马克思主义哲学专题(韩立新)、逻辑学专题研究(王路)、先秦哲学研究(陈来)、美学专题研究(肖鹰)。

2016—2017学年春季学期(2017年2月至6月):美学经典研读(肖鹰)、文化哲学专题研究(刘东)、伦理学专题(唐文明)、西方伦理学史(万俊人)、道家哲学研究(丁四新)、宋明理学研究(陈来)、宗教专题研究(朱东华)、亚里士多德的《形而上学》(王路)、证明论(俞珺华)。

2017—2018学年秋季学期(2017年9月至2018年1月):科技伦理(卢风)、政治哲学专题(万俊人)、马克思主义哲学经典研读(韩立新)、中西哲学导论(刘东)、西方哲学史专题(黄裕生)、西方马克思主义专题(夏莹)、柏拉图对话研读(宋继杰)、现代欧陆哲学研究(陈浩)、现代西方宗教观专题(田薇)、周易经学与哲学(丁四新)、中国哲学史专题(陈来)、哲学逻辑(刘奋荣)。

2017—2018学年春季学期(2018年2月至6月):中西艺术与文化交流专题研讨(孙晶)、中国哲学(高海波)、儒家哲学研究(高海波)、文化哲学专题(刘东)、宋明理学研究(陈来)、现代新儒学研究(唐文明、陈来)、人工智能中的逻辑(刘奋荣、魏达格)、模型论(俞珺华)、一阶逻辑(俞珺华)、逻辑学专题研究(王路)、宗教学专题研究(朱东华)、佛教经典选读(圣凯)、德国古典哲学(范大邯)、弗雷格的语言哲学(蒋运鹏)、心灵哲学(唐浩)。

2018—2019学年秋季学期(2018年9月至2019年1月):柏拉图对话研读(宋继杰)、西方哲学史专题(黄裕生)、现代欧陆哲学研究(陈浩)、德国哲学研究(范大邯)、语言哲学(王路)、哲学逻辑(刘奋荣)、一阶逻辑(俞珺华)、美学专题研究(肖鹰)、现代西方宗教观专题(田薇)、儒家哲学研究(陈来)、道家哲学研究(丁四新)、宋明理学研究(高海波)、马克思主义哲学经典研读(韩立新)、西方马克思主义专题(夏莹)、马克思主义发展史(唐少杰)。

2018—2019年春季学期(2019年2月至6月)：中国哲学(高海波)、西方伦理学史(万俊人)、伦理学专题(唐文明)、艺术评论专题(刘东)、逻辑哲学(王路)、模态逻辑(刘奋荣)、人工智能中的逻辑(刘奋荣)、宋明理学研究(陈来)、宗教学专题研究(朱东华)、佛教哲学研究(圣凯)、证明论(俞珺华)、启蒙哲学(范大邯)、形而上学(蒋运鹏)、西方哲学史专题(唐浩)。

2019—2020学年秋季学期(2019年9月至2020年1月)：科技伦理(卢风)、哲学逻辑(刘奋荣)、中国哲学史专题(陈来)、马克思主义哲学专题(韩立新)、周易经学与哲学(丁四新)、西方哲学史专题(黄裕生)、现代新儒学研究(陈壁生)、先秦哲学研究(袁艾)、一阶逻辑(俞珺华)、宋明理学研究(高海波)、柏拉图对话研读(宋继杰)、道家哲学研究(袁艾)。

2019—2020学年春季学期(2020年2月至6月)：中国哲学(高海波)、西方伦理学史(万俊人)、美学专题研究(刘东)、美学经典研读(肖鹰)、逻辑学专题研究(刘奋荣)、伦理学专题(唐文明)、中国近现代哲学研究(陈来)、模型论(俞珺华)、宗教学专题研究(朱东华)、西方马克思主义专题(夏莹)、语言哲学(唐浩)、佛教经典选读(圣凯)、英国经验论(蒋运鹏)、政治哲学原著精读(陈浩)。

2020—2021学年秋季学期(2020年9月至2021年1月)：中西艺术与文化交流(孙晶)、马克思主义哲学专题(韩立新)、现代西方宗教观专题(田薇)、西方哲学史专题(黄裕生)、中国哲学经典研读(高海波)、一阶逻辑(俞珺华)、宋明理学研究(高海波)、儒家哲学研究(赵金刚)、道家哲学研究(丁四新)、柏拉图对话研读(宋继杰)、德国古典哲学(范大邯)、经学专题研究(陈壁生)。

2020—2021学年春季学期(2021年2月至6月)：中国哲学(高海波)、西方伦理学史(万俊人)、哲学逻辑(刘奋荣)、中国哲学史专题(陈来)、美学专题研究(肖鹰)、伦理学专题(唐文明)、宗教学专题研究(朱东华)、西方马克思主义专题(夏莹)、佛教哲学研究(圣凯)、证明论(俞珺华)、心灵哲学(唐浩)、政治哲学原著精读(陈浩)、《礼记》经学与哲学(陈壁生)、基督教神学经典选读(瞿旭彤)。

2021—2022学年秋季学期(2021年9月至2022年1月)：逻辑学专题研究(冯琦)、现代西方宗教观专题(田薇)、周易经学与哲学(丁四新)、西方哲学史专题(黄裕生)、马克思主义哲学经典研读(韩立新)、一阶逻辑(俞珺华)、德国哲学研究(范大邯)、海外中国哲学研究(袁艾)、儒家哲学研究(陈来)、柏拉图对话研读(宋继杰)、弗雷格的语言哲学(蒋运鹏)、经学专题研究(陈壁生)、宋代哲学研究(赵金刚)、明代哲学研究(高海波)、维特根斯坦《逻辑哲学论》研读(Beaney Michael Anthony)。

2021—2022学年春季学期(2022年2月至6月):西方伦理学史(万俊人)、哲学逻辑(刘奋荣)、中国哲学史专题(陈来)、伦理学专题(唐文明)、中国哲学经典研读(高海波)、模态逻辑(俞珺华)、宗教学专题研究(朱东华)、西方马克思主义专题(夏莹)、佛教经典选读(圣凯)、启蒙哲学(范大邯)、政治哲学原著精读(陈浩)、《礼记》经学与哲学(陈壁生)、行动哲学(唐浩)、艺术哲学前沿研究(肖鹰)、现象学-存在哲学研究(Hahmann Andree)、集合论(冯琦)、黑格尔《精神现象学》导读(Stern Robert Arthur)、欧陆哲学与宗教哲学前沿(瞿旭彤)。

2022—2023学年秋季学期(2022年9月至2023年1月):逻辑学经典研读(石辰威)、现代西方宗教观专题(田薇)、西方哲学史专题(黄裕生)、逻辑哲学(冯琦)、中国哲学经典研读(丁四新)、马克思主义哲学经典研读(韩立新)、一阶逻辑(俞珺华)、宋明理学研究(高海波)、儒家哲学研究(陈来)、道家哲学研究(丁四新)、柏拉图对话研读(宋继杰)、德国古典哲学(范大邯)、宋代哲学研究(赵金刚)、维特根斯坦《逻辑哲学论》研读(Beaney Michael Anthony)。

2022—2023学年春季学期(2023年2月至6月):中西艺术与文化交流(孙晶)、西方伦理学史(万俊人)、美学专题研究(肖鹰)、伦理学专题(唐文明)、模态逻辑(石辰威)、人工智能中的逻辑(刘奋荣)、宗教学专题研究(朱东华)、西方马克思主义专题(夏莹)、佛教哲学研究(圣凯)、语言哲学(唐浩)、证明论(俞珺华)、英国经验论(蒋运鹏)、政治哲学原著精读(陈浩)、明代哲学研究(高海波)、现象学-存在哲学研究(Hahmann Andree)、集合论(冯琦)、欧陆哲学与宗教哲学前沿(瞿旭彤)、老庄哲学研究(袁艾)。

2023—2024学年秋季学期(2023年9月至2024年1月):现代西方宗教观专题(田薇)、周易经学与哲学(丁四新)、西方哲学史专题(黄裕生)、现代新儒学研究(唐文明)、马克思主义哲学经典研读(韩立新)、模型论(冯琦)、一阶逻辑(俞珺华)、宋明理学研究(高海波)、柏拉图对话研读(宋继杰)、经学专题研究(陈壁生)、宋代哲学研究(赵金刚)、维特根斯坦《逻辑哲学论》研读(Beaney Michael Anthony)、推理、计算与学习理论(刘奋荣)。

2023—2024学年春季学期(2024年2月至6月)：中西艺术与文化交流(孙晶)、西方伦理学史(万俊人)、哲学逻辑(刘奋荣)、美学经典研读(肖鹰)、伦理学专题(唐文明)、欧陆哲学与宗教哲学经典研读(瞿旭彤)、模态逻辑(石辰威)、宗教学专题研究(朱东华)、西方马克思主义专题(夏莹)、儒家哲学研究(赵金刚)、佛教经典选读(圣凯)、德国古典哲学(范大邯)、心灵哲学(唐浩)、弗雷格的语言哲学(蒋运鹏)、政治哲学原著精读(陈浩)、《礼记》经学与哲学(陈壁生)、康德的道德哲学(Otfried Hoeffe)、集合论(冯琦)、老庄哲学研究(丁四新)、与谢林一道思考"自然"(Hahmann Andree)、模态逻辑专题(俞珺华)。

3. 学程要求

(1) 本科生学程要求

进入2018年，按照新颁布的人文科学实验班本科指导性教学计划所规定的本科生学程，哲学专业本科生的学程如下。

本科生学程要求

一、学制与学位授予

本科学制四年，进入人文实验班的学生，将经历一年的大类通识平台学习阶段和三年的专业学习阶段。通识阶段学习时将接触人文与社会大类学科的专业课程，了解学科内容及前沿；自第三学期开始，学生在汉语言文学、历史学、哲学三个专业方向中选择其一从事专业课程学习，同时可选修其他专业方向的课程。完成规定课程并符合培养要求的学生，可获得相应专业的学士学位。

二、基本学分学时

本科培养总学分为150学分，春、秋季学期课程103学分，综合论文训练15学分，夏季学期和实践训练10学分，自由发展课程22学分。

三、课程设置与学分分布

1. 通识教育44学分：(1)思想政治理论课14，包括思想道德修养与法律基础3、中国近现代史纲要3、马克思主义基本原理4、毛泽东思想和中国特色社会主义理论体系概论4;(2)体育4;(3)外语(一外英语必修8+2学分,一外小语种必修6学分);(4)文化素质课8,文化素质课程(文科类)包括文化素质教育核心课(含新生研讨课)和一般文化素质教育课;(5)军事理论与技能训练3。

2. 专业教育91学分

(1) 基础课程18,第一学年内人文类和社科类课程至少各6学分、新闻传播类和外文类课程至少各3学分。

① 人文类课程:文学名作与写作训练3、汉字与中国文化3、中国古代文明3、世界文明的进程3、西方哲学思想经典3、老庄与魏晋风度3、中国现代诗歌鉴赏与写作3、现代中国的形成3、西方现代思想史专题3、逻辑学3、中国哲学思想经典3。

② 哲学专业课程(教学课程共61学分,最少选修48学分):中英文哲学写作3,形而上学3,古代—中世纪西方哲学3,近代西方哲学3,现当代欧陆哲学3,现当代英美哲学3,先秦哲学3,隋唐佛学3,宋明理学3,现代中国哲学3,逻辑、语言与哲学4,逻辑与知识论3,伦理学导论3,政治哲学导论3,应用伦理学3,马克思主义哲学3,马克思主义哲学史3,《圣经》与西方文化3,宗教学基础3,宗教哲学导论3,美学基础3,中西美学导论3。

③ 哲学专业选修,以下课程中至少修12学分;其余10学分可选修符合要求的外系、外院课程(必须从该院系专业核心课程中选择):古代—中世纪西方哲学经典3、康德哲学与黑格尔哲学3、胡塞尔与海德格尔的现象学哲学3、维特根斯坦哲学2、分析哲学早期经典文本选读3、实践哲学3、行动哲学2、经学概论3、魏晋玄学2、道家哲学3、马克思主义哲学经典导读2、德国古典哲学与马克思3、西方马克思主义2、德国社会政治哲学2、逻辑学基础理论2、模态逻辑及其应用2、伦理学经典研读3、宗教学经典研读3、比较宗教学2、美学经典导读3、当代美学问题与思考3、秦汉哲学2。

(2) 夏季学期和实践训练10。

(3) 综合论文训练15。

(2) 硕士研究生学程要求

自2000年5月复建以来,哲学系的研究生招生和培养工作不断发展,到2005年前后,这一工作基本成熟。之后,经过数次充实和调整,新的研究生培养方案于2018年确定并实施。

2018年10月25日,哲学系新制定的硕士研究生培养方案获得批准。哲学系所招收的哲学硕士生包括七个二级学科专业:马克思主义哲学、中国哲学、外国哲学、逻辑学、伦理学、美学、宗教学。学习年限:2~3年。

硕士研究生课程设置及学分要求

1. 公共必修课5(中国特色社会主义理论与实践研究2、自然辩证法概论1、第一外国语基础部分2)。

2. 必修环节2(文献综述与选题报告1、学术活动1)。

3. 学术与职业素养课程1(研究生学术与职业素养讲座课程1、科技伦理2、中英文哲学写作3)。

4. 学科专业课程17

(1) 基础理论课(≥6学分):马克思主义哲学专题3、中国哲学史专题3、西方哲学史专题3、伦理学专题3、逻辑学专题研究3、美学专题研究3、宗教学专题研究3。

(2) 专业基础课(≥3学分):马克思主义哲学经典研读3、中国哲学经典研读3、西方哲学经典研读3、西方伦理思想史经典研读3、模态逻辑3、美学经典研读3、宗教哲学经典研读3。

(3) 专业课(≥8学分)

《法哲学原理》研读3、早期马克思主义研究3、西方马克思主义专题3、当代激进左翼思潮研究3、西方马克思主义经典选读3、政治哲学原著精读3。

先秦哲学研究3、秦汉哲学与经学专题3、儒家哲学研究3、道家哲学研究3、魏晋玄学研究2、道教哲学研究2、《周易》经学与哲学2、宋明理学研究3、原始儒家伦理思想研究2、现代儒学研究3、中国政治哲学研究2、中国近现代哲学研究2、海外中国哲学研究3。

柏拉图对话研读3、亚里士多德著作研读3、英国经验论3、弗雷格哲学3、启蒙哲学3、现象学与存在哲学3、德国古典哲学3、当代西方实践哲学3、语言哲学3、心灵哲学3、德国哲学研究3。

逻辑学经典研读3、一阶逻辑3、哲学逻辑3、逻辑哲学3、模型论3、人工智能中的逻辑 3、证明论 3。

西方伦理学史 3、现代西方伦理学专题 3、中国伦理思想史经典研读 3、环境伦理学 2、生命伦理研究 2、科技伦理学 2、应用伦理学专题 3、美德伦理学 3、康德伦理学 3、政治哲学基础 3。

中西艺术导论 3、现代文化与现代艺术 3、艺术评论专题 3、艺术文化学 3、中西艺术与文化交流专题研讨 3。

佛教哲学研究 3、基督教哲学研究 3、现代西方宗教观专题 3、宗教哲学专题研究 3、佛教经典选读 3、基督教神学经典选读 3、圣经学与诠释学 3。

政治哲学前沿问题探究 3、文化哲学专题研究 3、西方科学哲学和技术哲学评析 2、古典希腊语入门 3、古典拉丁语入门 3。

根据专业培养和学位论文写作需要,在导师的指导下,可选择本系或外系的相关课程,记入学科专业要求学分。

(4) 补修课程(本专业直读生不用补修,其他学生不少于 2 门课程,由教研组或导师指定):先秦哲学 3,隋唐佛学 3,古代—中世纪西方哲学 3,近代西方哲学 3,马克思主义哲学史 3,伦理学导论 3,逻辑、语言与哲学 4,逻辑学基础理论 3,模态逻辑及其应用 3,逻辑、计算与博弈逻辑与知识论 3,宗教学基础 3,美学基础 3。

硕士生学位论文要求:①从选题报告通过到申请论文答辩不少于 1 年时间。②文献综述与选题报告要求查阅一定数量的文献资料,写出不少于 8000 字的书面报告,内容包括文献综述和选题报告两部分。选题报告会由教研组组织,至少有 3 位硕士生导师参加。考核成绩包括书面报告成绩和口头报告成绩两部分。③学术活动要求参加 10 次以上,其中 2 次为跨专业的学术报告,每次应有 500 字以上的小结,经导师签字后自己保存,申请答辩前交教学办公室记载成绩。④在读期间发表学术论文的要求按人文学院相关规定执行。

(3) 博士研究生学程要求

2018 年 6 月 20 日,哲学系新制定的博士研究生培养方案获得批准。哲学系所招收的哲学博士生包括七个二级学科专业:马克思主义哲学、中国哲学、外国哲学、逻辑学、伦理学、美学、宗教学。

博士研究生学程要求

一、培养目标

旨在培养国家需要的遵纪守法、品行端正、具有良好政治品质和坚实宽广的哲学专业知识与深刻思想的高层次专门人才。哲学博士生应能系统掌握哲学基础理论知识,有独立从事重大哲学研究课题的能力,能胜任高等学校或科研机构的专业教学和科研工作,能胜任较为重要的社会文化、教育、宣传、宗教事务管理等实际工作;成为既具有较高专业理论水平,又具有较强实践工作能力的专业骨干人才。

二、培养方式

1. 实行导师负责制。导师指导与集体培养相结合,成立包括导师在内的博士生指导小组,由3~5人组成,导师为组长,指导小组成员应具有高级职称或为本专业领域的专家,如确属必要,可邀请1~2位系外或校外兼职教授或客座研究员参加指导工作。

2. 博士生培养以深层学术研究和重大应用课题的研究为主。根据清华大学博士生培养要求及学位论文需要,确定个人的培养计划,使学生既具备宽广的学术基础,又获得把握高深专业理论研究的能力,掌握创造性的研究方法,并在学科前沿和学科应用领域有较强的科研创新能力和学业建树。

三、知识结构及课程学习的基本要求

1. 知识结构的基本要求

哲学博士生应熟悉哲学基础理论和本学科国内外前沿知识发展状况;有扎实的中外哲学史功底,对所从事的研究课题之历史与现状有深入的把握;熟练掌握1~2门外语并具备较高的专业外语运用能力。

2. 学分构成

(1) 直读博士生学位要求不少于31学分(包括硕士生必修课程学分),其中:

① 公共必修5:政治课、外语课2。② 必须修完硕士生的全部必修课程,必须完成学科专业要求,学分不少于21,其中本学科或相关学科的研究生基础理论和专业课程不少于5门。③ 必修环节5:文献综述与选题报告1、学术活动2、资格考试1、社会实践1。④ 学术与职业素养课程(不少于1学分):研究生学术与职业素养讲座课程1(考查)、科技伦理2(考

查)、中英文哲学写作3。

(2) 普通博士生学位要求学分不少于16学分,其中:

① 公共必修4:政治课2、外语课2。② 学科专业6,其中本学科研究生课程至少2门。③ 必修环节5:文献综述与选题报告1、学术活动2、资格考试1、社会实践1。④ 学术与职业素养课程1:研究生学术与职业素养讲座课程1(考查)、科技伦理2(考查)、中英文哲学写作3。

3. 课程设置

(1) 公共必修课程4:中国马克思主义与当代2、第一外国语2。

(2) 必修环节5:文献综述与选题报告1、学术活动与学术报告2、资格考试1、社会实践1。

(3) 学术与职业素养课程(≥1学分):研究生学术与职业素养讲座1、科技伦理2、中英文哲学写作3。

(4) 专业基础课程(≥3学分):马克思主义哲学专题3、中国哲学史专题3、西方哲学史专题3、伦理学专题3、逻辑学专题研究3、美学专题研究3、宗教学专题研究3、科史哲前沿3。

(5) 专业选修课程(≥3学分):根据专业培养和学位论文写作需要,在导师指导下至少选修下列一门本学科或本系其他二级学科或外系的相关课程,记入学科专业要求学分:

《法哲学原理》研读、早期马克思主义研究3、西方马克思主义专题3、当代激进左翼思潮研究、西方马克思主义经典选读、马克思主义哲学经典研读3、政治哲学原著精读。

先秦哲学研究3、秦汉哲学与经学专题3、儒家哲学研究3、道家哲学研究3、魏晋玄学研究、道教哲学研究、《周易》经学与哲学、宋明理学研究3、原始儒家伦理思想研究2、现代儒学研究3、中国政治哲学研究2、中国近现代哲学研究2、海外中国哲学研究3。

柏拉图对话研读3、亚里士多德著作研读3、英国经验论3、弗雷格哲学3、启蒙哲学3、现象学与存在哲学3、德国古典哲学3、当代西方实践哲学3、语言哲学3、心灵哲学3、德国哲学研究3。

哲学逻辑3、逻辑学经典研读3、一阶逻辑3、逻辑哲学3、模态逻辑3、模型论3、人工智能中的逻辑3、证明论3。

西方伦理学史3、现代西方伦理学专题3、中国伦理思想史经典研读

3、环境伦理学 2、生命伦理研究 2、科技伦理学 2、应用伦理学专题 3、美德伦理学 3、康德伦理学 3、政治哲学基础 3。

美学经典研读 3、中西艺术导论 3、现代文化与现代艺术 3、艺术评论专题 3、艺术文化学 3、中西艺术与文化交流专题研讨 3。

宗教哲学经典研读 3、佛教哲学研究 3、基督教哲学研究 3、现代西方宗教观专题 3、宗教哲学专题 3、佛教经典选读 3、基督教神学经典选读 3、圣经学与诠释学 3。

政治哲学前沿问题探究 3、文化哲学专题研究 3、西方科学哲学和技术哲学评析 2、古典希腊语入门 3、古典拉丁语入门 3。

科学传播与科学博物馆学导论 3、西方科学思想史专题选读 3、中国近现代科技史研究 3、现象学科技哲学原著选读 3。

(6) 自修课程：涉及研究课题的有关专门知识，在导师指导下自修。自修课程不计入总学分。

(7) 补修课程：跨学科的博士生应在导师指导下，补修有关课程。补修课只计成绩，不计入博士研究生阶段的总学分。

四、学术前沿讲座(含研讨班)的基本要求

博士生从第二学年开始，每学年至少应在学科范围内作一次学术报告。

博士生在读期间参加学术活动的总次数不得少于 30 次。

五、主要培养环节及有关要求

1. 个人课程学习计划：博士生入学后三周内，在导师指导下制订课程学习计划，并报人文学院业务办备案。

2. 资格考试：博士生按要求修完课程后，须通过资格考试，资格考试通常在第二学期结束前完成，直读博士生在第四学期结束前完成；资格考试委员会由本专业 3~5 位教授以上职称的专家组成。学科资格考试内容根据本专业博士生所应具备的学科知识(包括基础理论和专业知识)确定，重点考核博士生的知识面、综合运用基础知识和专业知识解决重大问题的能力。学科资格考试可以采取口试、笔试或口试加笔试方式进行。

3. 文献阅读和选题报告：博士生入学一年之内(直读博士生在两年之内)，在导师指导下确定研究课题，在全面阅读与本课题有关的中外学者研究成果的基础上，撰写文献综述与选题报告，论证选题的理论意义、研究现状、学术价值，提出本课题的研究思路、方法和预期目标，解决问题的重点与难点等。选题报告由以导师为主的审核小组评审,公开进行,以便广泛听取本学科师生的意见。跨学科的选题,应聘请相关学科的导师参加。论文选题通过后,应以书面形式交人文学院业务办备案。

4. 学术论文发表或科研成果的要求:博士生在读期间至少应以第一作者身份发表2篇与学位论文研究内容相关的学术论文,其中至少有1篇论文正式刊出在清华大学《重要期刊目录》收录的期刊上,另一篇论文发表在中文社会科学引文索引(CSSCI)收录的学术期刊、集刊上。

六、学位论文的写作与答辩要求

1. 论文写作

(1) 博士论文应在导师指导下独立完成,研究时间不少于两年。

(2) 博士论文写作必须遵守学术道德和学术规范,违反者将按学校和研究生院有关规定严肃处理,指导导师须承担相应的责任。

(3) 博士论文应该有创造性学术见解或重大应用价值,在国内外哲学研究领域处于领先的地位。

(4) 为确保论文质量,实行中期检查制度,由考查小组综合考查研究工作进展情况,以及能否取得预期成果,中期检查通过者继续论文研究工作。

2. 论文答辩

(1) 博士生至少应在答辩前三个月,在本学科范围内进行预答辩(论文工作总结报告),听取博士生指导小组以及其他相关教师的意见。

(2) 论文答辩须在院、系(所)的统一安排下,按照学校研究生院的有关规定组织进行。答辩者须独立做好答辩前的各种准备,认真回答答辩委员会提出的问题。

(3) 论文答辩中指出的问题,作者须按照答辩委员会的要求进行修改和完善,导师和指导小组有责任督促、检查答辩者完成答辩后的论文完善工作。

由上可见,一方面,清华哲学系的教学富有特色,既基于哲学"史"的通识或融会,又立于哲学"论"的探索或开拓,更重于哲学"经典"的研读或立新,也善于对哲学"实践"或"应用"的把握或发扬。这一点在伦理学学科和中国哲学学科的教学中表现得比较具体。

伦理学学科教学的特长体现在本科生教学上,主要关于伦理学领域的课有四门:伦理学导论、应用伦理学、政治哲学导论和中西伦理学比较。对于本科生的课程,注重案例教学和追踪前沿两方面:伦理学导论注重学生在伦理学方法上的训练,强调文化传统对于伦理思想的影响;政治哲学导论则追踪政治哲学领域的前沿问题,倡导理论与现实相结合的思考方式。伦理学教学具有强烈的经典意识,引导学生广泛阅读伦理学史上的经典著作。此外,还有一些面向全校学生的通识课,也深受欢迎。从研究生教学来看,伦理学专业的课程设置比较全面,包括西方伦理学史、现代西方伦理学专题、应用伦理学、科技伦理、经济伦理学、环境伦理学、生命伦理研究、国际政治伦理、社会正义伦理、性别研究与女性主义伦理学、伦理学专题、中外伦理学经典研读、原始儒家伦理思想研究等,其特点主要是:(1)以研讨课为主要类型;(2)注重从思想史的维度把握中西伦理传统;(3)注重对现实的伦理问题展开探讨。

中国哲学史学科教学的特长体现在本科生教学上,表现为:(1)转变通史的教学法,即将"中国哲学史"课程转变为更为深入且连续的"先秦哲学""隋唐佛学""宋明理学""近现代哲学"等四门课程,且每门课程都由相应的知名教授讲授;(2)注重经典教育,以《论语》《孟子》《老子》《庄子》为主;(3)所有课程都实现了多媒体(PPT)教学;(4)实现了知识考查、学术报告和学术论文相统一的考试方式。体现在研究生教学上,表现为:(1)专家型教学,即每门研究生课程均由相应的专家担任;(2)儒、释、道主干课程齐全,包括儒家哲学、经学、道家哲学、佛学和中国伦理学等课程;(3)教师讲述与学生研讨相结合;(4)专业论文的写作指导和研讨。

另一方面,清华哲学系十余年来的教学水平及课程水平不断地深化和提升,不仅非常注重教研相长,而且全系所有的教授、副教授和助理教授都要积极投入教学第一线,切身参与本科生、研究生的各项教学事业,致力于对授课学生的素质、能力、学识、个性等的培养和提高,取得了可喜的成绩。例如,近年来,清华大学教务处公布的历年、历学期全校本科生或研究生对所学课程(包括本科生毕业之际对四年所学的全部课程)的评价统计中,哲学系就有多位教师的授课名列"最受学生好评课程"的前列。

七、学术研究

清华哲学系学术研究的发展历程大致上可以分为三个时期:一是1929年至1937年,二是1938年至1952年,三是2000年至今。学术研究的成果主要体现在哲学系教师个人的学术著述上。这里,主要从不同时期在哲学系任教的教师个人学术代表作来展现哲学系的学术研究。

(一) 1929—1937 年

金岳霖创建清华哲学系,开启了清华哲学系的学术历程及学术发展。1926年9月至1927年12月期间,哲学系的学术活动以金岳霖先生为主要承担者。

金岳霖(1895—1984),字龙荪,浙江诸暨人,生于湖南长沙。1914年从清华学校毕业后到美国,先去宾夕法尼亚大学学商学,1917年获得学士学位,后转入哥伦比亚大学政治学系,一年后硕士毕业,硕士论文题为《州长的财政权》(*The Financial Powers of Governors*)。1918年,其博士论文题为《汤姆斯·希尔·格林的政治学理论》(*The Political Theory of Thomas Hill Green*)。1920年获得政治学博士学位之后,于1921年年底赴英国留学,在伦敦大学经济学院听课,主要学习政治学理论、心理学等。后来金岳霖开始读休谟的著作,从此进入哲学领域。1926年,经清华国学院"四大导师"之一的赵元任推荐,金岳霖来清华执教逻辑学课程。1927年,金岳霖发表了5篇学术论文,分别是:*Prolegomena*(《绪论》)、《自由意志与因果关系的关系》《论自相矛盾》《说变》《同等与经验》。这些论文主要表明了金岳霖具有的新实在论观点。1931年金岳霖去美国休假,在哈佛师从谢非教授开始了正式的逻辑学学习。

1926年6月,金岳霖发表了回国后的第一篇论文《唯物哲学与科学》。他通过中西哲学对比、科学与哲学对比,阐述了自己对哲学的一般看法：传统哲学之所以难以取得进展和充分的积累，就在于它缺乏有效的逻辑分析方法。如在传统哲学中，知识价值、理智与情感混为一谈，以求得不受个人情感制约的客观性概念。又如，传统哲学对一事一物的具体知识不感兴趣，而致力于追求"整体性"和"无所不包"的真理体系，然而，"宇宙间的事物，在理智上不容易贯通的地方很多，他们一定要贯通，结果就不免造出了许多的太极、上帝、宇宙魂、无量世一系的'力'等的概念，来做一个贯通万事万物的媒人"①。"哲学有一种情形不是普通所谓科学常有的。科学不常引用日常生活所用的字，即使用之，意义也不同。而哲学常引用，却不给予日常生活中所有意义，而又引用日常生活语言以表示意思，其结果是我们很容易把日常生活中的情感和意义渗入非常的意义，差不多最近，哲学才开始技术化。"②在 1927 年，关于哲学，他还写下了一段很有诗意且充满智性的话："坦白地说，哲学对我们来说是一种游戏……我们不考虑成功或失败，因为我们并不把结果看成是成功的一半。正是在这里，游戏是生活中最严肃的活动之一。其他活动常常有其他的打算。政治是人们追求权力的领域，财政和工业是人们追求财富的领域。爱国主义有时是经济的问题，慈善事业是某些人成名的唯一途径。科学和艺术，文学和哲学可能有混杂的背后的动机。但是一个人在肮脏的小阁楼上做游戏，这十足地表达了一颗被抛入生活之流的心灵。"③

  清华学校国学院成立后，梁启超所讲授的课程包括一门"儒家哲学"。1927 年 9 月，根据梁启超的这一讲课，"儒家哲学"与"历史研究法补编"辑为《儒家哲学》一书。此书包含五个问题：儒家哲学是什么？为什么要研究儒家哲学？怎样研究儒家哲学？儒家哲学的成立、变迁、流别概说；儒家哲学之重要问题。

  梁启超（1873—1929），字卓如，广东新会人，别号任公，又号饮冰室主人等，一生成果丰硕，单就其学术上看，他是著名国学大师，清华国学院四

---

① 金岳霖学术基金会学术委员会编：《金岳霖文集》第一卷，212 页，兰州，甘肃人民出版社，1995。
② 刘培育编：《哲意的沉思（金岳霖）》，124 页，天津，百花文艺出版社，2000。
③ 金岳霖："Prolegomena"，原文载金岳霖学术基金会学术委员会编《金岳霖文集》第一卷，282 页，兰州，甘肃人民出版社，1995。译文稿收录胡军编：《金岳霖选集》（题目改为《逻辑的作用》，王路译），452 页，长春，吉林人民出版社，2005。

大导师之一。他学术研究范围广,涉及哲学、文学、史学、经学、法学、伦理学、宗教学等领域,以史学研究成绩最为显著。他一生著述颇丰,有多种作品集问世,以1936年9月11日出版的《饮冰室合集》比较完备。《合集》计148卷,1000余万字。

1928年下半年,冯友兰、邓以蛰来清华,担任哲学系教授。

冯友兰(1895—1990),字芝生,河南南阳唐河人,1915年考入北京大学中国哲学门,1919年赴美留学,1924年以《人生理想之比较研究》(又名《天人损益论》)通过美国哥伦比亚大学博士毕业答辩,获哲学博士学位。同年秋回国后,根据自己的博士论文方向写成《一种人生观》。1924年又写成《人生哲学》,作为高中教材之用,在这本书中,冯友兰确立了其新实在论的哲学观,并开始把新实在论同程朱理学结合起来。冯友兰执教清华之后就成为清华大学哲学学术的主要推动者之一,促进了清华大学哲学系的成长,完成了中国哲学史学科的奠基工作。

邓以蛰(1892—1973),字叔存,安徽怀宁人,1928年开始一人独掌清华美学专业,除因抗日战争中断多年之外,直到1952年院系合并,一直负责清华美学学科的建设。一般认为,美学是晚清时由王国维引入中国的,不仅"美学"一词,而且美学作为一门学科都是由王国维首倡的,他主张美学的超越取向,与稍后梁启超主张的美学功利取向和蔡元培主张的美学教育取向形成鲜明的对比。邓以蛰在1928年出版的论文集《艺术家的难关》中,立足于黑格尔美学,倡导艺术是超出于自然的绝对境界、理想境界的表现,不同意把艺术视为对自然的模仿,强调艺术要鼓励鞭策人类的感情,而不要流落为仅使人感官愉快的东西。艺术有一种特殊的力量,可以使人们暂时与自然脱离而达到一种绝对的境界,得到一刹那间的心境的圆满。所谓艺术,是性灵的、非自然的;是人生所感得的一种绝对的境界,非自然中变动不居的现象——无组织、无形状的东西。一方面,他倡导艺术不是模仿自然的结果,而是性灵的表现,是通过自然来表现心灵的精神内容,所以艺术家进行创作必须冲破"自然"的"难关",才能"达到一种绝对的境界"。而这种"难关"也就是现实的利害关系,艺术家只有超越这种现实的利害关系才能创造出真正的艺术。另一方面,他又倡导艺术对社会人生的作用,倡导民众的艺术。在这本文集中,他还论述了艺术与情感的关系,与诗、音乐、造型艺术、戏剧之间的区别等。基于超功利主义的美学观点,邓以蛰认为艺术是用"同情"不断地"净化"人生,要表现高尚的人生理想,而不是满足感官欲望的东西。但是他并不主张脱离现实的"为艺术的艺术",因为他从美学的、历史的角度来分析艺术与人生的关系,认为艺术是离不开人生的。他在《诗与历史》中指出诗与历史植根于一种现实存在的"境遇",都反映人生:"诗的内容是人生,历史是人生的写照,诗与历史不能分离。"20世纪30年代初,中国美学界有"南宗(白华)北邓(以蛰)"之说。

先是1928年瞿世英、黄子通,后是1932年张东荪来清华哲学系任教,正是他们三人在1927年创办了中国第一本哲学专业刊物——《哲学评论》,这本杂志对于当时中国的哲学学术研究及其发展起到了有力的推动作用。瞿世英(1901—1976),1922年毕业于燕京大学研究科,1926年获美国哈佛大学哲学博士学位,是在哈佛大学获得博士学位的第一位中国学生,后有多部哲学及教育学著作发表。黄子通(1887—1979),毕业于上海交通大学,又考取官费,先后赴英国伦敦大学学经济,加拿大多伦多大学学哲学,获哲学硕士学位,后有多部著作问世。张东荪(1886—1973),毕业于日本帝国大学,回国后曾在多所大学任教,并积极参加多种社会、政治、文化等活动,有诸多著作发表。

1928年可能因为时局动荡、学术环境不稳定,清华哲学系教师发表的学术成果不多,论文方面哲学系仅有一篇,但此时却有一位学生崭露头角,即张荫麟,当时他并非哲学系学生,而是就读于中等科。张荫麟当时经常与哲学系师生进行讨论,并发表一些与哲学相关的论文,1928年他翻译了《斯宾格勒之文化论》,并发表了《评冯友兰君〈孔子在中国历史中的地位〉》《评顾颉刚〈春秋时代的孔子与汉代的孔子〉》《评顾颉刚〈秦汉统一之由来和战国人对世界之想象〉》《王静安先生与晚清思想学界》《评冯友兰〈儒家对于婚丧祭礼之理论〉》等多篇与哲学相关的论文。

张荫麟(1905—1942),号素痴,广东东莞人,1921年考入清华学堂,1922年发表处女作《老子生后孔子百余年之说质疑》,针对梁启超关于老子事迹考证提出异议,清华师生受到震动,并由此获得梁启超的激赏,被称赞"有作学者的资格"。1924年,发表论文《明清之际西学输入中国考略》,分析明清两代传入的西方学术的差异及其对中国文化的影响。继而,主要在史学研究方面发表40多篇文章,深受称赞,特别是他对顾颉刚及其代表的"古史辨"学派的批评,影响很大。张荫麟在清华求学8年,以史、学、才三才识出众知名。1929年,以优异成绩毕业,当年公费到美国斯坦福大学攻读西方哲学史,他以英国哲学家摩尔(G. E. Moore)的伦理学为自己的硕士学位论文著述专题。张荫麟回国后成为清华大学历史系和哲学系合聘教师,他先是改学社会学,后又立志治史。对此,他在给朋友的信中写道:"国史为弟志业,年来治哲学,治社会学,无非为此种工作之预备。从哲学冀得超放之博观与方法之自觉,从社会学冀明人事之理法。"抗日战争全面爆发后,他强调:"当此国家栋折榱崩之日,正学人鞠躬尽瘁之时。""国事目前诚无使人乐观之余地,然吾人试放远眼光从世界史趋势看来,日寇之凶焰决非可久。然中国否不极则泰不来。且放硬心肠,伫候大河以北及江海沿岸之横遭蹂躏可耳。历史上腐化之时代而能为少数人道德的兴奋所转移者,殆无其例,必有假于外力之摧毁,摧毁之甚而不至于亡则必复兴。弟于国事对目前悲观,对将来则并不悲观。"①

20世纪30年代初,全国各个大学的学术研究风气相对来说还不浓厚,研究成绩也不显著。比较之下,私立学校超过公立学校,非文科学业胜过文科学业。由于清华拥有美国庚款经费部分退还之助,更主要的是清华同人的重视和努力,包括哲学在内的清华学术研究水准和成果,无疑名列全国前茅。据已出版的清华校史研究文献统计表明,从1928年至1937年,清华文学院的学术成果居于清华全校四大学院首位,其中,中文系排第一,历史系排第二,哲学系排第三。哲学系以冯友兰、瞿世英和张东荪最佳,金岳霖次之,张申府因为关心政治,无心著述。全系教师15人,发表率为53%。教师的著作和论文统计如下:冯友兰专著5本,论文30篇,书评1篇;金岳霖专著2本,论文15篇;瞿世英专著7本,编译3本;邓以蛰专著2本,论文1篇;张申府编译1本;沈有鼎编译1本,书评1篇;张东荪论文13篇,编译3本;贺麟专著1本,论文1篇,编译1本。② 在这期间,哲学系比较重要的或者很有影响的专著当数冯友兰的《中国哲学史(下)》、金岳霖先生的《逻辑》。

---

① 张其昀:《敬悼张荫麟先生》,载《天才的史学家——追忆张荫麟》,10页、13页,北京,清华大学出版社,2009。
② 苏云峰:《抗战前的清华大学(1928—1937)》,149页,台北,"中央研究院"近代史研究所,2000。

金岳霖的《逻辑》一书 1935 年由清华大学出版社部印行,1936 年和 1937 年由商务印书馆重印,1961 年和 1982 年由三联书店重印。该书是中国第一本系统地讨论逻辑(包括数理逻辑)的著作,它对中国现代逻辑的教学、研究和发展起到了重大的推动作用。例如,该书对中国初期的数理逻辑产生了深刻的影响,开创性地介绍了西方现代逻辑学,后来中国若干逻辑学知名学者都出自金岳霖门下。

《逻辑》一书分为四个部分:一是讲授传统逻辑的推理理论,大约相当于现在普通逻辑教材中介绍的词项逻辑和命题逻辑推理;二是对传统逻辑存在的问题提出批评;三是介绍了怀特海和罗素合著《数学原理》的逻辑系统,如命题演算、谓词演算等;四是阐述了逻辑和逻辑系统,关系到逻辑学的体系、严谨和完备等问题。这本书的内容由易入难,一、二部分内容难度适合普及,而三、四部分内容符号化程度加大,非受过专业训练的人不能看懂。《逻辑》一书问世后,也受到争议。主要是由于现代逻辑学尤其是数理逻辑的研究有了迅速发展和重大成就,这部《逻辑》比较适合作为当时中国大学的逻辑教材。

金岳霖 1932 年至 1936 年的主要论文有:《思想律与自相矛盾》《彼此不相容的逻辑系统与概念实用主义》《范围的逻辑》《关于真假的一个意见》《不相融的逻辑系统》《简论不相融的逻辑系统》《道,式,能》《手续论》《可能底实现》《形与质》等。

冯友兰的《中国哲学史》(上、下)1934 年 9 月由商务印书馆列为"大学丛书"之一出版。第一篇"子学时代"于 1930 年 8 月出版,第二篇"经学时代"写于 1933 年 6 月。该书是在冯友兰讲授"中国哲学史"讲义的基础上逐年修改写成的。对于《中国哲学史》下卷,张荫麟在当年 7 月发表的书评《评冯友兰君〈中国哲学史〉下卷》(附著者答)中指出,冯友兰"以为中国哲学史天然地可分为两个时代:子学时代和经学时代;以为子学时代相当于西洋哲学中的上古时期,经学时代相当于其中的中古期;中国实际只有上古与中古哲学,而尚无近古哲学也。但这非谓中国近古时代无哲学也;只是说,在近古时代中国哲学上没有重大变化,没有新的东西出现,其精神面貌无可与西洋近古哲学比论的;直至最近中国无论在何方面都在中古时代,中国在许多地方不如西洋,盖即中国历史缺一近古时代。哲学方面,特其一端倪而已。近所谓东西文化之不同,在许多点上,实际中古文化与近古文化之差异。这些见解虽平易而实深澈,虽若人人皆可知而实创说"。"在搜集材料的方法上,冯先生从表面依傍成说的注疏中,榨出注疏者的信件,这种精细的功夫,是以前讲中国哲学史的人没有做过的。"稍后,张岱年在《冯著〈中国哲学史〉的内容和读法》一文中指出:"冯友兰治中国哲学史有以下优点:第一,很能适应唯物史观,且不是机械的应用,而是活的应用;第二,最注重各哲学家之思想系统;第三,最能客观且最能深观;第四,较文学,最注重思想发展之源流;第五,极注重历史上各时代之特别,取材精严有卓识。"冯友兰的《中国哲学史补》于1936年11月出版。作者自述:"近年对于中国哲学史,时有新见。其中比较重要而且比较成系统者,为先秦子学诸家起源之说。"他把近年所写《原儒墨》《原儒墨补》《原名法阴阳道德》三文"合而观之,成为一部先秦子学诸家起源考,可补拙著《中国哲学史》之不足,并正其错误"。

冯友兰的《一种人生观》于1934年5月再版。该书如作者所言,是对当时"中国思想界中的一件大事"即"人生观之论战"的回应或概述,并提出作者自己的人生观。

冯友兰1932年至1937年还发表了下列学术文章:《中国历史上儒家的位置》《韩愈李翱在中国哲学史中之地位》《新对话(一)、(二)、(三)》《宋明道学中理学心学二派之不同》《大学为荀学说》《老子年代问题》《〈中庸〉的年代问题》《杨朱哲学》《读〈评论近人考据老子年代的方法〉答胡适之先生》《新三统五德论》《说思辨》《历史演化中之形式与实际》《墨家之起源》《中国今年研究史学之新趋势》《〈吕氏春秋集释〉序》《秦汉历史哲学》《历史演变之形式与实际——朱熹与陈同甫在哲学年会中之对话》《原儒墨补》《哲学与人生之关系》《道——大明,淮南子文选》《原名法阴阳道德》《中国现代民族运动之总动向》《马乘风〈中国经济史〉序》《庄子内外篇分别之标准》《〈古史辨〉第六册序》《中国政治哲学与中国历史中之实际政治》《怎样研究中国哲学史》(合写)等。

张申府1932年至1937年发表的学术文章包括:《新哲学书》、Jørgensen, A Treatise of Formal Logic、《事、理与事实——关于理的讨论的谈片》、《客观与唯物》、《尊孔教得中国了吗?》、《读经尊孔与提倡理工》、《现代哲学的主流》、《方法与工具》、《续所思二零一——二零七》、《读书:怎样读?读什么?》、《笛卡尔方法论》、《非科学思想》等。

沈有鼎1936年发表的学术文章包括：On Expressions、《王光祈，东西乐制之研究》、《周易卦序分析》、《论自然数》等。

张荫麟1933年至1937年的有关哲学学术文章包括：《传统历史哲学之总结算》《老子的年代问题》《玩〈易〉》《可能性是什么？——一个被忽略了的哲学问题》《道德哲学与道德标准》《孔子》等。1934年暑假，张荫麟受教育部之聘，编写高中历史教科书先秦至唐代部分，由于抗日战争的原因，只写到了东汉，此书即出版后广为流传并且深受好评的《中国史纲》，这部薄薄的小册子是张荫麟短暂一生留下的唯一学术专著。

张岱年1933年发表了《中国知论大要》，1935年至1937年写成《中国哲学大纲》，1937年写成《〈中国哲学大纲〉序》。《中国哲学大纲》以问题为脉络叙述中国哲学的发展历程，致力于中国古代哲学的概念范畴的分析，以及古代哲学理论体系的诠释。张岱年写成此书才26岁。《中国哲学大纲》写成后，经冯友兰和张荫麟审阅而推荐给商务印书馆，但因抗日战争爆发而未及印行；1943年，北平私立中国大学将此书印成讲义；1948年，商务印书馆要将此书付印，但因战事紧张而第二次受阻；1957年，商务印书馆出版此书，而张岱年此时被打成"右派"，作者名字不得不改署"宇同"；1974年，日本出版这部书的日文译本；直到1982年，署名"张岱年"的《中国哲学大纲》才由中国社会科学出版社出版。该书50多万字，选出中国哲人所讨论的主要哲学问题而叙述其源流发展，可称得上一本"中国哲学问题史"。此书最重要的方法有四点，即"审其基本倾向""析其辞命意谓""查其条理系统""辨其发展源流"，其内容则包括宇宙论、人生论和致知论三大部分。它是张岱年将唯物辩证法与逻辑解析法相结合而研究中国哲学史的重要成果。

另外，其他清华学者于1932年至1934年的哲学文章有：钱锺书《一种哲学的纲要》《大卫·休谟》《休谟哲学》；贺麟《道德进化问题》。

20世纪30年代中期，清华哲学系教师们还积极参加全国性的学术研究会议和哲学交流活动。例如，1935年4月3日哲学会第一届年会召开，金岳霖提交论文《形与质》，冯友兰提交论文《朱子所说理与事物之关系》。1936年4月4日在北京大学举行哲学会第二届年会，中国哲学会正式成立，该会宗旨为"本合作精神以促进哲学研究，推广哲学知识"。《哲学评论》改由中国哲学会编辑，金岳霖任主编。在这次年会上，金岳霖宣读了论文《手续论》,冯友兰提交论文《朱子所说理与事物之关系》,张荫麟宣读了自己的论文。1937年1月24日在南京召开了哲学会第三届年会,冯友兰提交了论文《哲学与逻辑》,沈有鼎提交了论文《中国哲学今后的开展》,金岳霖提交了论文《现实底个体化》。1月27日中国哲学会第三届年会选举第二届理事会、编委会。冯友兰当选为常务理事并连任编委会主任,金岳霖当选为常务理事,贺麟当选为理事。

(二) 1938—1952年

1938年5月,清华大学、北京大学、南开大学三校合并组成西南联合大学。西南联大无疑创造了中国现代大学教育的奇迹,这与混乱不堪的战争年代恰恰构成鲜明对比。西南联大八年办学历程,涌现出了一批闻名遐迩的大学者,一方面他们著书立说,在各自领域中声名斐然。另一方面,他们在专业中硕果颇丰的同时,又培养出许多造诣颇高、学问扎实的后学,成为日后中国学术发展的中流砥柱。就清华哲学系而言,如冯友兰等原清华教授,迎来了学术生涯的高潮。在西南联大,他们与原北京大学汤用彤教授等、原南开大学冯文潜教授等一道组成新的哲学系,三校治学风格相互砥砺,可谓人才济济,盛极一时。冯友兰曾以联大南迁直比发生于晋、宋、明三朝的三次著名南渡,是将这次迁校放置于历史大背景之下,学术的脉络传承与民族的荣辱兴亡本就无法分割,在学者慎言政局的表象之下,仍隐藏着沉重的历史责任感。或者说,在这些思想先驱心里,学术本身就直接担当着这份责任,"为往圣继绝学"与"为万世开太平"高度合一。这种教授群体意识的选择,使得他们能摆脱战局的干扰,沉浸学问。以学问精进作救亡之法,就必须正视知识的神圣性,也就必须要求学术的独立精神。[①]

正是由于西南联大哲学教授群体空前强大的阵容,这一时期的哲学研究活泼且自由,各家之间的相互切磋,又让中国现代哲学史迎来了一段辉煌的时刻。历史证明,在西南联大哲学教授们探讨、交流、争论与著述之际,哲学学术在中国的发展和提升拥有了新的精神资源与新的动力取

[①] 参见万俊人主编:《清华大学文史哲谱系》,348页,北京,清华大学出版社,2012。

向,后学则从中源源不断地获得基础性的学术培养和关键性的学理启示。西南联大哲学事业的兴盛,不仅有着或前后或内外或众人或个体之因,而且恰在民族苦难之际造就了现代中国哲学学术的一时辉煌,这其中的蕴涵或意义值得寻思和探究。西南联大哲学教授们的成功,是在坚守学术独立之精神的前提下取得的,而贯彻此种精神,恰恰能描绘出联大教授的群像,成为联大治学与办学理念中最具特色的亮点。这一段历史告诉我们,只有当学者能够获得自由的思想空间,才可能带来学术的真正繁荣,以及民族文化的异彩纷呈。倘若其中插入过多的功利目的与强横的约束,那么学术也将会骤然丧失其教化启智的使命。这一点即使在当今时代,仍然具有不容忽视的借鉴作用。①

1938年下半年开始,西南联大逐渐步入相对稳定的教学环境,这使得教授们在战时终于有了相对可以全力从事学术研究的机遇,因而,从西南联大成立后的一年多的时间里,原清华哲学系教师的学术成果显著增加(这里,因篇幅关系,不是原清华哲学系教师的学术成果,暂不论及)。

1939年夏季前,金岳霖已快要写完《论道》一书,并继续写一年前动笔的《知识论》。

1938年8月,冯友兰的《新理学》修改完毕,次年5月正式出版。这部冯友兰最有影响的代表作,按照冯友兰的说法:"新理学的自然观的主要内容,是共相和殊相的关系问题。共相就是一般,殊相就是特殊或个别。"共相和殊相是柏拉图哲学中的核心概念,前者表征着真理世界,而后者表征着现象世界,两者共同构成了西方哲学特有的本质与现象两分的世界图景。冯友兰运用这一世界图景,以共相解释形而上之"理",以殊相解释形而下之"器",再使用"真际"与"实际"称呼"理"世界与"器"世界,并在此图景下展开两者关系的重新阐释。该书阐明了"新理学"的体系总纲,力图把现代西方的新实在论与程朱理学糅合起来。除了《新理学》,在20世纪40年代,冯友兰陆续写出了《新事论》《新世训》《新原人》《新原道》《新知言》五部著作,它们之间一脉相承,用作者的话说:"这六部,实际上只是一部书,分为六个章节。这一部书的主要内容,是对于中华民族的传统精神生活的反思。"因而,由《新理学》阐述开一系列哲学原理,然

---

① 参见万俊人主编:《清华大学文史哲谱系》,348页,北京,清华大学出版社,2012。

后在此基础上建构起一种哲学体系。《新理学》出版之后,在学术界引起广泛评论,赞誉者有之,批评者有之,时至今日都屡屡不绝,而这一切都表明了《新理学》特有的思想意义和独特的学术价值。

冯友兰在出版《新理学》一书之后不久,应杂志《新动向》的约稿,从1938年9月到1939年5月,在该刊物上连续发表12篇专题论文,后来这12篇论文连同其1939年6月加写的自序,构成了稍后出版的《新事论》一书。冯友兰后来概括道:"《新事论》是《新理学》实际应用的一个例证。"盖因"《新理学》着重讲共相和殊相的关系。……从表面上看起来,这些讨论,似乎是脱离实际,在实际上没有什么用处。其实并不是没有用处,而是有很大的用处。《新事论》就试图以《新理学》中关于这个问题的讨论为基础,以解决当时的这个实际问题。"冯友兰力图解决如何学习西方文化的问题,旨在运用"新理学"的方法,去寻找西方先进文化的"共相",并将"共相"作为标准,确定学习的范围。他认为,"共相"是必须学习的,也是唯一可能学习的对象,"殊相"一方面没有必要学习,另一方面也不可能学成。"共相"若得以引进中国文化之中,中国文化之"共相"也会随之改变,"共相"的改变又可以带动"殊相"的变化,由此为中国政治、社会、文化之改革找到通路。

1938—1939年,清华哲学系教师的学术论著还有下列:冯友兰《论"唯"》《论主客》《原杂家》(合著);张荫麟《宋儒太极说之转变》《陆学发微》;贺麟《新道德的动向》《抗战建国与学术建国》《与张荫麟先生辩太极说之转变》《知行合一新论》等。

1940—1942年,不仅对于中国哲学界,而且对于西南联大哲学学科及哲学学术,更不用说对于原清华哲学系的教师们来说,都是非常重要的时期。在这期间一系列哲学学术成果的问世和非凡影响,给后来几年中国哲学的学术研究,不仅带来了直接的推动,而且在很大程度上厘定了学术研究的取向。同时,这一时期是西南联大的哲学学术和哲学研究发展的一个高峰。

1940年5月1日,民国政府教育部学术审议委员会第一次大会通过了"补助学术研究及奖励著作发明"一案,教育部根据这一议案,规定奖励范围,其中"著作"中包括了哲学类。该学术奖励面向全社会,从当年评奖起前三年内出版的著作都被纳入。自1941年开始授奖,至1946年结束,一共颁发了六届。在1941年的第一届中,冯友兰的《新理学》获得哲学类一等奖,金岳霖的《论道》获得哲学类二等奖。同时,这两本书还分别获得教育部第一届学术奖励一等奖。

1940年8月29日,中国哲学会第四届年会在云南大学召开,冯友兰主持会议并致开幕词,金岳霖、汤用彤、贺麟等出任理事。这是抗日战争时期召开的唯一一次年会,也是中国哲学会的最后一次年会。会上,沈有鼎宣读论文《真理底分野》,冯友兰宣读论文《人生中底境界》,金岳霖宣读论文《势至原则》。8月31日,该年会通过议案,设立西洋哲学名著编译委员会和中国哲学研究委员会,分别由贺麟和冯友兰出任主任委员。从1941年开始,编译会正式进入工作状态,后来出版的第一部译著是黑格尔的《小逻辑》。

1940年,金岳霖的《论道》一书出版。金岳霖根据他在清华哲学系十多年的教学与研究,梳理了西方哲学的重要流派,同时把握了中国传统哲学思想的主要脉络,在此基础上,开始建构他自己的哲学体系,这一体系即以他先后写出了《逻辑》《论道》《知识论》三部著作为主要标志。在这三部著作中,1935年出版的《逻辑》一书主要阐释一种方法论,来开展哲学研究所应用方法的内部论证;1949年前后完成的《知识论》,主要论述一种认识论,力求基于人的认知本身做出解答;《论道》则重在展示一种本体论,旨在对何为世界做出终极求解。这三本书的内在关联在于:《论道》为重中之重,因为它论证了关于终极本体的形上结构;《知识论》证明言说形上本体而获得认知是如何可能的;《逻辑》则是贯穿于上述两者之间的语言规则。金岳霖所建构的哲学体系具有根深蒂固的中国文化特性,绝不是沿袭西方哲学的路径,正如他在《论道·绪论》中所言:"中国思想中最崇高的概念似乎是道。所谓行道、修道、得道,都是以道为最终目标。思想与感情两方面的最基本的原动力似乎也是道。"因而,他所论及的本体论不是局限于中国文化的言说范畴内,而是运用西方哲学方法论对中国传统形上本体的现代阐释。《论道》一书非常艰深,阅读不易。周礼全先生在《金岳霖学术论文选》一书序中作了简化,以帮助理解:"《论道》这部书的最重要概念是'道''式''能'。道大体就是中国道家的道,式和能大体就是朱子的理和气,也就是亚里士多德的形式和质料。"冯友兰对《论道》的评价非常中肯,他在《中国现代哲学史》一书中认为此书将"现代化与民族化融合为一,论道的体系确切是'中国哲学',而不是'哲学在中国'"。这是阅读和理解金岳霖《论道》的一个关键。《论道》的影响非常大,金岳霖研究中国哲学的方式,与冯友兰的《新理学》有很大的共通处,都是运用西方哲学的理性规则来重新审视中国思想。而金岳霖讨论的本体问题,相比较冯友兰的"理",范畴更高。① 所以《论道》与《新理学》可以融合地看作一体,它们共同阐发着一种独具特色的研究方式,这种方式可以被概括为源于清华哲学系的"清华学派"。毫无疑问,《论道》与《新理学》是清华哲学系学术史上的两个重要代表作。

1941年,张荫麟的《中国史纲》上册发表。该书原为教育部计划出版的高中教材,张荫麟按自己的计划写作,但只完成了第一部,即《东汉前中国史纲》。在该书自序中,张荫麟强调:"作者写此书时所悬鹄的如下:(1)融会前人研究结果和作者玩索所得,以说故事的方式出之,不参入考证,不引用或采用前人叙述的成文,即原始文件的载录亦力求节省;(2)选择少数的节目为主题,给每一所选的节目以相当透彻的叙述,这些节目以外的大事,只概略地涉及以为背景;(3)社会的变迁,思想的贡献,和若干重大人物的性格,兼顾并详。"该书致力于严谨缜密的考证与流畅优美的评述之结合,言简意赅,力透纸背,出版之后,好评如潮,一时洛阳纸贵,时至今日,其影响和意义经久不衰,堪称中国现代史学佳作之一。贺麟在《我认识的荫麟》一文中说:"在学术钻研方面,他博学不厌,勤勉奋发,从未稍懈,他立志作第一等人,终能在史学界取得第一流地位。他的《中国史纲》,虽仅部分完成,是他人格学问思想文章的最高表现和具体结晶。书中有真挚感人的热情,有促进社会福利的理想,有简洁优美的文字,有渊博专精的学问,有透彻通达的思想与识见。"这部张荫麟年仅37岁的一生中的唯一专著,在某种意义上也是把历史学与哲学有机结合、学术与思想彼此融通、人生与研究相互促动的典范之一。

1940年5月,贺麟发表《五伦观念的新检讨》,对儒家传统思想进行反思。1941年8月,他发表《儒家思想的新开展》,探讨传统思想的现代化问题。10月,发表《论知难行易》,思想已明显转向陆王。1942年6月,

---

① 参见万俊人主编:《清华大学文史哲谱系》,382~383页,北京,清华大学出版社,2012。

贺麟的第一部论文集《近代唯心论简释》出版,开始构成一种新的观念,一般称之为"新心学"。"新心学"是相对于冯友兰的"新理学"而言的。贺麟批评"新理学"过重理气说,而缺乏心性论。在贺麟看来,从中国哲学史而言,程朱理学的传统中,确实存在着由本体之理向形下之心开展实践的某种理论困难,这也是陆王心学勃兴的最重要原因。而冯友兰以柏拉图式的两分世界法重新诠释形上与形下世界,这一困难变得更加突出。贺麟依心学理路,将心本身形上化为宇宙本体,从而圆融在新理学所呈现出的形上与形下两个世界,使得本体与工夫能在终极意义上合而为一,这确实有助于哲学在实践中的切实展开。"新心学"一出,引起较大的反响以及讨论和批评。贺麟认为,文化即是心在生活世界之落实的表现,文化之内涵即包括真、善、美三方面,作为对应,儒家文化之新发展,也必须从哲学化、宗教化和艺术化三方面进行。而促成这三方面切实进步的方式,就是引进西方文化的资源加以改造。贺麟先生的"新心学",是以新黑格尔主义的理路来阐释中国哲学,这区别于冯友兰、金岳霖的新实在论倾向。但是它同样试图以逻辑为基础构建一种新观念,因此新理学与新心学又共同丰富并构成了"新儒家"的理论资源,拓展了儒家文化现代化的道路。不过,贺麟"新心学"并没有最终形成具备自身特色的哲学体系,所以冯友兰一方面十分肯定"新心学"对心学现代化的重要贡献,另一方面在《中国现代哲学史》中没有把它作为一种思想流派。①

这一时期,冯友兰的哲学学术论文颇丰,主要有《论知行》《新理学答问之一》《中国社会的转变》《孟子浩然之气章解》《略谈哲学的用处》《论人生的意义》《论心的重要》《新理学问答之二》《论人生中底境界》《利与义》《论自然境界》《论功利境界》《人生的意义及人生中的境界》《新理学问答之三》《论道德境界》《乐观与戒慎》《论天地境界》等。这些论文存在着清晰的思想主线,讨论的主干就是人生论。

其他教授的重要论文有:金岳霖《论不同的逻辑》、*The Principles of Induction and Apriori*(《归纳原则与先验性》)、《势至原则》;沈有鼎《真理底分野》;贺麟《英雄崇拜与人格教育》《时空与超时空》《爱智的意义》《自然与人生——回到自然去》《宣传与教育》等。

---

① 参见万俊人主编:《清华大学文史哲谱系》,384 页,北京,清华大学出版社,2012。

七、学术研究

1943年清华哲学学术的一件重要事情是冯友兰《新原人》的出版。《新原人》是对冯友兰过去一年中相关人生论问题阐发的总结,主要分析了一种人生境界的提升,要解决的问题是人如何为自己的人生确立意义。他认为,人在生活中所遇见的各种事物的意义,构成了人的精神世界,这一精神世界就是"境界"。境界可分为四种:自然境界、功利境界、道德境界和天地境界。自然境界是人类尚未真正从原始状态过渡到社会化生存时所持有的精神世界,它淳朴而天真,但并不具有自觉性。"自觉"即就眼前的意义和眼前可见之后果而言,人知道自己之所做,这是进入社会化生存之后才产生的精神世界。但自觉存在着为私为公的区别,前者只考虑个人利益,解决人与自我的关系,即是功利境界;后者则将整个社会加以考虑,解决人与社会的关系,即为道德境界。天地境界是最高层级的精神境界,所考虑的是建立人与宇宙的和谐关系。认识宇宙,即需要对自然有更加深化的认识,不能仍停留在自然境界之上。而提供这种认识的,就是哲学。按照《新理学》的看法,宇宙有形上与形下之分,认识的深化,即是从殊相走入共相,从"实际"走向"真际"。把握形上之共相,不能倚靠感觉,而必须赖于"思"。所有的"思"便最终构成了天地境界。《新原人》是《新理学》在形下世界中的真正开展,它提供了一道沟通形下与形上的桥梁。人生之意义,就是要在宇宙之中为自己寻找"安身立命之地",而最高的"安身立命之地"就是通过境界的不断提升而达到"天地境界"。这也便是哲学的目的与作用。冯友兰与金岳霖虽然在哲学体系的建构方面,拥有同样的旨趣,但关于哲学本身为何,则颇有殊异。金岳霖曾坦言,哲学即是语言的游戏。但冯友兰的人生论说明,在他心中的哲学,依然是"为天地立心,为生民立命,为往圣继绝学,为万世开太平"。[①]

1943—1944年,冯友兰还发表了下列论文:《新旧道德问题》《论学养》《论才命》《论生死》《论命运》《道德功利问题——当前几个思想之一》《跋〈蔡孑民先生传略〉》《儒家哲学之精神》《读书问答·关于新理学》《新理学在哲学中之地位及其方法》《一元与多元问题》《先秦儒家哲学述评》《宋明儒家哲学述评》《中国哲学中所说的精神动员》《新理学讨论——答谷春帆》《论感情》《论天真活泼》《论七十二》《儒家论兵》《中国

---

① 参见万俊人主编:《清华大学文史哲谱系》,393页,北京,清华大学出版社,2012。

固有的哲学》等。

清华哲学系其他主要教授发表的论文有：金岳霖《归纳总则与将来》、《自然》、《中国哲学》（英文）、《思想》；沈有鼎《语言、思想与意义》《意义的分类》；贺麟《答谢幼伟兄三点批评》《费希特哲学简述》《基督教与政治》《谢林哲学简述》《宋儒的新评价》《论时空》等。

1945年4月，冯友兰《新原道》一书出版。《新原道》是作为《新理学》之"羽翼"而写，其中心意图是为"新理学"在中国哲学史中确立地位。冯友兰认为，新理学直接上承着宋明理学，是理学在现代的新发展。宋明理学的问题在于，儒家没有接受过名家的洗礼，因此在阐述形上概念的时候，难免带有很强烈的形下气息，常常以形下观念比附形上概念，所以整个体系虽然精致，却体现着一种"拖泥带水"。而新理学一方面继承着宋明理学的学理与精神，另一方面，它所承载的历史任务就是将宋明理学彻底抽象化，从而克服经验化的个体生命之局限。这就必须确立新的哲学概念，建构新的哲学体系，以将儒家哲学推上更高的阶段。

因而，新理学四个概念的设立，完成了这一历史任务。第一个概念是"理"。"理"是宇宙间一切事物形成的根据和普遍规则，即任何事物存在都有它存在的依据和规则，一物有一物的道理，没有道理就没有事物。第二个概念是"气"。"气"是宇宙间一切事物存在所需要的抽象意义上的材料，即任何事物如没有材料，则其依据和规则便没有运用的对象，没有客观的材料，道理便没有载体，道理也就不能展现。第三个概念是"道体"。"道体"是宇宙间一切事物的运动或生命状态，材料与道理之结合必然表现为运动或生命状态，否则它们之间也不能相互依存和证明。第四个概念是"大全"。"大全"是一个逻辑的"宇宙"，即一切材料必然依照一切道理而处于永恒的运动状态和过程，这是对宇宙万物的总概括，可以称为"一"或"存在"。正是由于这四个概念的抽象化与连接，在形成新的哲学体系的同时，也完成了儒家宇宙论与人生论新的统一。这表现于，宇宙论弥补了心学的传统，而人生论则弥补了理学传统。《新原道》中的"道"，并非指代哲学体系中作为宇宙最终依据的"道体"，而是指代建构哲学体系的四个核心概念，以及依附于这些概念而重构起来的整个哲学体系。所以冯友兰在《自序》中说："此书所谓道，非《新理学》中所谓道。此书所谓道，乃讲《新理学》中所谓道者。《新理学》所谓道，即是哲学。

此书讲《新理学》所谓道,所以此书非哲学底书,而是讲哲学底书。"①

1945年,贺麟的《当代中国哲学》一书出版。此书是在《五十年来的中国哲学》一文基础上写成的。他以哲学史的方法总结了到抗日战争时期,中国近现代哲学中的主要思想与流派,并对每一思想与流派都给出了评价。同时他还介绍了该时期传入中国的西方思想,以及中西思想融合之概况。贺麟著此书是有明显目的的。他将这一时期最重要的思想特征归纳为陆王心学的新发展,以及心学与理学的融洽,并特别讨论了哲学与政治的关系,认为当代的哲学思想不能脱离政治现实而存在。他还以独立章节的形式,集中梳理了近现代哲学史上关于知行问题的讨论,赞成孙中山提出的"知难行易"说,并且试图以"知行合一"统合"知难行易",前者表征哲学原理,而后者表征哲学实践。贺麟先生提出"新心学",本来意图便是要将"知"落实于"行",认为知行之间不应有疏离。在学理上打通知行之后,他的实际关注点在于使用哲学改造民族的文化精神,最终仍要在现实生活中体现出哲学的功用。由此,此书表现了贺麟自觉将"新心学"的学风贯彻入思想史的梳理当中,为"新心学"的发展寻找历史的依据。同样,这也表现出贺麟所倡导的"新心学"理论铺设的成熟。②

1945年西南联大完成使命前后,冯友兰发表的学术论文主要有《墨家论兵》《关于真善美》《经济制度与社会制度》等;贺麟发表的论文有《功利主义的新评价》《杨墨的新评价》《陆王哲学的新发展》等。

用"名家荟萃,博采众长"来形容西南联大时期的哲学系(组)最恰当不过了,正是由于教授群体空前强大的阵容,才使得西南联大时期的哲学学术研究充分而扎实、直切而深刻、多样而自由,这使得中国现代哲学在20世纪达到了一个高峰。同时,历史证明了,在西南联大哲学教授们的关注、思索、辩难与立言之下,哲学学术在中国的发展具有了新的精神资源,哲学研究的后学们可以不断地从中汲取学理启示和学识启迪。

1946年12月,冯友兰的《新知言》出版。《新知言》所阐述的是一种哲学研究的方法论。在《新原道》中,冯先生提出理、气、道体、大全四个概念,为其新的哲学体系确立历史地位,但此四个概念均表征绝对抽象的存

---

① 参见万俊人主编:《清华大学文史哲谱系》,403页,北京,清华大学出版社,2012。
② 参见同上,402页。

在。抽象即"空",绝对即"灵",宇宙为"一",因此,纯粹形上本体乃是"一片空灵"。它作为一切具体事物存在的最终依据,对其本身的理解却需要特别的方式。在过往的哲学传统中,包括西方哲学,对于抽象概念的认知,往往是"正的方法",即给出定义。这种方式的问题在于其出发点是为了获得"积极的知识",然而"一片空灵"本身是超越语言的,无法用语言进行完全限定,所以,哲学的定义往往在科学与技术的发展过程中,连连遭到批判。于是这种"正的方法"只会给哲学带来两个后果。第一是武断论,第二是被科学逐渐取代。《新知言》的一个重要初衷就是要将新理学与新实在论进行区分。冯友兰认为,新实在论通过"正的方法"所阐释的哲学,并不是他所认为的哲学。他认为哲学不是为科学提供精确可行的具体方法,而是为人生确立精神。因此哲学不应该与科学去竞争。他提出一种"负的方法",即不说不可言说的东西是什么,而只说它不是什么。这样,新理学就彰显出与新实在论的区别了。对不可说的保持沉默是维特根斯坦的原则,他实际上是用语言的范畴拒斥了传统形而上学。而冯友兰的新理学所要张扬的,就是传统的形上思辨。通过"负的方法",既遵循了新实在论的某些规定,同时又使得被之拒绝的形上系统能够重新合法。[①]

至此,冯友兰在整个抗战时期陆续完成了《新理学》《新事论》《新世训》《新原人》《新原道》《新知言》六部著作。它们又被合称为"贞元六书",代表着冯友兰哲学体系的六个重要方面,其中《新理学》《新原人》《新原道》《新知言》四书为此体系的主干,分别阐述了本体论、人生论、概念系统和方法论。冯友兰的这个哲学体系,除了体现在其中国哲学史著作中的那些优点,还有两点值得特别提及:一是它体系本身的独创性;二是它建构方式的逻辑性。所谓贞元之际,是借用中国古代典籍《周易》中"贞下起元"之语,喻抗战时期是中华民族复兴的契机。以"贞元"命名,取义"元亨利贞"。贞下起元即是冬尽春来之意,所以,冯友兰先生是将自己的哲学体系作为信念之树立,而寄托着对于中华民族的炽热情感。"贞元六书"的问世,标志着冯友兰完成了自己完整哲学体系的创建。[②]

---

① 参见万俊人主编:《清华大学文史哲谱系》,407页,北京,清华大学出版社,2012。
② 参见同上,408页。

张岱年在《评〈新知言〉》一文中逐章评论了《新知言》的十章内容,认为第六章是"全书的中心,然而可以商榷之点也较多",第七章"论分析命题"是"全书最精彩的一章,其中对于维也纳派的辩论,分析入微,明澈犀利,可谓精辟无伦。由此章看,可以看见冯先生在逻辑分析法之应用上,实已达到炉火纯青的境界"。并说:"对于冯先生所揭示的形式主义的理论,我虽然不能完全赞同,然而对于冯先生的系统的严整,分析的缜密,文章的明莹,治学态度之笃实,我惟有赞叹钦服。就系统的宏大、条理之明晰、方面之众多、影响之广远来说,冯先生的学说实在是现代中国哲学的一个高峰。"冯友兰运用中国传统哲学的材料和西方实在论的方法,创立了自己独具面貌的哲学体系,即新理学。冯友兰创立"新理学",目的仍然在于对当时文化问题的回答。在他看来,以往的文化论争,之所以莫衷一是,关键是没把握好文化的共相与殊相的关系。文化是人类的创造物,有个体与类型两种性格,而文化的类型又是有层次之分的。按照类型的观点,冯友兰认为,西方文化的"主要性质"是工业化。但是他指出这一点,目的是为了他的文化取舍。在他看来,人生有境界的不同,有自然境界、功利境界、道德境界、天地境界四个层次。西方的工业化,只表明其人生境界尚在功利的层面,而中国文化已处在道德和天地两层境界。孰劣孰优,泾渭分明。这就是冯友兰精心构筑新理学的真正用意。①

1946—1947年,冯友兰在美国宾夕法尼亚大学访学一年期间,在其英文讲稿的基础上,完成了 A Short History of Chinese Philosophy(《中国哲学简史》),该书由纽约麦克米伦公司出版,后来又有法文、意大利文、塞尔维亚文等译本,中文本直到1984年才问世。《中国哲学简史》一书本是为西方读者了解中国哲学而用英文写就的,且出版后几十年来,"一直是世界各大学学习中国哲学的通用教材"。据说在西方大学中,凡开设中国哲学课程的,冯友兰的《中国哲学简史》是第一本必读之书。这样一本书具有世界性的影响已自不待言,而尤为可贵者,其对于今日中国的读者亦不失为一本教益丰厚的文化经典。李慎之曾说:"中国人了解、学习、研究中国哲学,冯友兰先生是可超而不可越的人物。"其依据之一就是冯友兰的

---

① 参见万俊人主编:《清华大学文史哲谱系》,423~424页,北京,清华大学出版社,2012。

《中国哲学简史》。①

1947—1948年,冯友兰还发表了学术论文"Chinese Philosophy and a Future World Philosophy"(《中国哲学与未来世界哲学》)、"The Philosophy at the Basis of Traditional Chinese Society"(《在中国传统社会基础的哲学》)、《泛论古代经学》、《新理学的趋势》等。

1947年12月,金岳霖完成《知识论》,交付商务印书馆,但因正值社会巨变前夕,未能如期出版,直到1983年才正式出版。这部著作手稿原本早已写成,因金岳霖在西南联大时躲避日本飞机轰炸,被遗忘而丢失,只好从头开始,重新撰写这部近70万字的著作。《知识论》是中国现代哲学的一部代表作,迄今为止仍是中国人写的部头最大的哲学专著,最为典范地反映了20世纪中国的哲学试验。该书阐释了所与、收容、认识、思想、规律、接受、自然、时空、性质、关系、因果、度量、事实、语言、命题、证明、真假诸问题,结构严谨,论述缜密,可谓20世纪中国哲学思考的概述。金岳霖强调:《知识论》不负责指导人们求知——那是另一个问题。知识论是要对知识是怎么回事本身做一个陈述,而不是讲授致知法。简言之,就是人类知识到底是怎么一回事,一定要说清楚。围绕这条主旨,金岳霖系统地论述了知识的来源、意念在知识的来源、意念在知识形成过程中的作用等问题,构成客观主义的知识论学说体系。冯友兰认为,"《知识论》可以算作一部技术性很高的哲学专业著作"②。

1948年,张岱年完成《天人简论》,它与此前所成的四论合称为"天人五论"。他在《自序》中说明:"民国三十一年春,余始撰哲学新论,将欲穷究天人之故,畅发体用之蕴,以寄往哲,以开新风。至三十三年夏,关于方法,仅成《哲学思维论》六章;关于宇宙,仅成《事理论》八章;关于认识,仅成《知实论》四章;关于人生,仅成《品德论》四章。"于1945年夏,"另撰《天人简论》一篇,简叙'新论'之要指(未完成)"。至1948年夏,"恐久而遗忘,于是将个人对于各方面哲学问题的见解作一概括的简述,草成此篇。当时以为哲学是天人之学,故名之曰《天人简论》。此篇可以说是我四十岁前思想的概略"。《天人简论》是对作者十多年前提出的"新哲学

---

① 参见万俊人主编:《清华大学文史哲谱系》,424页,北京,清华大学出版社,2012。
② 参见同上,426页。

之纲领"所作的充实论证,也是张岱年哲学思想的一个主要结集。遗憾的是,由于国难当头,生活窘迫,"新哲学"的完整著作形态《天人新论》没有最终完成,而已成的五论也没有及时出版,迟至1988年才在齐鲁书社出版的《真与善的探索》中面世。①

1947年,张岱年发表的论文还有《中国哲学中之方法论》《中国哲学中的名与辨》《评〈新知言〉》等。

1947年,贺麟的《当代中国哲学》一书出版。他在该书中指出:"近年来对于西洋的数理逻辑国内学者有相当深的研究,且有新的贡献者颇不乏人,如俞大维、金岳霖、万卓恒、沈有乾、沈有鼎、汪奠基、张荫麟、王宪钧、胡世华诸先生为代表。"其中,"金先生著《逻辑》一册,为国内唯一具有新水准之逻辑教本"。贺麟强调:"中国哲学是进步了,中国哲学是新生了。这七年的抗战并没有阻碍中国哲人的思索,反而使他们的思索更为敏锐了。"亦如同年4月冯友兰为庆祝清华校庆36周年而写的《清华的回顾与前瞻》所言:"清华大学之成立,是中国人民要求学术独立的反应。在对日全面战争开始以前,清华的进步真是一日千里,对于融合中西新旧一方面,也特别成功。这就成了清华的学术传统……不管政治及其他方面的变化如何,我们要继续朝着这个学术传统,向前迈进。"稍后,冯友兰在一次讲演中指出:"中国儒家道家是哲学而非宗教。中国哲学的特点是促使'人的警戒',有其宗教的好处,而无迷信的坏处。"冯友兰在接下来发表的几篇文章中强调大学教育的重要性:"大学不仅只是一个比高中高一年级的学校,它有二重作用:一方面它是教育机关,一方面它又是研究机关;教育的任务是传授人类已有的知识,研究的任务则在求新知识——当然研究也需要先传授已有的知识。所以一个大学可以说是一个知识的宝库。它对人类社会所负的任务用一句老话说就是'继往开来'。""如何成为一个'人'?所谓'人',就是对于世界社会有他自己的认识、看法,对以往及现在所有有价值的东西——文学、美术、音乐等都能鉴赏,具备这些条件者就是一个'人'。所以大学教育除了给人以知识外,还养成一个清楚的脑子、热烈的心,这样他对社会才可以了解、判断,对以往现在所有的有价值的东西才可以欣赏。""一个真正的大学都有它自己的

---

① 参见万俊人主编:《清华大学文史哲谱系》,427页,北京,清华大学出版社,2012。

特点、特性。比如我们说清华精神,这就是自行继续的专家的团体的特性。""由于一个大学所特有的特性,由那个大学毕业的学生,在他的脸上就印上了一个商标、一个徽章,一看就知道他是那个学校的毕业生,这样的学生才是一个真正的大学生。"如果"所有的大学硬要用一个模型造出来,这就是不了解大学是一个继续的专家的团体,有其传统习惯,日久而形成一种精神特点"。

毋庸置疑,从20世纪30年代初至1948年,清华哲学系的学术研究取得了为中国学术界所独有的成就,清华哲学系的学术著述收获了为中国哲学界所独特的成果,这些在到今天为止的整个清华哲学系历史上都是绝无仅有的。

(三) 2000年至今

自2000年5月复建开始,哲学系非常注重学术研究,把学术研究当成与教学建设一起促使清华哲学学科展翅高飞的重要一翼,具体的做法就是非常注重在哲学基础理论研究和哲学理论应用研究两个层次做前沿开拓,取得了十分明显的成效。例如,哲学系教师承担(或主持)了国家哲学社会科学基金项目、教育部人文社会科学项目、其他省部级项目和国际合作项目数十项,其中包括多项重大攻关项目。又如,为了引导学术研究、积累研究成果,哲学系自复建至今,组织实施了"三一学术工程"("清华哲学研究系列"、"清华哲学教材系列"、"清华哲学翻译系列"、《清华哲学年鉴》)。目前,"清华哲学研究系列"出版学术专著或文集近20部,"清华哲学教材系列"出版各类哲学教材6部,"清华哲学翻译系列"出版8部,《清华哲学年鉴》连续出版8部(2000—2007年度)。

从2000年5月复建以来,在已经建成的马克思主义哲学、中国哲学、外国哲学、伦理学(含政治哲学)、逻辑学、宗教学、美学这七个教育部学科目录上的哲学二级学科方面,清华哲学系的学术建设和学术发展都取得了显著的成绩,具体情况如下。

1. 马克思主义哲学

清华大学哲学系的马克思主义研究历史悠久。目前,虽然该学科教师人数较少,但年富力强,在学科学术建设和人才培养上已经形成了鲜明

七、学术研究

的特色和一定的标准。在学术研究上,已经形成了德国古典哲学传统与马克思主义哲学、马克思主义哲学史与"中国化马克思主义"、西方马克思主义哲学与当代法国激进思想、德国政治哲学与马克思哲学的关系、新MEGA研究和日本马克思主义研究等重点领域。该学科已经取得了一定的学术成果。具体表现如下:

韩立新教授的《〈巴黎手稿〉研究——马克思思想的转折点》一书入选国家哲学社会科学成果文库(2013年),获得第四届中国大学出版社图书优秀学术著作一等奖(2014年)、第十四届北京市社会科学成果奖一等奖(2016年)和第七届吴玉章人文社会科学(哲学类)一等奖(2017年)。该书英文版也入选国家社会科学基金中华学术外译项目(2014年)。在研项目包括一项任首席专家的教育部重大攻关项目,即"《马克思恩格斯全集》历史考证版(新MEGA)研究"(2011年)。夏莹教授的论文《改变世界的哲学现实观》一文获得了第十四届北京市社会科学成果奖二等奖(2016年)。译著鲍德里亚《符号政治经济学批判》(2008年)被中国出版工作者协会评选为"第九届(2009年度)引进版优秀图书奖"。在研项目包括一项任负责人的国家社科基金项目,即"黑格尔与当代法国马克思主义的理论嬗变研究"(2014年)。陈浩副教授的在研项目包括任负责人的国家社科基金项目一项,北京市社科基金项目一项。

清华哲学系马克思主义学科拥有一个校级研究中心,即马克思恩格斯文献研究中心。该中心是清华大学具有代表性的马克思主义研究机构、校级重点智库。该中心的目的是提升清华大学马克思恩格斯文献的收藏水平和研究水平,促进国际交流和培养新MEGA研究人才。该中心成立以后,一直得到国家和学校的支持,曾有两位国际知名的MEGA专家在中心任职,是学校文科"双高"计划重点支持单位。该中心目前已经建成了两大马克思恩格斯的文献资料库:"服部文库"(因已故日本东北大学服部文男教授的捐赠而得名,收藏有2万多册马克思恩格斯相关文献)和"马克思恩格斯文献研究中心"资料库(收藏有马克思恩格斯手稿高清影印件达4000多张,重要文献4000余册)。这两个资料库的建成不仅为哲学系的马克思恩格斯文献以及黑格尔文献奠定了基础,还使清华大学在马克思恩格斯文献资料收藏和研究方面跃居全国领先水平。

清华哲学系马克思主义学科学术活动持久而多样。譬如,不定期地举办国际和国内学术会议,这些会议主题广泛,涉及"德国哲学和马克思""激进左翼""新 MEGA 研究"等。另外,该学科主办的"清华大学马克思论坛"(学术讲座)已经举办了 42 期,作为该学科基本训练的经典著作读书会(2019 年是《法哲学原理》),迄今也已经举办 86 期。这些活动在国内外产生了很好的学术影响,已经成为清华大学马克思主义学科标志性的活动。

清华哲学系马克思主义学科相关学者的学术成果主要如下①:

韩立新教授:

(1) 主要著作

「エコロジーとマルクス」,东京:时潮社,2001 年。

《环境价值论——环境伦理:一场真正的道德革命》,昆明:云南人民出版社,2005 年。

《〈巴黎手稿〉研究——马克思思想的转折点》,北京:北京师范大学出版社,2014 年。

《黑格尔法哲学研究》,与陈浩合编,北京:北京师范大学出版社,2020 年。

(2) 主要论文

《马克思的物质代谢概念与环境保护思想》,《哲学研究》2002 年第 2 期。

《马克思的"对自然的支配"——兼评西方生态社会主义对这一问题的先行研究》,《哲学研究》2003 年第 10 期。

《〈德意志意识形态〉的文献学研究与日本学界对广松版的评价》,《中国社会科学》2006 年第 2 期。

《〈巴黎手稿〉的文献学研究及其意义》,《马克思主义与现实》2007 年第 1 期。

《〈穆勒评注〉中的交往异化:马克思的转折点——马克思〈詹姆斯·穆勒《政治经济学原理》一书摘要〉研究》,《现代哲学》2007 年第 5 期。

「『自然の支配』と『物質代謝』:エコロジーの視点から見たマルクスの『労働過程』における二重の論理」,『季報唯物論』第 105 号,2008 年 8 月。

---

① 以下所列出的哲学系教师们的学术研究成果,限于篇幅,只列出主要著作和主要论文,且只标出题目或名称,不列出由教师个人所写的学术活动报道或学术会议综述等。

「中国の市民社会論批判——私的所有権の確立と社会格差の問題」,『一橋社会科学』第 6 号,2009 年 3 月。

《"日本马克思主义":一个新的学术范畴》,《学术月刊》2009 年 9 月。

Marxism and Ecology:*Marx's theory of labour process revisited*. In:Q. Huan(ed.),*Eco-socialism as Politics*:*Rebuilding the Basis of our Modern Civilisation*,ⓒ Springer Science+Business Media B. V. 2010.

《我们是否真的需要"回到赫斯"——赫斯和马克思的关系研究史回顾》,《哲学动态》2011 年第 3 期。

《从个人到社会的演进逻辑——以〈精神现象学〉中的"物象本身"概念为核心》,《哲学动态》2012 年第 10 期。

《劳动价值论中的自然问题——对汉斯·依姆拉的马克思劳动价值论批判的批判》,《哲学研究》2013 年第 4 期。

《从"人伦的悲剧"到"精神"的诞生——黑格尔耶拿〈精神哲学〉草稿中从个人到社会的演进逻辑》,《哲学动态》2013 年第 11 期。

《异化、物象化、拜物教和物化》,《马克思主义与现实》2014 年第 2 期。

《劳动所有权与正义——以马克思的"领有规律的转变理论"为核心》,《马克思主义与现实》2015 年第 2 期。

《从国家到市民社会——〈论犹太人问题〉和〈黑格尔法哲学批判导言〉研究》,《河北学刊》2016 年第 4 期。

《〈德意志意识形态〉之〈费尔巴哈〉章编译上的根本问题——写在新 MEGA I/5〈德意志意识形态〉卷正式出版之前》,《清华大学学报》2016 年第 6 期。

《"物"的胜利——以〈政治经济学批判大纲〉的〈货币章〉为中心》,《哲学研究》2017 年第 12 期。

《黑格尔伦理国家观的矛盾及其解决》,《河北学刊》2018 年第 6 期。

《"市民社会派马克思主义"及其对当代中国的意义——以望月清司的〈马克思历史理论的研究〉为中心》,《日本学刊》2019 年第 2 期。

(3) 主要译著

《马克思的历史理论研究》,望月清司著,北京:北京师范大学出版社,2009 年。

夏莹教授：

（1）主要著作

《消费社会理论及其方法论导论》，北京：中国社会科学出版社，2006年。

《拜物教的幽灵》，南京：江苏人民出版社，2014年。

《青年马克思是怎样炼成的？》，北京：人民出版社，2018年。

《从批判到抗争——西方马克思主义的嬗变及其当代形态》，北京：清华大学出版社，2019年。

《为什么出发？——马克思和他的时代》，北京：人民出版社，2023年。

（2）主要论文

《社会主义市场经济与人的解放》，《哲学动态》1999年第8期。

《视界融合下的道德、宗教与文化》，《哲学动态》2003年第1期。

《对普遍主义的反思及理论重构》，《求是学刊》2006年第3期。

《罗莎·卢森堡与汉娜·阿伦特：反对对政治自由的破坏》，《马克思主义与现实》2006年第4期。

《"卢森堡困境"真的存在吗？》，《学术月刊》2006年第8期。

《论拉克劳、墨菲领导权理论的语言学基础》，《哲学研究》2007年第7期。

《无物的拜物，无主体的迷恋》，《学术月刊》2007年第11期。

《符号政治经济学是政治经济学吗？》，《哲学动态》2008年第1期。

《政治经济学与社会现实》，《哲学研究》2009年第7期。

《法国哲学中的黑格尔幽灵》，《学术月刊》2010年第9期。

《当代法国哲学与黑格尔主义》，《哲学动态》2010年第9期。

《德勒兹、马克思与革命：如何理解"仍是马克思主义者"的内涵》，《江海学刊》2010年第9期。

《法国黑格尔主义起源、演进及其影响》，《江苏社会科学》2011年第1期。

《回到黑格尔：后马克思主义的隐形逻辑》，《南京社会科学》2011年第6期。

《论科耶夫哲学要义及其对现象学的误读》，《现代哲学》2012年第2期。

《从寓言式批判到意象辩证法：本雅明的拜物教思想研究》，《马克思主义与现实》2012 年第 3 期。

《交融与交锋：关于马克思与德国古典哲学的对话》，《哲学动态》2013 年第 1 期。

《黑格尔"精神"概念的构造方式及其社会内核》，《清华大学学报》2013 年第 4 期。

《当代意识形态批判视野下的德国古典哲学》，《哲学研究》2013 年第 7 期。

《马克思拜物教理论的双重内涵及其在西方马克思主义中的演化路径》，《马克思主义与现实》2014 年第 2 期。

《试析统一性哲学的断裂与革命理论的合法性论证》，《天津社会科学》2014 年第 2 期。

The Principle of Production and a Critique of Metaphysics：from the perspective of theory of Baudrillard,《中国哲学前沿》2014 年第 2 期。

《改变世界的哲学现实观》，《中国社会科学》2014 年第 8 期。

《当代激进左派的哲学与政治》，《世界哲学》2014 年第 8 期。

《生产逻辑的当代阐释：德勒兹与马克思思想相遇的理论境遇及其意义》，《哲学研究》2016 年第 1 期。

《试论当代法国马克思主义哲学基础的转变》，《哲学动态》2016 年第 2 期。

《马克思"新唯物主义"之"新"在何处》，《哲学动态》2016 年第 1 期。

《事件与主体：如何理解巴迪欧之圣保罗的当代性?》，《世界哲学》2016 年第 5 期。

《鲍德里亚的"hyper-"概念群及其对现代性理论的极限演绎》，《世界哲学》2017 年第 6 期。

《在康德与黑格尔之间——当代法国哲学的转向及其思想路标》，《哲学动态》2018 年第 9 期。

《论辩证法的唯物主义基础》，《哲学动态》2019 年第 2 期。

《历史唯物主义的方法论原则及其与救赎历史观的差异》，《马克思主义与现实》2019 年第 2 期。

《历史唯物主义的方法论原则及其与救赎历史观的差异》，《马克思主义与现实》2019 年第 2 期。

《论辩证法的唯物主义基础》,《哲学动态》2019 年第 2 期。

《历史唯物主义的方法论原则及其与救赎历史观的差异》,《马克思主义与现实》2019 年第 2 期。

《论黑格尔的'贱民'与马克思的'无产阶级'观念的结构性差异》,《学习与探索》2019 年第 3 期。

《论"流氓无产者"及其在当代哲学语境中的嬗变》,《探索与争鸣》2019 年第 2 期。

《无主体的主体性：当代法国哲学中的主体政治系谱学》,《贵州大学学报》2019 年第 4 期。

《马克思与法国唯物主义的相遇方式及其后果》,《新时代马克思主义论丛》2020 年第 1 期。

《当代法国马克思主义哲学的黑格尔入径——以伊波利特为例的思想史考察》,《求索》2020 年 5 期。

《西方观念论的嬗变与马克思的哲学革命》,《厦门大学学报》2021 年第 1 期。

《萨特的主体性原则与人本主义马克思主义的形成》,《哲学家》2020 年第 2 期。

《启蒙哲学的双重属性与马克思的解放逻辑》,《学术月刊》2021 年第 10 期。

《试论巴塔耶的黑格尔阐释及其一般政治经济学的建构》,《马克思主义哲学评论》2021 年第 1 期。

《启蒙与马克思新唯物主义的形成—重读马克思〈博士论文〉》,《山东社会科学》2022 年第 11 期。

《试论马克思的哲学'哲学性'及其方法论原则》,《马克思主义与现实》2023 年第 1 期。

（3）主要译著

《费希特、马克思与德国古典哲学》,汤姆·洛克莫尔著,北京：北京师范大学出版社,2018 年。

《符号政治经济学批判》,鲍德里亚著,南京：南京大学出版社,2008 年。

《历史哲学：后结构主义路径》,阿特兹、本尼顿著,北京：北京师范大学出版社,2009 年。

《延迟的否定》,齐泽克著,南京:南京大学出版社,2015 年。

陈浩副教授:

(1) 主要论文

《论异化劳动逻辑的困境》,《思想战线》2009 年第 6 期。

Autonomy or Universality: the Dilemma of Habermas' Discourse Ethics, *GEMC Journal*, No. 2, 2010. 3.

「Vileisis における唯物史観源泉に対する理解」,『マルクス？エンゲルス？マルクス主義研究』第 52 号,2010 年 11 月。

《〈克罗茨纳赫笔记〉与三种社会形态理论》,《北京航空航天大学学报》2012 年第 1 期。

《MEGA2 第 II 部门与"〈资本论〉恩格斯编辑问题"》,《政治经济学评论》2013 年第 2 期。

《MEGA2 在日本的编辑现状》,《学术月刊》2013 年第 4 期。

《私有财产权是自由的必要条件吗?——对〈法哲学原理〉"抽象法"章的再考察》,《现代哲学》2013 年第 5 期。

Producing for ourselves or for others: labor and the actualization of human nature, *Studies in Marxism*, Vol. 14, 2013. 12.

The Significance of the Concept of Individual for Young Marx's Civil Society Theory, *GEMC Journal*, No. 8, 2013. 3.

《无私有财产,无相互承认——试论黑格尔〈精神现象学〉的理论困境》,《世界哲学》2014 年第 3 期。

《论共同体包容个体自由之限度——以黑格尔的"主观自由"概念为例》,《清华大学学报》2015 年第 4 期。

《弱者的民主制还是强者的等级制:政治哲学中的尼采与虚无主义问题》,《现代哲学》2015 年第 5 期。

「フィライシスにおける唯物史観源泉に対する理解」,『新 MEGA と「ドイツイデオロギー」の現代的探究』,东京:八朔社,2015 年 3 月。

《任性为什么不是自由的体现?——对黑格尔式自由观的一种微考察》,《复旦学报》2016 年第 3 期。

《参与者视角与旁观者视角:黑格尔论任性与自我决定判准的适用

性》,《中国人民大学学报》2016年第4期。

《从国家向市民社会的复归:黑格尔哲学视野下的〈论犹太人问题〉》,《清华大学学报》2017年第4期。

《自然与契约的彼岸:黑格尔"抽象法"中的人格财产权概念》,《哲学动态》2018年第4期。

(2)主要译著

《论创造性:朱熹、怀特海和南乐山的比较研究》,白诗朗著,北京:中国社会科学出版社,2012年。

《新MEGA第II部门第13卷〈资本论〉第2卷的编辑与研究》,大村泉著,《政治经济学评论》2013年第2期。

《从新MEGA第II部门第11卷来看马克思对再生产理论的推进》,大谷祯之介著,《政治经济学评论》2013年第2期。

《马克思的毛勒研究》,平子友长著,《哲学动态》2013年第12期。

《什么是市民社会》,高岛善哉著,收录于《国外学者论马克思主义(日本学者卷)》,北京:北京师范大学出版社,2014年。

《〈大纲·资本章〉循环=积累理论与历史认识》,平田清明著,收录于《国外学者论马克思主义(日本学者卷)》,北京:北京师范大学出版社,2014年。

《共产党宣言的出版史与中译本的问题》,大村泉著,收录于《中共历史与理论研究》第2辑,北京:社会科学文献出版社,2015年。

《作为无限权利的"主观性"——试析黑格尔〈法哲学原理〉"国家"章中的公民自由》,《复旦学报(社会科学版)》2021年第3期。

《"扬而不弃"的市民社会——〈法哲学批判〉后的〈法哲学〉筹划》,《清华大学学报(哲学社会科学版)》2022年第11期。

《无哲学的世界历史——基于黑格尔〈法哲学原理〉的体系建筑术考察》,《哲学动态》2023年第5期。

2. 中国哲学

清华哲学系中国哲学学科无疑是该系最富有学术传统渊源和学术研究脉络的学科。该学科现今的教师们秉承先辈的学术精神,发扬先辈的学术风范,不断取得显著的学术成就。以陈来、丁四新、唐文明、陈壁生、圣凯教授,高海波、赵金刚副教授和袁艾助理教授为代表的中国哲学学术团队不仅年龄结构合理,而且研究方向布局合理。例如,陈来、高海波主要从事儒家哲学,特别是宋明哲学的研究;丁四新主要从事先秦两汉哲学和儒家经学的研究;圣凯主要从事佛学研究;唐文明从事近现代哲学研究。更重要的是他们近些年来取得了蔚为壮观的学术成绩,近5年人均发表论文26篇,人均出版著作4部,有3位教授(陈来、丁四新和圣凯)主持国家社科基金重大项目。与此同时,他们都在不同层次的中国哲学史学术团体担任学术领导职务,多次荣获国家级或省部级学术奖和多种民间学术奖(人均获奖次数居国内中国哲学界第一),享有很高的学术声誉和广泛的学术影响力。例如,陈来多次连任中国哲学史学会会长、国际中国哲学学会副执行长、海内外多所大学的兼任教授,有多部著作被翻译为英文、日文和韩文等;丁四新是全国中生代中国哲学学科的著名学者,在先秦秦汉哲学、简帛思想研究领域具有一定的国际影响力,担任中国周易学会副会长、北京市哲学会副会长等职;唐文明是近现代中国哲学领域的知名教授,担任中华孔子学会秘书长;圣凯是中国佛学领域的知名教授,担任中国佛教文化研究所副所长、中国佛教协会常务理事。

  清华哲学系中国哲学学术研究的特色集中在儒学研究和先秦哲学上。一是儒学研究位居国内国际领先的地位,尤以宋明理学的研究最为卓著,居于国内国外之首,宋明理学的所有重要时段和重要人物的思想几乎都得到研究。陈来主要研究儒家哲学、宋元明清理学和现代儒家哲学,是当代宋明儒学研究领域最为重要的专家,其研究成果特别是关于朱熹和王阳明的研究代表了目前本领域的领先水平。高海波是研究宋明理学的青年专家,在刘宗周的研究上成绩非常突出。近年来,唐文明也在积极从事朱子哲学的研究。二是简帛思想与先秦哲学研究颇具特色和国际影响力。丁四新居于国际简帛思想研究的领先地位,是《老子》《周易》研究的专家,在儒家经学和先秦两汉哲学的研究上影响突出,成绩斐然。此外,圣凯在南北朝佛学的研究和唐文明在近现代儒家哲学的研究上深受学界好评。

  清华哲学系中国哲学学科相关学者的学术成果主要如下(唐文明和圣凯的成果分别在伦理学学科和宗教学学科部分提及)。

陈来教授：

主要著作

《朱熹哲学研究》，北京：中国社会科学出版社，1988年。

《朱子书信编年考证》，上海：上海人民出版社，1989年。

《有无之境——王阳明哲学的精神》，北京：人民出版社，1991年。

《宋明理学》，沈阳：辽宁教育出版社，1992年。

《哲学与传统：现代儒家哲学与现代中国文化》，台北：允晨出版公司，1994年。

《古代宗教与伦理——儒家思想的根源》，北京：生活·读书·新知三联书店，1996年。

《人文主义的视界》，南宁：广西教育出版社，1997年。

《陈来自选集》，桂林：广西师范大学出版社，1997年。

《中国宋元明哲学史教程》，香港：香港公开大学，1999年。

《朱子哲学研究》，上海：华东师范大学出版社，2000年。

《现代中国哲学的追寻——新理学与新心学》，北京：人民出版社，2001年。

《古代思想文化的世界——春秋时代的宗教、伦理与社会思想》，北京：生活·读书·新知三联书店，2002年。

《中国近世思想史研究》，北京：商务印书馆，2003年。

《诠释与重建——王船山的哲学精神》，北京：北京大学出版社，2004年。

《传统与现代》，北京：北京大学出版社，2006年。

《早期道学话语的形成与演变》（主编），合肥：安徽教育出版社，2007年。

《燕园问学记》，北京：北京大学出版社，2008年。

《东亚儒学九论》，北京：生活·读书·新知三联书店，2008年。

《宋明儒学论》，香港：香港三联书店，2008年。

《竹帛五行与简帛研究》，北京：生活·读书·新知三联书店，2009年。

Tradition and Modernity（英文），莱顿：Brill出版公司，2009年。

《现代中国哲学的追寻》（增订本），北京：生活·读书·新知三联书店，2010年。

《中国近世思想史研究》（增订本），北京：生活·读书·新知三联书店,2010年。

《孔夫子与现代世界》,北京:北京大学出版社,2011年。

《回向传统:儒学的哲思》,北京:北京师范大学出版社,2011年。

《中国儒学史》(宋元卷),北京:北京大学出版社,2011年。

《北京·国学·大学》,北京:北京大学出版社,2012年。

《竹简五行篇讲稿》,北京:生活·读书·新知三联书店,2012年。

Chen Lai's Four Essays on Wu Xing Manuscrips, *Contemporary Chinese Thought*, winter 2011—2012, Vol. 43 No. 2.

《陈来讲谈录》,北京:九州出版社,2014年。

《陈来儒学思想录》,上海:华东师范大学出版社,2014年。

《仁学本体论》,北京:生活·读书·新知三联书店,2014年。

《理解与诠释》,北京:首都师范大学出版社,2015年。

《中华文明的核心价值》,北京:生活·读书·新知三联书店,2015年。

《山高水长集》,北京:中华书局,2015年。

《从思想世界到历史世界》,北京:北京大学出版社,2015年。

《儒学通铨——陈来学术论集》,贵阳:孔学堂书局,2015年。

《古代宗教与伦理》(增订本),北京:北京大学出版社,2017年。

《孔子·孟子·荀子——先秦儒学讲稿》,北京:生活·读书·新知三联书店,2017年。

《近世东亚儒学研究》,北京:北京大学出版社,2018年。

《现代儒家哲学研究》,北京:北京大学出版社,2018年。

《〈孟子〉七篇解读·梁惠王篇》,济南:齐鲁书社,2018年。

《守望传统的价值——陈来二十年访谈录》,北京:中华书局,2018年。

《冯友兰伦理思想研究》,北京:生活·读书·新知三联书店,2018年。

《国学散论——陈来随笔录》,北京:清华大学出版社,2019年。

《儒学美德论——新原德》,北京:生活·读书·新知三联书店,2019年。

《儒家文化与民族复兴(选著)》,北京:中华书局,2020年。

《中华文化的现代价值》,北京:中国文史出版社,2020年。

《儒学今读》,成都:四川人民出版社,2021年。

《儒家思想与中国哲学》,济南:山东教育出版社,2023年。

《中国哲学的现代视野》,北京:中华书局,2023年。

《朱子哲学研究(增订版)》,北京:北京大学出版社,2023 年。

《朱子的哲学世界》,北京:生活·读书·新知三联书店,2024 年。

(2) 主要论文(2020 年前约有 300 篇)

《精神哲学与知觉性理论——徐梵澄心学思想述论》,《世界宗教研究》2020 年第 1 期。

《儒家的政治思想与美德政治观》,《中国哲学史》2020 年第 1 期。

《中国近代以来重公德轻私德的偏向与流弊》,《文史哲》2020 年第 1 期。

《〈礼记·儒行〉篇的历史诠释与时代意义》,《山东大学学报(哲学社会科学版)》2020 年第 4 期。

《〈大学〉的作者、文本争论与思想诠释》,《东岳论丛》2020 年第 9 期。

《论古典儒学中"义"的观念—以朱子论"义"为中心》,《文史哲》2020 年第 11 期。

《陈荣捷先生答陈来书二十八通》,《中国哲学史》2021 年第 1 期。

《朱子论羞恶》,《国际儒学(中英文)》2021 年第 3 期。

《诠释学中的"前见"——以〈真理与方法〉为中心的分析》,《文史哲》2021 年第 5 期。

《中国哲学史的学科属性与方法》,《中国哲学史》2021 年第 7 期。

《儒墨关系的现代诠释(笔谈)·从"儒墨不相用"到"儒墨必相用"》,《文史哲》2021 年第 7 期。

《关于宋明理学的几点认识》,《河北学刊》2021 年第 9 期。

《略论〈论语〉的传承与训解》,《东岳论丛》2021 年第 10 期。

《20 世纪中国哲学史论述的多元范式—以熊十力论中国哲学与中国哲学史为例》,《文史哲》2022 年第 1 期。

《论朱子学"未发之前气不用事"的思想》,《哲学研究》2022 年第 1 期。

《张荫麟、贺麟朱子太极动静说论辩简析》,《现代哲学》2022 年第 1 期。

《坚守中国文化立场 重写中国哲学通史》,《孔子研究》2022 年第 3 期。

《朱子理气论研究的比较哲学视野》,《船山学刊》2022 年第 3 期。

《东亚哲学研究朝鲜朱子学关于"气未用事"的讨论》,《世界哲学》2022年第3期。

《王阳明晚年思想的感应论》,《深圳社会科学》2022年第3期。

《熊十力的见体论》,《哲学研究》2023年第1期。

《梁漱溟论"见体"与"一体"》,《哲学动态》2023年第2期。

《论李退溪对朱子哲学的发展及其在理学史上的地位》,《东岳论丛》2023年第7期。

《宋代理学概说》,《河北学刊》2023年第9期。

《"民贵君轻"与"立君为民":孟子、荀子的君民论》,《东岳论丛》2024年第8期。

丁四新教授：

（1）主要著作

《郭店楚墓竹简思想研究》,北京:东方出版社,2000年。

《玄圃畜艾》,北京:中华书局,2009年。

《郭店楚竹书〈老子〉校注》,武汉:武汉大学出版社,2010年。

《楚竹书与汉帛书〈周易〉校注》,上海:上海古籍出版社,2011年。

《先秦哲学探索》,北京:商务印书馆,2015年。

《英语世界的早期中国哲学研究》(第一作者),杭州:浙江大学出版社,2017年。

《周易溯源与早期易学考论》,北京:中国人民大学出版社,2017年。

《中国哲学通史(秦汉卷)》(第一作者),南京:江苏人民出版社,2019年。

《中国哲学通史·秦汉卷》,与龚建平合著,南京:江苏人民出版社,2021年。

《洪范大义与忠恕之道》,北京:商务印书馆,2022年。

《郭店楚竹书哲学思想研究》,北京:中国人民大学出版社,2024年。

《出土文献与早期道家》,北京:中国人民大学出版社,2024年。

（2）主要论文

《论帛书〈缪和〉〈昭力〉的内在分别及其成书过程》,《周易研究》2002年第3期。

《楚简〈太一生水〉第二部分简文思想分析及其宇宙论来源考察》,

《学术界》2002年第3期。

《申论〈老子〉文本变化的核心观念、法则及其意义》,《哲学动态》2002年第11期。

《论郭店楚简"情"的内涵》,《现代哲学》2003年第4期。

《有无之辩和气的思想——楚简〈亘先〉首章哲学释义》,《中国哲学史》2004年第3期。

《本体之道的论说——论帛书〈道原〉的哲学思想》,收录于《湖南省博物馆馆刊》第2辑,长沙:岳麓书社,2005年。

《世硕与王充的人性论思想研究——兼论〈孟子·告子上〉公都子所述告子及两"或曰"的人性论问题》,《文史哲》2006年第5期。

《楚简〈容成氏〉"禅让"观念论析》,收录于《简帛考论》,上海:上海古籍出版社,2007年。

《上博楚简〈鬼神〉篇的鬼神观及其学派研究》,收录于《儒家文化研究》第1辑,北京:生活·读书·新知三联书店,2007年。

《〈易传〉类帛书零札九则》,《周易研究》2007年第2期。

《论早期先秦儒学的养气说与养性说》,《陕西师范大学学报(哲学社会科学版)》2007年第4期。

《生、眚、性之辨与先秦人性论研究之方法论的检讨——以阮元、傅斯年、徐复观相关论述及郭店竹简为中心》,收录于《中国哲学与文化》第6、7辑,桂林:广西师范大学出版社,2009年、2010年。

《论〈论语〉"忠恕"与"一以贯之"之"道"的关系》,收录于《儒学评论》第5辑,保定:河北大学出版社,2009年。

《马王堆帛书〈周易〉卦爻辞校札九则》,《周易研究》2011年第3期。

A Study on the Dating of the Mozi Dialogues and the Mohist View of Ghosts and Spirits, *Contemporary Chinese Thought*, 2012, Vol. 42, No. 4.

《仁民与尊生:"古公迁岐"的儒道解释》,《江淮论坛》2012年第3期。

《出土易学材料与〈周易〉经学的哲学解释》,《社会科学战线》2012年第12期。

《王安石性命说的演进及其内在线索》,收录于《道家文化研究》第26辑,北京:生活·读书·新知三联书店,2012年。

《"察一"("察道")的工夫与功用——论楚竹书〈凡物流形〉第二部

分文本的哲学思想》,《武汉大学学报(人文科学版)》2013年第1期。

《早期〈老子〉〈周易〉"文本"的演变及其与"思想"之相互作用》,《中国社会科学》2013年第2期。

《马王堆帛书〈二三子〉疑难字句释读》(第一作者),《周易研究》2013年第4期。

《近九十年〈尚书·洪范〉作者及著作时代考证与新证》,《中原文化》2013年第5期。

《刘向、刘歆父子的五行灾异说和新德运观》,《湖南师范大学社会科学学报》2013年第6期。

《西汉易学的主要问题及其解释旨趣的转变》,《周易研究》2014年第3期。

《早期〈老子〉文本的演变、成型与定型——以出土简帛本为依据》,《中州学刊》2014年10期。

《论刘向本(通行本)〈老子〉篇章数的裁划依据》,《哲学研究》2014年第12期。

《马王堆帛书〈易传〉的哲学思想》,《江汉论坛》2015年第1期。

《论〈尚书·洪范〉的政治哲学及其在汉宋的诠释》,《广西大学学报(哲学社会科学版)》2015年第2期。

《"或":上博楚竹书〈恒先〉的一个疑难概念研究》,《中国哲学史》2015年第2期。

《从出土材料论〈周易〉卦爻画的性质和来源》,收录于《哲学门》第16卷第1册,总第31辑,北京:北京大学出版社,2016年。

A Study of the Key Concepts "Heng" and "Hengxian" in the Hengxian on Chu Bamboo Slips Housed at the Shanghai Museum, *Frontiers of Philosophy in China*, 2016, 11(2)。

《老子的分章观念及其检讨》,《学术月刊》第48卷第9期(2016年)。

《再论〈尚书·洪范〉的政治哲学——以五行畴和皇极畴为中心》,《中山大学学报(社会科学版)》2017年第2期。

《亘与亘先:上博楚竹书〈亘先〉的关键概念研究》,《新疆师范大学学报(哲学社会科学版)》2017年第3期。

The Section Division of the Laozi and its Examination, *Contemporary*

Chinese Thought, 2017, Vol. 48, No. 3.

《楚竹书〈恒先〉的三重宇宙生成论与气论思想》,《哲学动态》2017年第9期。

《浑天说的宇宙生成论与结构论溯源——兼论楚竹书〈太一生水〉〈恒先〉与浑天说之理论起源》,《人文杂志》2017年第10期。

《数字卦研究的阶段、贡献及其终结》,《周易研究》2018年第5期。

《严遵〈老子指归〉的"无为""自然"概念及其政治哲学》,《哲学研究》2018年第7期。

《汉初哲学发展的动力与思想斗争新论》,《上海师范大学学报(哲学社会科学版)》2019年第2期。

《张力与融合——朱子道统说的形成与发展》,《中州学刊》2019年第2期。

《"数"的哲学观念与早期〈老子〉文本的经典化——兼论通行本〈老子〉分章的来源》,《中山大学学报(社会科学版)》2019年第3期。

《〈庄子·齐物论〉札记三则——"齐物论"解题、"不亡以待尽"与"吾待蛇蚹蜩翼邪"》,《西北师范大学学报(社会科学版)》2019年第3期。

《"罢黜百家,独尊儒术"辨与汉代儒家学术思想专制说驳论》,《孔子研究》2019年第5期。

《汉末易学的象数逻辑与"中"的人文价值理念的象数化》,《哲学研究》2019年第5期。

《张力与融合—朱子道统说的形成与发展》,《中州学刊》2019年第2期。

《汉末易学的象数逻辑与"中"的人文价值理念的象数化》,《哲学研究》2019年第5期。

《"数"的哲学观念与早期〈老子〉文本的经典化—兼论传世本〈老子〉分章的来源》,《中山大学学报(哲学社会科学版)》2019年第3期。

The Debate Surrounding "Dismiss the Hundred Schools of Thought and Revere Only the Confucian Arts" and a Refutation of the Theory of the Autocracy of Han Dynasty Confucian Thought, Contemporary Chinese Thought, Volume 51, Issue 2, 2020.

《庄子思想的三大本原及其自然之义》,《人文杂志》2020 年第 2 期。

《"数"的哲学观念再论与早期中国的宇宙论数理》,《哲学研究》2020 年第 6 期。

《"贵生""重己"与"形神"——论〈吕氏春秋〉的生命哲学》,《文史哲》2020 年第 4 期。

《作为中国哲学关键词的"性"概念的生成及其早期论域的开展》,《中央民族大学学报(哲学社会科学版)》2021 年第 3 期。

《老子思想研究的文本依据:观念及其原则》,《社会科学战线》2022 年第 6 期。

《儒家修身哲学之源:〈尚书·洪范〉五事畴的修身思想及其诠释》,《哲学动态》2022 年第 9 期。

The Search for Subjectivity: Chinese Philosophical Studies in the Last Hundred Years and Its Contemporary Orientation, June 2023, Volume 18, Number 2, *Frontiers of Philosophy in China-Selected Publications from Chinese Universities*.

《关联思维与时令月令系统探论》,《哲学研究》2024 年第 1 期。

陈壁生教授:

(1) 主要著作

《经学、制度与生活——〈论语〉"父子相隐"章疏证》,上海:华东师范大学出版社,2010 年。

《经学的瓦解》,上海:华东师范大学出版社,2014 年。

《孝经学史》,上海:华东师范大学出版社,2015 年。

《孝经正义》,上海:华东师范大学出版社,2022 年。

(2) 主要编著

《国学与近代经学的解体》,桂林:广西师范大学出版社,2010 年。

《国学与民族国家》(合编),桂林:广西师范大学出版社,2011 年。

《经学研究》第 1 辑《经学的新开展》(联合主编),北京:中国人民大学出版社,2012 年。

《经学研究》第 2 辑《经学与建国》(联合主编),北京:中国人民大学出版社,2013 年。

《经学研究》第 3 辑《〈孝经〉的人伦与政治》(联合主编),北京:中国人民大学出版社,2015年。

《经学研究》第4辑《曹元弼的生平与学术》(联合主编),北京:中国人民大学出版社,2018年。

(3) 主要论文

《乡土中国中的"孝"——对〈论语〉中"孝"的观念的人类学考察》,收录于《新原道》第2辑,郑州:大象出版社,2004年。

《经典与解释的张力——以〈论语〉中的"事君"及其历代解释为例》,收录于《原道》第12辑,北京:北京大学出版社,2005年。

《庄子的"梦"》,收录于《中国书评》第5辑,上海:上海人民出版社,2006年。

《"性与天道":解释史上的思想角力》,《学习与实践》2006年第5期。

《"他者"眼光的局限》,《开放时代》2006年第6期。

《孔子"父子相隐"思想新解》,《中国哲学史》2008年第1期。

《经典世界中的"直躬证父"》,《现代哲学》2008年第4期。

《神圣生活中的儒家思想》(日文),收录于《当代中国传统文化与儒学的复兴》,东京:东京大学出版社,2008年。

《唐律中"同居相为容隐"的法理思想》,收录于《思想与文化》第8辑,上海:华东师范大学出版社,2008年。

《"父子相隐"的历代解释》,收录于《经典与解释:奥林匹亚的荣耀》,北京:华夏出版社,2009年。

《"亲亲相隐"与"大义灭亲"》,《国学学刊》2009年第1期。

《〈论语郑氏注〉中的政治哲学》,《中山大学学报》2009年第2期。

《经学、制度与生活》,《杭州师范大学学报》2010年第5期。

《在生活经验中追寻古典美德》,《二十一世纪》2010年第6期。

《"国学"定义的重新检讨》,收录于《当代儒学》第1辑,桂林:广西师范大学出版社,2011年。

《明皇改经与〈孝经〉学的转折》,《中国哲学史》2012年第2期。

《朱一新与被遮蔽的思想传统》,《读书》2012年第6期。

《六艺根源之总会》,《国学学刊》2012年第2期。

《经学的新开展》,收录于《经学研究》第1辑,北京:中国人民大学出版社,2012年。

《民初的经学与建国》,《战略与管理》2012 年第 5 期。

《章太炎的"新经学"》,《中国哲学史》2013 年第 2 期。

《从"政治"到"伦理"——明皇注经与〈孝经〉学的转折》,《学术月刊》2013 年第 9 期。

《经学与中国哲学》,《哲学研究》2014 年第 2 期。

《朱熹的〈四书〉与"五经"》,《中山大学学报》2014 年第 2 期。

《今文经学的变异与"古史辨"的兴起》,《中原文化研究》2014 年 3 月。

《皮锡瑞〈孝经郑注疏〉的学术与政治》,收录于《切磋四集》,北京:华夏出版社,2014 年。

《礼在古今之间》,《开放时代》2014 年第 6 期。

《理教与经教之间》,《现代哲学》2014 年第 11 期。

《邢昺〈孝经注疏〉考实》,《古典研究》2015 年春季卷。

《"孔子"形象的现代转折》,《中国人民大学学报》2015 年第 3 期。

《古典政教中的"孝"与"忠"》,《中山大学学报》2015 年第 3 期。

《经义与政教》,《中国哲学史》2015 年第 2 期。

《朱子孝经学评议》,《哲学研究》2015 年第 10 期。

《追寻六经之本——曹元弼的〈孝经〉学》,《云南大学学报》2017 年第 4 期。

《何谓"做中国哲学"?——陈少明〈做中国哲学〉评议》,《哲学研究》2017 年第 8 期。

《晚清的经学革命——以康有为〈春秋〉学为例》,《哲学动态》2017 年第 12 期。

《〈论语〉的性质——论一种阅读〈论语〉的方式》,《人文杂志》2018 年第 1 期。

《周公的郊祀礼——郑玄的经学构建》,《湖南大学学报》2018 年第 5 期。

《郑玄的法与道》,《中国哲学史》2019 年第 1 期。

《经史之间的郑玄》,《哲学研究》2021 年第 1 期。

《郑玄的"古今"之辨》,《人文杂志》2021 年第 2 期。

《经学诠释与经史传统的形成——以殷周爵国问题为例》,《哲学动态》2021年第2期。

《从家国结构论孝的公共性》,《船山学刊》2021年第3期。

《仰与理性之间的宇宙论追寻》,《现代哲学》2021年第12期。

《从"礼经之学"到"礼学"——郑玄与"礼"概念的转化》,《清华大学学报(哲学社会科学版)》2022年第1期。

《两种"六经皆礼"》,《中国哲学史》2022年第3期。

《"做中国哲学"中的经典与文明——读赵汀阳先生〈中国哲学的身份疑案〉》,《哲学研究》2022年第3期。

《经学、历史与历史书写——以郑玄论圆丘礼为例》,《四川大学学报(哲学社会科学版)》2022年第3期。

Discussing the Relationship between Father and Son, Ruler and Subjects in the Xiaojing: Based on the Dunhuang Manuscripts 202307 Religions.

《论"天地之心"——与唐文明、吴飞商榷》,《哲学动态》2023年第10期。

《从"以〈春秋〉为纲"到"以周礼为本"——郑玄的经学史意义》,《现代哲学》2024年第1期。

高海波副教授:

(1) 主要著作

《慎独与诚意:刘蕺山哲学思想研究》,北京:生活·读书·新知三联书店,2016年。

《现代哲学史中的方法论研究》,北京:清华大学出版社,2021年。

《国学源流》,与陈来等合著,贵阳:孔学堂书局,2024年。

(2) 主要论文

《荀子与孟子"人性"概念分歧的一种"语用学"解读》,《邯郸师院学报》2006年第4期。

《刘蕺山晚年对阳明〈大学〉解的文本批判》,收录于《黄宗羲国际学术会议论文集》,杭州:浙江古籍出版社,2006年。

《〈刘子遗书〉及〈刘子全书〉考》,收录于《鹅湖学志》第38期,台北:鹅湖出版社,2007年。

《试论刘宗周的格物思想》,《中国哲学史》2009年第3期。

《试述刘宗周人谱的写作背景及过程》,收录于《儒教文化研究》第13

辑,首尔:韩国成均馆大学,2010年。

《经典与诠释:刘宗周中庸思想研究》,《韩国研究财团登载学术集》,2011年。

《孔夫子与现代世界》,《中华读书报》2011年6月。

《向亚洲哲学学习》,收录于《中国学术》总第29辑,北京:商务印书馆,2011年。

《"国学热"的社会文化反思》,收录于《文化中国论丛》第1辑,长春:吉林人民出版社,2012年。

《新儒学的集大成者:朱熹与〈朱子语类〉》,收录于《哲学名著导读》,北京:学习出版社,2012年。

《亚圣之资:孟轲与〈孟子〉》,收录于《哲学名著导读》,北京:学习出版社,2012年。

《向西走还是向东走?——梁漱溟及其东西文化理论》,收录于《外国哲学》第24辑,北京:商务印书馆,2012年。

《唯物、理想、解析——张岱年及其综合创新论》,收录于《外国哲学》第24辑,北京:商务印书馆,2012年。

《经典与诠释:刘宗周中庸慎独思想研究》,收录于《哲学门》第13卷,北京:北京大学出版社,2012年。

《阳明学的分化》,收录于《中国儒学》第8辑,北京:中国社会科学出版社,2013年。

《二程如何处理闲思杂虑》,《鹅湖》2013年第4期。

《刘宗周对阳明四句教的批评》,《中国哲学史》2014年第3期。

《〈老子〉"道可道"的一种新的可能解释》,《中国哲学史》2015年第3期。

《梁漱溟的生命教育理论及其实践》,收录于《儒教思想文化研究》第59辑,首尔:韩国成均馆大学,2015年。

《宋明理学从二元论向一元论的转换:以理气论、人性论为例》,《哲学动态》2015年第12期。

《论孔子仁学的实践特性》,《道德与文明》2017年第1期。

《"团体组织"——梁漱溟对中国社会文化改造的理论与实践》,收录于《儒家典籍与思想研究》第10辑,北京:北京大学出版社,2018年。

《论朱子的"体用一源"思想》，《哲学动态》2018 年第 3 期。

《从中华传统美德的历史发展看中华优秀文化的创造性转化、创新性发展》，《中国哲学史》2018 年第 4 期。

《朱子"中和旧说"探析》，《哲学研究》2018 年第 7 期。

《论朱子的"体用一源"思想》，《哲学动态》2018 年第 3 期。

《从中华传统美德的历史发展看传统道德的"创造性转化、创新性发展"》，《中国哲学史》2018 年第 4 期。

《朱子"中和旧说"探析》：《哲学研究》2018 年第 7 期。

《团体组织——梁漱溟对中国社会文化改造的理论与实践》，《儒家典籍与思想文化研究》第十辑，北京：北京大学出版社，2018 年。

《荀子论礼的起源》，收录于《荀子研究》，北京：社会科学文献出版社，2019 年。

《刘宗周与阳明传信录》，《中国哲学史》2019 年第 5 期。

《道德实践的动力问题：以东亚性理学为例》，《道德与文明》2019 年第 5 期。

《试论朱子、阳明及薛侃体用观的异同》，陈来、张昭炜主编《阳明学文献与思想》，北京：中国社会科学出版社，2019 年。

《试论朱子对〈孟子〉"求放心"句的诠释》，《东洋哲学》第五十四卷，东洋哲学会，2020 年。

《唯物理想解析——张岱年先生〈道德之"变"与"常"〉评析》，《衡水学院学报》2020 年第 3 期。

《冯友兰早期哲学方法观及其转变》，《中国哲学史》2020 年第 6 期。

《论北宋理学家对普遍性的追求——以周敦颐、张载、二程为例》，《哲学动态》2020 年第 11 期。

《自律还是他律——反思牟宗三对朱子格物致知理论的定位》，《道德与文明》2021 年第 3 期。

《当代儒学中的"新孟子学"》，《当代价值观研究》2021 年第 3 期。

《"诗可以兴"：孟子诗教的人性教育方法及其现代意义》，《国际儒学》2021 年第 2 期。

《现代中国哲学家方法论溯源及其自觉》，《清华大学学报（哲学社会科学版）》2021 年第 4 期。

《袁了凡的立命之学》,《哲学门》(总第四十三辑),北京：北京大学出版社,2022年。

《王阳明"知是行之始,行是知之成"新诠》,《国际儒学》2022年第3期。

《试论朱子与阳明学体用观的差异——以二者对"体用一源"命题的诠释为中心》,《清华国学》第一辑,北京：社会科学文献出版社,2022年。

《陈来先生对明清儒学研究的贡献》,《中国哲学史》2023年第2期。

《生生与孝弟慈——明儒罗近溪的仁学思想及其现代意义》,《道德与文明》2023年第4期。

《方以智对晚明清初学风的批判：以〈易余〉为中心》,《国际儒学》2023年第4期。

《自律他律与道德实践的动力问题：杨祖汉教授对于伊川朱子道德形态的再定位》,《鹅湖月刊》2023年第6期。

《从朱子、船山看宋明理学意志思想的展开》,《船山学刊》2024年第2期。

《"精神哲学"的现代展开：张学智教授的中国哲学研究》,《中国哲学史》2024年第3期。

Confucianism, in *Rituals and Practices in World Relegions: Cross-Cultural Scholarship to Inform Research and Clinical Contexts*, ed. David Bryce Yaden, Yukun Zhao, Kaiping Peng, Andrew B. Newberg, Springer: Nature, Switzerland, 2020.

Liu Zongzhou and his Records of Wang Yangming's Instructions, History of Chinese Philosophy, 2019 (5), CNKI Journal Translation Project—A Bilingual Detabase of Chinsese Academic Journals.

(3) 主要译著

《朱熹的鬼神观与道统观》,收录于《朱熹的思维世界》,田浩著,南京：凤凰出版集团、江苏人民出版社,2009年。

《来自过去的教导：章学诚与历史的伦理维度》,收录于《中国儒学》第4辑,艾文贺著,北京：商务印书馆,2009年。

《社会、经济领域中选择性的儒家价值与社群关系网络》,收录于《中国儒学》第4辑,田浩著,北京：商务印书馆,2009年。

《德性与知识》,德恩斯特·卡西尔著,《世界哲学》2012 年第 4 期。

《哲学的权威——对郭沂〈道哲学要义〉的批判性讨论》,收录于《知识与伦理的形而上学基础》,蒂尔曼·波舍著,合肥:安徽人民出版社,2014 年。

《让含蓄的东西明确——对郭沂东西哲学讨论中某些比较断言的一种分析》,收录于《知识与伦理的形而上学基础》,拉夫尔·韦伯著,合肥:安徽人民出版社,2014 年。

(4) 教材

《〈中国哲学史〉学习辅导与习题集》,济南:齐鲁书社,2007 年。

赵金刚副教授:

(1) 主要著作

《朱熹的历史观——天理视域下的历史世界》,北京:生活·读书·新知三联书店,2018 年。

《从历史世界到思想世界》,北京:清华大学出版社,2023 年。

(2) 主要论文

《从"有贬无褒"到"〈春秋〉尊王"——孙复〈春秋尊王发微〉的思想与注释手法》,《哲学门》2013 年第 1 期。

《朱子〈大学章句序〉的历史哲学分析》,《朱子文化》2013 年第 5 期。

《动静生生与"理生气"》,《中国哲学史》2014 年第 1 期。

《朱子论大德必受命》,《哲学门》2014 年第 2 期。

《"明器"可能的义理诠释》,《平顶山学院学报》2015 年第 3 期。

《朱子论"命"》,《中国哲学史》2015 年第 3 期。

《走向世界与未来的朱子学》,《中国哲学年鉴(2015)》,哲学研究杂志社 2016 年 1 月。

《朱子的正统论》,《福建论坛》2016 年第 2 期。

《朱子论气运之不齐》,《历史文献研究》总第 36 辑,2016 年 2 月。

《主宰谓之帝》,《哲学动态》2016 年第 3 期。

《从历史观出发看朱子的理一分殊问题》,《江苏社会科学》2016 年第 4 期。

《常道与变易的困境——朱熹论"汤武革命"》,《河北学刊》2016 年第 4 期。

《朱子思想中的"鬼神"与"祭祀"》,《世界宗教研究》2017 年第 6 期。

《朱子思想中的"理气强弱"》,《中山大学学报(社会科学版)》2017年第6期。

《朱熹历史观中的"理势"问题》,《哲学研究》2017年第10期。

《朱子论"二气之良能"》,《中州学刊》2017年第11期。

《唐文治对王阳明"良知"的阐释》,《中国文化研究》2018年第1期。

《中国哲学史研究的深化与开拓》,《中国哲学史》2018年第1期。

《朱子的本朝史观》,《首都师范大学学报(人文社会科学版)》2018年第1期。

《儒家伦理与社会儒学——儒学义理与中国社会的互动》,《道德与文明》2018年第10期。

《从"心之官则思"看孟子"心"论——基于〈孟子·钧是人也章〉的扩展性研究》,《广西大学学报(哲学社会科学版)》2023年第1期。

《实理与体用:朱子体用观再思》,《北京大学学报(哲学社会科学版)》2023年第3期。

《作为工夫论的朱子学与阳明学的兴起》,《江海学刊》2023年第9期。

《列文森的"剃刀"——传统文化与普遍性》,《开放时代》2023年第9期。

《恻隐与亲亲——仁孝何以一本?》,《中山大学学报(哲学社会科学版)》2023年第9期。

《杞柳与骈拇——人性的真与善》,《华南师范大学学报(哲学社会科学版)》2023年第10期。

《理同道合——从中华文明的哲理理解中华文明的包容性与文明互鉴》,《中国哲学史》2023年第11期。

《感召和气与致中和——朱子思想中心与气的政治哲学向度》,《孔学堂》2024年第1期。

《气化的世界与中国古典宇宙图景》,《中原文化研究》2024年第2期。

《朱子思想中道德与刑罚的关系》,《东南学术》2024年第5期。

袁艾助理教授:

主要论文

《论庄子之"安之若命"》,《武汉大学学报》2015年第6期。

On Acceptance, *Soochow Journal of Philosophical Studies*, Vol. 33, 2016: 97-121.

Zhuangzi wenben zhong de an 庄子文本中的"安"(The idea of contentment in the *Zhuangzi*) in *Zhiqi yangshen zhi shu—zhongguo zaoqi xiushen fangfa* 治气养心之术——中国早期修身方法 (The method of regulating the vital energy and nourishing the mind—Ways of self-cultivation in early China). Paul Fischer and Lin Zhipeng, eds. 2017: 233-243.

If Moral Experts, What Do They Tell Others? Answers for Dilemmas from Early Chinese Expertise Zhuangzi and Confucius, in *Moral Expertise: New Essays from Theoretical and Clinical Perspectives*, edited by Jamie Carlin Watson and Laura Guidry-Grimes, 2018: 143-156.

Courage and Well-Being in the *Zhuangzi*, in a special issue: *Cross-cultural Studies in Well-Being*, a special journal issue in *Science, Religion & Culture*, guest edited by Owen Flanagan and Wenqing Zhao, Vol. 6, No. 1, 2019: 85-95.

Timeliness in the *Huainanzi*, accepted for publication in Livia Kohn and Robin Wang eds., *Dao and Time*. Leiden, Brill, 2021.

Ai Yuan and Bisheng Chen eds., "Introduction: Towards a Communicative Encounter-Traditional Chinese Philosophy in Contemporary Discourses." *Asian Studies* 2024, 12(1), 7-17.

"Toleration and Justice in the Laozi: Engaging with Tao Jiang's Origins of Moral-Political Philosophy in Early China", *Philosophy East and West* 2023, 73 (2): 466-475.

"Rhetorical Questions in the Daodejing: Argument Construction, Dialogical Insertion, and Sentimental Expression", in *Global Laozegetics: Engaging the Multiplicity of Laozi Interpretations and Translations*, a special issue in *Religions*, guested edited by Mish Tadd, 2022, 13, 252.

《道德經反問句初探》in Wang Zhongjiang 王中江 eds., *Laozi xue jikan* 《老子學集刊》, series 8, Beijing: Zhongguo shehui kexue chubanshe, 2023.

"The Performance of Silence in Early China: The *Yanzi chunqiu* and Beyond", *Early China* 44, 2021: 321-250.

《跨文化视野下"沉默"在早期中国的开展与践行——从〈晏子春秋〉谈起》in *Chuanshan xuekan* 船山学刊,2022(5):18.3.

《全球视野:朱子「经典诠释」及「虚词增删」——〈经学与实理:朱子四书学研究〉读后》,A Cross-Cultural Perspective: Zhu Xi's Interpretations of Classics and Use of Function Words-A Review of Xu Jiaxing's Confucian Classics and Universal Principles: A Study of Zhu Xi's Commentaries on the Four Books. *Ehu yuekan* 2022,(562):56-60.

"Laughter in Early China, The Zhuangzi and Beyond", *Bulletin of the School of Oriental and African Studies* 84(2),2021:321-340. (ACHI)

"Timeliness in the Huainanzi", in *Dao and Time-Classical Philosophy*, edited by Livia Kohn, Saint Petersburg: Three Pines Press,2021:177-193.

"Courage and Well-Being in the Zhuangzi", in Cross-cultural Studies in Well-Being, a special journal issue in *Science, Religion & Culture*, guest edited by Owen Flanagan and Wenqing Zhao,2019,6(1):85-95.

"If Moral Experts, What Do They Tell Others? Answers for Dilemmas from Early Chinese Expertise Zhuangzi and Confucius", in Moral Expertise: New Essays from Theoretical and Clinical Perspectives, edited by Jamie Carlin Watson and Laura Guidry-Grimes,2018:143-156.

Fenrong Liu, Jeremy Seligman and Ai Yuan, "Introduction to Pre-Qin Logic", *Pre-Qin Logic: Beyond Mohism*, co-edited with Fenrong Liu and Jeremy Seligman, (*forthcoming* 2024) (Contract signed).

"Silence in the Daodejing", *Dao Companion to the Philosophy of the Daodejing*, co-edited with Liu Xiaogan. (Springer, *forthcoming* 2024) (Peer-reviewed, contract signed).

Ai Yuan and Xiaogan Liu, "Introduction: Critical Reflections on the Laozi Studies", *Dao Companion to the Philosophy of the Daodejing*, co-edited with Liu Xiaogan. (Springer, forthcoming 2024) (Peer-reviewed, contract signed).

3. 外国哲学

清华哲学系外国哲学学科近年来取得了很大的发展,其中最大的一个特点就是半数以上的教师都是新近引进的。在当前的外国哲学学术资源的配置下,该学科的研究领域和师资结构非常合理,在纵向的哲学史研究和横向的哲学理论研究(包括以特定哲学专题、哲学家个人或哲学流派为对象)方面都有很强的教学实力和研究实力。特别是就哲学历史时期而言,覆盖了古希腊、中世纪、近代和现当代几个西方哲学史的核心阶段。秉持清华哲学系一贯的"小而精"的特色,清华的外国哲学学科虽然教师数量相对于某些其他学校的哲学专业而言较少,但所有教师都具备受到国际学术界承认的实力,其科研和教学皆属于中国同类的外国哲学学科中的一流水平。同时,为发扬金岳霖等清华哲学系先辈所倡导的理论哲学与逻辑学并重的传统,外国哲学学科一直不断地与逻辑学等学科开展广泛而密切的合作。此外,新近在中国学术界成立的德国哲学专业委员会,其主任(黄裕生)与秘书长(范大邯)皆为本学科专业教师。分析哲学方向引进两名国内顶尖学者,立刻异军突起。

在清华哲学系开设课程并参加相关学术活动的奥特弗利德·赫费(Otfried Hoeffe)已受聘为"清华大学名誉教授"。赫费教授在海德堡科学院、德国国家科学院、伊朗德黑兰科学院等多国的八个科学院担任院士或荣誉院士。其为德国在世哲学家中最有影响力的三到四人之一,是公认的有世界声誉的德国哲学家。他也是当代德国的康德研究和亚里士多德研究的最重要的代表人物,被誉为"当代集亚里士多德和康德之大成者"。在清华哲学系作为访问教授的习腾思(Thomas Sheehan),是美国斯坦福大学宗教研究系教授、哲学系兼任教授,主攻当代欧洲哲学及其与宗教的关系,是当代西方最负盛名的海德格尔专家之一、英语世界海德格尔研究第二代中的代表性人物。

清华哲学系外国哲学学科相关学者的学术成果主要如下。

黄裕生教授:

(1) 主要著作

《时间与永恒:论海德格尔哲学中的时间问题》,北京:社会科学文献出版社,1997年第一版,2002年第二版;南京:江苏人民出版社,2012年增订版。

《真理与自由——康德哲学的存在论阐释》,南京:江苏人民出版社,2002年第一版,2008第二版。

《宗教与哲学的相遇——奥古斯丁与托马斯·阿奎那的基督教哲学研究》,南京:江苏人民出版社,2008年第一版,2018年第二版。

《站在未来的立场上》,北京:生活·读书·新知三联书店,2014 年。

《摆渡在有-无之间的哲学——第一哲学问题研究》,北京:清华大学出版社,2019 年。

《权利的形而上学》,北京:商务印书馆,2019 年。

(2) 主要论文

《真理的本质与本质的真理——论海德格尔的真理观》,《中国社会科学》1999 年第 2 期。

《亚里士多德的本体学说及其真理观》,《哲学门》2000 年第 2 期。

《学术与语言》,《哲学研究》2000 年第 7 期。

《犹太哲学:一种命定的宗教哲学》,《哲学动态》2001 年第 2 期。

《科学的限度与人文-信仰的空间》,《浙江学刊》2002 年第 3 期。

《普遍伦理学的出发点:自由个体还是关系角色?》,《中国哲学史》2003 年第 3 期。

《原罪与自由意志——论奥古斯丁的罪责伦理学》,《浙江学刊》2003 年第 2 期。

《本相与角色的存在论区分》,《复旦哲学评论》2004 年第 1 期。

《什么是哲学与为什么要研究哲学史?——兼谈中国哲学的合法性》,《中国哲学史》2004 年第 3 期。

《康德对感性论的变革——一种存在论阐释的尝试》,《哲学研究》2004 年第 8 期。

《基督教信仰的内在原则》,《浙江学刊》2006 年第 1 期。

The Starting point of universal ethics: free individual or relational character, *Contemporary Chinese thought*, 2007.

《论爱与自由——兼论基督教的普遍之爱》,《浙江学刊》2007 年第 4 期。

《康德论证自由的"知识论进路"》,《江苏社会科学》2009 年第 6 期。

《质料何以是先验的?——论马克斯·舍勒的"质料的价值伦理学"基础》,《南京大学学报》2012 年第 4 期。

《社会契约的公式与主权的限度——论卢梭的主权理论》,《浙江学刊》2012 年第 6 期。

《论国家与宗教》,《宗教与哲学》2014 年第 3 辑。

《论主权在民原则下的民族共治原则》,《中央民族大学学报》2014年第3期。

《论卢梭的"自然状态"及其向社会过渡的环节》,《浙江学刊》2014年第4期。

《论保守主义的原则及其理论难题——兼论国家与道德》,《人民论坛·学术前沿》2014年第8期,总第55期。

《一种"情感伦理学"是否可能?——论马克斯·舍勒的"情感伦理学"》,《云南大学学报》2015年第6期。

《论华夏文化的本原性及其普遍主义精神》,《探索与争鸣》2016年第1期。

《论自由与伦理价值》,《清华大学学报》2016年第3期。

《论自由与现代社会的基本原则》,《求是学刊》2016年第5期。

《"美德伦理学"与古代社会的基本原则》,《江苏行政学院学报》2017年第2期。

《理性的"理论活动"高于"实践活动"——论亚里士多德伦理学的"幸福观"》,《云南大学学报》2017年第5期。

《论"美德伦理学"的"知识"基础——兼论科学思维的真正确立》,《学海》2017年第5期。

《论亚里士多德的"自愿理论"及其困境——康德哲学视野下的一个审视》,《浙江学刊》2017年第6期。

《哲学在今天需要面对什么问题和哪些经典》,《探索与争鸣》2017年第11期。

《论意志与法则——卢梭与康德在道德领域的突破》,《哲学研究》2018年第8期。

《德国哲学论证自由的三个向度——论德国哲学在论证自由问题上的贡献》,《陕西师范大学学报》2020年第1期。

《现代国家观与现代人的国家认同》,《探索与争鸣》2020年第5期。

《大变局中的国族认同——历史资源、现实问题与可能方案》,《探索与争鸣》2020年第5期。

《马丁·路德与近代启蒙哲学》,《湖北大学学报(哲学社会科学版)》2022年第5期。

《论自由、差异与人的社会性存在》,《中国社会科学》2022 年第 2 期。

《重提一个问题:哲学何以是"第一科学"?》,《浙江学刊》2023 年第 9 期。

《现代国家的双重身份与未来可能的世界体系的建构原则——一个纯理论的分析与猜想》,《清华大学学报(哲学社会科学版)》2023 年第 1 期。

宋继杰教授:

(1) 主要著作

《海德格尔与存在论历史的解构》,南京:江苏人民出版社,2008 年。

《逻各斯的技术——古希腊思想的语言哲学透视》,北京:清华大学出版社,2013 年。

(2) 主要论文

《逻各斯的技艺?——柏拉图〈伊翁篇〉对希腊语言艺术的批判》,收录于《清华哲学年鉴 2004》,保定:河北大学出版社,2006 年。

《Being 的问题:海德格尔、卡恩与语言学相对主义者》,收录于《新哲学》第五辑,郑州:大象出版社,2006 年。

《海德格尔论亚里士多德的时间观》,《世界哲学》2006 年第 6 期。

《哲学作为一种化解哲学史的活动》,收录于《哲学门》总第十三辑,北京:北京大学出版社,2006 年。

《柏拉图论必然性》,收录于《多元 2006》,北京:首都师范大学出版社,2006 年。

《康德的存在论题、知觉现象学与存在论差异》,收录于《清华哲学年鉴 2005》,北京:当代中国出版社,2007 年。

《海德格尔、舍勒与康德的道德情感理论》,收录于《清华哲学年鉴 2006》,北京:当代中国出版社,2008 年。

《本质、实存与制作——海德格尔对源于古希腊的中世纪存在论题的现象学解释》,收录于《哲学门》总第十六辑,北京:北京大学出版社,2008 年。

《高尔吉亚、修辞术的语言观与现代意义理论》,收录于《清华哲学年鉴 2008》,北京:当代中国出版社,2009 年。

《知识与信念谁更有政治—道德力量——析柏拉图〈高尔吉亚篇〉对修辞术的批判》,《南京大学学报》2010 年第 6 期。

《海德格尔的现象学观念——〈存在与时间〉导论的再审察》,《江苏社会科学》2011 年第 1 期。

《实在论、观念论与语义学：现代英美巴门尼德解释的三条进路》，《世界哲学》2011 年第 2 期。

《"理念"之为"aitiai"：〈斐多篇〉95C-107B》，《云南大学学报》2011 年第 3 期。

《自由的语言分析》，《文景》2011 年 3 月总第 73 期。

《关于 Being 问题的几点思考》，《云南大学学报》2012 年第 2 期。

《柏拉图〈斐多篇〉中的跟有与跟名》，《世界哲学》2012 年第 6 期。

《柏拉图〈克拉底鲁篇〉中的人为—自然之辩》，《世界哲学》2014 年第 6 期。

《命名作为一种技术——柏拉图名称理论的形而上学维度》，《哲学研究》2014 年第 12 期。

《陈康与柏拉图的知识论》，《哲学动态》2015 年第 9 期。

《海伦是祸水吗——高尔吉亚〈海伦颂〉中的修辞术与伦理学》，《道德与文明》2016 年第 1 期。

《柏拉图思想中的"秘所思""逻各斯"与神学——以〈蒂迈欧篇〉为中心》，《清华大学学报》2016 年第 2 期。

《"eidos"语义考——以前柏拉图文献和柏拉图早期对话为中心》，《哲学动态》2016 年第 2 期。

《柏拉图伦理学的宇宙论基础：从〈理想国〉到〈蒂迈欧篇〉》，《道德与文明》2016 年第 6 期。

《自由哲学的路标——叶秀山先生的学思历程初探》，《哲学动态》2019 年第 7 期。

（3）主要译著

《追寻美德》，麦金太尔著，南京：译林出版社，2003 年第一版，2007 年第二版，2012 年第三版。

（4）主要编著

《BEING 与西方哲学传统》（上、下卷），保定：河北大学出版社，2002 年。

《唐力权哲学著作集》（5 卷）（主编），香港：场有哲学研究院，2015 年。

《唐力权全集》（7 卷）（主编），北京：中国社会科学出版社，2016 年。

《柏拉图〈蒂迈欧篇〉》，昆明：云南出版集团 & 果麦文化，2023 年。

《古典思想：牛津西方哲学史》第1卷，北京：中信出版社，2023年。

唐浩教授：

主要论文

Transcendental Idealism in Wittgenstein's *Tractatus*, *Philosophical Quarterly*, Vol. 61, Issue 244, pp. 598-607, 2011.

Review of *Wittgenstein's Early Philosophy* (edited by José Zalabardo, Oxford, 2012), *Notre Dame Philosophical Reviews* (22.04.2013).

"It is not a *something*, but not a *nothing* either!"-McDowell on Wittgenstein, *Synthese*, Vol. 191, Issue 3, pp. 557-567, 2014.

Wittgenstein and the Dualism of the Inner and the Outer, *Synthese*, Vol. 191, Issue 14, pp. 3173-3194, 2014.

A Meeting of the Conceptual and the Natural: Wittgenstein on Learning a Sensation-Language, *Philosophy and Phenomenological Research*, Vol. 91, Issue 1, pp. 105-135, 2015.

《麦克道尔哲学访谈录》（通讯作者），《现代哲学》2014年第134期。

《维特根斯坦〈逻辑哲学论〉中的超越唯心论》，收录于《清华西方哲学研究》2016年夏季卷，北京：中国社会科学出版社，2016年。

《评陈嘉映论早期维特根斯坦》，收录于《清华西方哲学研究》2016年夏季卷，北京：中国社会科学出版社，2016年。

《对陈嘉映回应的回应》，收录于《清华西方哲学研究》2016年夏季卷，北京：中国社会科学出版社，2016年。

《身体性自我知识初探》，《哲学动态》2017年第4期。

Bodily Self-Knowledge as a Special Form of Perception（身体性自我知识：一种特殊形式的感知性知识），Disputatio. Philosophical Research Bulletin, Vol. 11, No. 20, pp. 71-99, 2022.

蒋运鹏教授：

（1）主要著作

Die Konstitution eines Weltbildes-Eine Neubewertung von Carnaps Konstitutionsprojekt（《世界图景的构造——卡尔纳普构造体系的重新评估》），München: Akademischer Verlag, 2014.

Vom Phänomenalen Zum Gedanklichen/Studien Zu David Humes Semantik,

Begriffslehre und Metaphysik(《从现象到思维：休谟语义学、概念理论及形而上学研究》),Brill,2020.

（2）主要论文

Book review of Humes Moralphilosophie unter chinesischem Einfluss(《评〈休谟的道德理论与中国传统哲学〉》),by May Reinhard,Stuttgart,Franz Steiner Verlag,2012,in：*Philosophy East and West*,2014.

Humes Skeptizismus nachgedacht(《重审休谟的怀疑论》),Bickmann (ed.)：*Die Grenzen des Wissens*,Traugott Bautz Nordhausen,2014.

War Carnap ein Phenomenalist?（《卡尔纳普是现象主义者吗?》),*Conceptus*,2014（2）.

The Semantic Dimension of Newtonian Power(《牛顿力学概念的语义层面》),*Journal of Scottish Philosophy*,2015.

Idee als Bedeutung?（《观念作为意义?》),*Zeitschrift für Philosophische Forschung*,2015(3).

Hume on the Meaning of"Power"（《休谟论"力"的意义》),*Journal of Scottish Philosophy*,2015（3）.

《奎因的本体论标准》(Quine's Ontological Criterion),《哲学动态》2007年第9期。

《弗雷格的"真"》(Frege on Truth),《哲学门》2010年第2期。

《分析哲学——概论与重点》(Analytic Philosophy-An Overview with Emphasis on Several Main Topics),《哲学门》2011年第2期。

《对〈世界的逻辑构造〉的重新评估》(Carnap's Aufbau reconsidered),《外国哲学》,2014年第28辑。

Against Hirsch's Metaontological Deflationism,SyntheseI,2021.

Truthmaking cannot be done afar,Synthese,2023.

（3）主要译著

《"我"之观念——笛卡尔哲学研究》,凯莫林著,上海：华东师范大学出版社,2015年。

范大邯副教授：

（1）主要著作

Die Problematik der Interesselosigkeit bei Kant：Eine Studie zur *Kritik der*

Ästhetischen Urteilskraft, *Kant-Studien Ergänzungsheft*, De Gruyter, 2018. (《康德的〈审美判断力批判〉中的无关切问题》,载《康德研究增刊》,德古意特出版社,2018 年。)

Die Problematik der Interesselosigkeit bei Kant: Eine Studie zur Kritik der ästhetischen Urteilskraft(《康德哲学中的无关切问题:〈审美判断力批判〉研究》),De Gruyter,2018.

(2) 主要论文

Kant über Freundschaft und Umgangstugenden: Beschluss der Elementarlehre (§§46-48), in Otfried Höffe(hrsg.): *Kant: Tugendlehre* (Klassiker Auslegen, Band 58), De Gruyter, 2019. (《康德论友谊和交往美德》,收录于经典阐释系列《康德的德性论》,主编 Otfried Höffe,德古意特出版社,2019 年。)

《实践理性相对于审美判断力的优先性?——关于康德的审美自律学说的再思考》,收录于《清华西方哲学研究》第 4 卷第 1 期,2018 年。

《实践理性相对于审美判断力的优先性?——关于康德的审美自律学说的再思考》,《清华西方哲学研究》2018 年。

《自然与自由之间的鸿沟与过渡——重审〈判断力批判〉导论的基本问题》,《学术月刊》2024 年第 8 期。

HAHMANN(哈曼)副教授:

(1) 主要著作

Aristoteles' Nikomachische Ethik: Ein systematischer Kommentar, Stuttgart: Reclam, 2022.

Kant and Eighteenth-Century German Philosophy: Contexts, Influences and Controversies, Andree Hahmann ed., DE GRUYTER, 2023.

Konsequente Denkungsart: Studien zu einer philosophischen Tugend, Andree Hahmann ed., Felix Meiner Verlag, 2024.

(2) 主要论文

Cicero on Natural and Artificial Divination, 2024, Ancient Philosophy 44 (1), 225-246.

Philosophie. Thomas Hitz (Hg): Theorie und Praxis in der Philosophie der Antike. Demokrit. die Sokratiker, Platon und Aristoteles, 2024, Gottingische Gelehrte Anzeigen.

Hegel's Return to Leibniz? The Fate of Rationalist Ontology after Kant, 2024, Idealistic Studies.

Deutungsfreie Wahrsagung in Ciceros "De divinatione"? Zeichen und Deutung in natürlicher und künstlicher Wahrsagung, 2024, Historische Zeitschrift.

Can Historical Work be Systematic? Some Remarks on the Distinction between History of Philosophy and Systematic Philosophy, 2024, Journal of Human Cognition.

《席勒的历史哲学》(Schiller's Philosophy of History), 李岩响译,《清华西方哲学研究》2024年。

Schmid über die Grundkräfte der Seele, 2024, Carl Christian Erhard Schmid (1761—1812), Spätaufklärung im Spannungsfeld zwischen Leibniz und Kant.

Wie kann philosophische Konsequenz rassistische Urteile hervorbringen? Kants Universalismus auf dem Prüfstand, 2024, Konsequente Denkungsart: Studien zu einer philosophischen Tugend, Felix Meiner Verlag, 2024.

The Debate on the Fundamental Powers of the Soul: Crusius, Planer, Kant, and Schmid, 2023, Kant and 18th Century German Philosophy: Contexts, Influences and Controversies.

Kants Konzeption des höchsten Gutes, 2023, Philosophisches Jahrbuch.

Zivilgesellschaft im Umbruch, 2023, Philosophische Rundschau.

Kants Fortschritte im Himmel, 2023, Allgemeine Zeitschrift für Philosophie.

Das stoische Verständnis der Wahrsagung bei Cicero, 2023, Prophetie und Parusie in der griechisch-römischen Antike.

Schiller's Philosophy of History, 2023, The Palgrave Handbook on the Philosophy of Friedrich Schiller.

Kant's Progress in Heaven, 2023, ALLGEMEINE ZEITSCHRIFT FUR PHILOSOPHIE.

Kant's Conception of highest Good, 2023, PHILOSOPHISCHES JAHRBUCH.

The undivided Self. Aristotle and the Mind-Body-Problem, 2023, Gnomon.

Racism in Classical German Philosophy? 2022, DEUTSCHE ZEITSCHRIFT FUR PHILOSOPHIE.

Ciceronian Officium and Kantian Duty, cooperation with Michael Vazquez,

2022, The Review of Metaphysics.

Rassismus in der Klassischen Deutschen Philosophie, 2022, Deutsche Zeitschrift für Philosophie. *Epicurus' Non-Propositional Theory of Truth*, cooperation with Maximillian Robitzsch, 2022, Mnemosyne.

Kein Freund von Epikur? Reimarus über spontane Erzeugung und natürliche Teleologie, 2021, der Reihe: Werkprofile. Philosophen und Literaten des 17. und 18. Jahrhunderts, ed. by Dieter Hüning, Stefan Klingner, Berlin, Boston: De Gruyter2021.

张伟特副教授：

（1）主要著作

Descartes' Doctrine of Clear and Distinct Perception: A Systematic Clarification（《笛卡尔的清楚分明感知学说：对笛卡尔哲学认识论的系统澄清》），Aachen: Shaker Verlag, 2016.

（2）主要论文

《笛卡尔〈第三沉思〉的形而上怀疑的对象》，《清华西方哲学研究》2015年。

Descartes' Metaphysical Doubts about Clear and Distinct Perception, Frontiers of Philosophy in China, 2017, 12.

《笛卡尔的真理理论：一种间接要求融贯性的符合论》，《哲学研究》2018年第5期。

《笛卡尔与人工智能：我思故我在作为智能测试标准》，《科学·经济·社会》2022年第3期。

《荀子哲学的元哲学标准分析：中国哲学转型的元-薄现代化路径》，《江淮论坛》2024年2期。

《笛卡尔的清楚分明性知识标准：一个隐藏的数学化认识论的模型》，《清华西方哲学研究》2024年。

4. 伦理学

清华哲学系伦理学学科最早可溯源至20世纪20年代。1926年，清华哲学系建立之后，不在哲学系任教的年轻教授吴宓先生曾指导比他更年轻的学者翻译《尼各马可伦理学》，为学术界贡献了民国时期第一个《尼各马可伦理学》的中译本。而先后在本系任教的著名学者如金岳霖、冯友兰、张申府、林宰平、贺麟、张岱年、周辅成等先辈,都非常重视伦理学研究,并为伦理学学术发展做出了贡献。

缘于万俊人教授从北京大学来到清华大学,清华哲学系伦理学学科的正式建立与清华哲学系的复建和随后的发展可谓同时、同向而又同步。清华哲学系伦理学学术研究目前以万俊人和唐文明为中坚。从复系以来,伦理学不仅一直是哲学系教学上的优势学科,而且也一直是哲学系学术上的主要学科,例如,与其他学科相比较,伦理学是最先获得专业硕士点和博士点的学科,并且还是最早跻身于全国哲学学科最前列的学科。现如今,伦理学学科的特点是:第一,虽然规模较小,但形成了良好的学术梯队。第二,研究方向布局合理,重点突出。万俊人教授主要从事西方伦理学和政治哲学领域的研究,唐文明教授主要从事中国伦理学和比较伦理学领域的研究。第三,学术成绩斐然,近年来发表论文多篇,出版著作多部,并主持省级、国家级项目多个。例如,2008年,万俊人主持的"《伦理学》教材编写"获得国家社会科学基金重大项目立项。第四,成员具有很高的学术声誉和广泛的学术影响力。万俊人教授是中国伦理学学科的一大代表,数次当选为中国伦理学会会长,兼任多所大学教授;唐文明教授是全国伦理学界非常知名的中生代学者。

清华哲学系伦理学学科相关学者的学术成果主要如下。

万俊人教授:

(1) 主要著作

《萨特伦理思想研究》,北京:北京大学出版社,1988年。

《现代西方伦理学史》(上卷),北京:北京大学出版社,1990年。

《现代西方伦理学史》(下卷),北京:北京大学出版社,1992年。

《伦理学新论——走向现代伦理》,北京:中国青年出版社,1994年。

《于无深处:重读萨特》,成都:四川人民出版社,1996年。

《我们都住在神的近处》,沈阳:辽宁人民出版社,1998年。

《比照与透析:中西伦理学的现代视野》,广州:广东人民出版社,1998年。

《弗罗姆》,香港:中华书局,2000年。

《道德之维:现代经济伦理导论》,广州:广东人民出版社,2000年。

《思想前沿与文化后方》,北京:东方出版社,2002年。

《现代性的伦理话语》,哈尔滨:黑龙江人民出版社,2002年。
《义利之间:现代经济伦理十一讲》,北京:团结出版社,2003年。
《现代公共管理伦理导论》,北京:人民出版社,2005年。
《正义为何如此脆弱:悠斋书评及其他》,保定:河北大学出版社,2005年。
《正义二十讲》(大家西学),天津:天津人民出版社,2008年。
《正义为何如此脆弱:悠斋静思下的哲学回眸》,北京:经济科学出版社,2012年。
《政治与美德:悠斋书序及其他》,北京:北京师范大学出版社,2017年。
《万俊人集》,长沙:岳麓书社出版社,2021年。
《现代西方伦理学史(上、下卷,修订版)》,北京:社会科学文献出版社,2023年。

(2) 主要论文

中、英文学术论文共计200余篇,其他文章50多篇。

《平等如何可能——辛迪〈有限与超越:人的二重限制及其平等〉序》,《伦理学研究》2020年第8期。
《我们时代的道德问题》,《哲学评论》2020年第11期。
《瘆病的现代性隐喻——董玲〈消费的道德风险及其防控〉序》,《道德与文明》2020年第3期。
《现代性的多元镜鉴》,《中国社会科学》2022年第7期。
《所谓政治哲学》,《中国社会科学评价》2022年第12期。
《论公民美德问题之难——兼序吴俊〈政治伦理视域中的公民美德教育研究〉》,《伦理学研究》2023年第1期。
《大学的理念与理想的大学——以现代综合-研究型大学为例》,《清华大学教育研究》2023年第2期。

(3) 主要译著

《自为的人》,弗罗姆著,北京:国际文化出版公司,1988年。
《道德语言》,黑尔著,北京:商务印书馆,1999年。
《冷却的太阳:一种存在主义伦理学》,巴恩斯著,北京:中央编译出版社,1999年。

《三种对立的道德探究观》,麦金太尔著,北京:中国社会科学出版社,2004年。

《政治自由主义:批评与辩护》,罗尔斯著,南京:译林出版社,2011年。

《自由主义与正义的局限》,桑德尔著,南京:译林出版社,2011年。

《主体性的黄昏》,多迈尔著,桂林:广西师范大学出版社,2013年。

《苏联的马克思主义:一种批判的分析》,马尔库塞著,北京:中国人民大学出版社,2016年。

《20世纪西方伦理学经典》,与唐文明合译,北京:北京师范大学出版社,2021年。

(4)编辑文集

《宗教与道德之关系》,北京:清华大学出版社,2003年。

《20世纪西方伦理学经典I(伦理学基础:原理与论理)》,北京:中国人民大学出版社,2004年。

《20世纪西方伦理学经典II(伦理学主题:价值与人生)》,北京:中国人民大学出版社,2004年。

《20世纪西方伦理学经典III(伦理学限阀:道德与宗教)》,北京:中国人民大学出版社,2004年。

《20世纪西方伦理学经典IV(伦理学前沿:道德与社会)》,北京:中国人民大学出版社,2005年。

《詹姆斯集》,上海:上海远东出版中心,2004年。

《罗尔斯读本》,北京:中央编译出版社,2006年。

《詹姆斯文选》,北京:社会科学文献出版社,2007年。

《清华哲学年鉴2000》《清华哲学年鉴2001》《清华哲学年鉴2002》《清华哲学年鉴2003》《清华哲学年鉴2004》,保定:河北大学出版社,2001—2006年。

《清华哲学年鉴2005》《清华哲学年鉴2006》《清华哲学年鉴2007》《清华哲学年鉴2008》,北京:当代中国出版社,2007—2009年。

《政治哲学的视野》,郑州:郑州大学出版社,2008年。

唐文明教授:

(1)主要著作

《与命与仁:原始儒家伦理精神与现代性问题》,保定:河北大学出版社,2002年。

《近忧：文化政治与中国的未来》,上海：华东师范大学出版社,2010年。

《隐秘的颠覆：牟宗三、康德与原始儒家》,北京：生活·读书·新知三联书店,2012年。

《敷教在宽：康有为孔教思想申论》,北京：中国人民大学出版社,2012年。

《彝伦攸斁：中西古今张力中的儒家思想》,北京：中国社会科学出版社,2019年。

《不绝若线：中国现代思想史检论》,北京：商务印书馆,2019年。

Secret Subversion I&II: Mou Zongsan, Kant, and Early Confucianism, Routledge, 2020.

《极高明与道中庸：补正沃格林对中国文明的秩序哲学分析》,北京：生活·读书·新知三联书店,2023年。

(2) 主要论文

《论道德运气》,《北京大学学报》2010年第3期。

《朱子〈孝经刊误〉析论》,《云南大学学报》2014年第2期。

《朱子〈仁说〉中的义理与工夫》,《北京大学学报》2017年第3期。

《朱子论天地与生物为心》,《清华大学学报》2019年第1期。

《论公共儒学》,收录于《公共儒学》(第一辑),上海：上海人民出版社,2019年。

《仁感与孝应》,《哲学动态》2020年第3期。

《气化、形化与德化——周敦颐太极图再论》,《清华大学学报》(哲学社会科学版)2020年第7期。

《美德伦理学、儒家传统与现代社会的普遍困境——以陈来"儒学美德论"为中心的讨论》,《文史哲》2020年第9期。

《沃格林的秩序哲学与古典文明研》,《道德与文明》2022年第9期。

《中国哲学研究中的真理与方法问题》,《哲学动态》2022年第10期。

《定位与反思——再论张祥龙的现象学儒学》,《中国现象学与哲学评论》2023年第12期。

《论孔子律法——以〈孝经〉五刑章为中心的讨论》,《孔子研究》2024

年第 3 期。

5. 逻辑学

作为一门学科,逻辑学已经有两千多年的历史了。一般认为,逻辑学在世界范围内有三大传统:中国、印度和古希腊。作为主要研究人类的思维形式及其规律的逻辑学,由于数学、计算机科学等领域的大力发展而成为现当代人类的学术前沿甚至"制高点",亦即可以说,逻辑学的发展历史是一部与其他学科(哲学、数学、计算机科学、语言学、认知科学、信息科学)不断交叉的历史。这一历史也体现在世界各大学的学科发展现状上,世界上诸多著名大学纷纷建立起以逻辑学为核心的跨学科的研究机构或部门。

由金岳霖所创立起来的清华哲学系从创立伊始所日益凸显的"重分析、重逻辑"的学术取向,就是该系最鲜明的风范和最持久的特点,稍后常年担任该系主任的冯友兰更是一直强调和发扬这种风范和特点。清华哲学系为现当代中国哲学界乃至为世界哲学界培养了诸多哲学人才,而在这些人才当中,逻辑学人才最为突出。就逻辑学家而言,现当代中国逻辑学界,"半壁江山"或半数学者不是出自金岳霖的门下,就是属于金岳霖的学统。例如,王浩就是清华哲学系学生、金岳霖的弟子,后在哈佛大学师从蒯因,致力于逻辑学,之后任哈佛大学教授,成为 20 世纪最伟大的数理逻辑学家之一。

在清华哲学系复建不久,以 2002 年王路教授进入该系任教为标志,清华哲学系逻辑学学科得以正式重新确立并恢复发展。从那时起,清华哲学系一直把逻辑学学科作为主要学科和学术重点来加以推进,近些年来取得了非常可喜的成绩。现今,逻辑学学科主要研究人员有王路教授(已退休)、刘奋荣教授、范丙申教授和俞珺华副教授、石辰威副教授。尽管逻辑学学术研究人员数量偏少,但他们的研究水平在国内处于领先地位,英文学术著作在国际上有较强的影响力。

王路教授不仅在逻辑学领域而且在分析哲学领域、形而上学研究领域都有突出的贡献,得到了国内外学术界的广泛认可。这主要表现在:第一,在逻辑学领域,王路教授以亚里士多德的话明确提出,逻辑的观念是"必然地得出",它的现代表达是研究推理的有效性。依据这一观念,王路教授明确提出,归纳不是逻辑,辩证逻辑不是逻辑。他明确主张教授现代逻辑,取代传统逻辑,强调逻辑对哲学的必要性和重要性。王路教授的这种观点给中国逻辑学界带来了一定的影响。此外,王路教授对亚里士多德逻辑的研究,在中国逻辑史研究领域产生了深刻的影响。第二,在分析哲学领域,王路教授通过研究、编辑并翻译弗雷格的著作,出版了关于弗雷格思想的专著,对中国学术界关于弗雷格及其相关思想的研究作出重要贡献。在这一研究中,王路教授强调并揭示了现代逻辑对分析哲学的作用,研究和探讨了分析哲学的主要问题,特别是提出一种句子图式,使之成为研究分析哲学的一种辅助性工具,由此为中国逻辑学界理解分析哲学主要思想和主要问题提供了帮助。第三,在形而上学领域,王路教授明确提出,应该将西方哲学中的 being 理解并翻译为"是",而不是理解并翻译为"存在",并且应该将这样的理解和翻译贯彻始终;而且这不是一个简单的翻译问题,而是如何理解西方哲学的问题。王路教授在相关研究中还提出,应该将西方哲学中的 truth 主要翻译为"真",而不是"真理",应该主要在"是真的"(is true)意义上理解它,并且将这样的理解贯彻始终。不仅如此,还应该将"是"与"真"的理解结合起来。这里的实质是形而上学的问题,是先验的问题,与经验的研究根本不同。王路教授的这一观点在中国哲学学术界引起了广泛持久且不断深入的讨论和反响。

刘奋荣教授是清华哲学系逻辑学学科的后起之秀,也是中国新一代逻辑学者的代表人物之一。刘奋荣教授主要从事动态偏好逻辑研究、社会主体性研究、人工智能逻辑研究和中外逻辑史研究,她的这些研究在哲学逻辑研究领域居于重要的领先地位,被邀请担任该领域多个国际会议的程序委员,并担任多个国际著名杂志的主编、编委等。由于逻辑学跨学科的特点,一方面,以刘奋荣教授为负责人的逻辑学学术团队积极开展了与清华大学其他院系学科及学者的合作,这种合作表现在与科技哲学、科技政策、计算机科学、交叉信息科学、语言学和数学等多学科多专业,共同申请项目、组织会议,经常性讨论问题,合作指导学生等,已经取得了非常显著的成果,进而有力地提升了清华哲学系逻辑学学科在国内的地位,并对清华大学人文学科的复兴起到了重要的助推作用。另一方面,以刘奋荣教授为中方领导人的清华大学—阿姆斯特丹大学逻辑学联合研究中心的成立和运作,真正推进或加速了清华哲学系逻辑学学科走向世界、融入国际的步伐。近五年来,这一中心不仅真正做到了清华学者与国外学者之间连续不断的互访、讲学、授课，派出清华哲学系学生进行研修，而且确实实现了清华哲学系逻辑学学科及学术发展与国际逻辑学研究机构的直接联结和共同工作。例如，范丙申教授近些年来作为几种不同学术名誉的教授在清华多次进行教学和研究，刘奋荣教授自2013年起受聘为阿姆斯特丹大学访问教授，在五年里受资助每年去该大学访学一个月，指导研究生和合作研究。这一研究中心成立五年来，在科学研究、国际交流、人才培养、文化传承创新等领域都取得了重要的成绩。特别是在国际交流方面，该中心引进了一批国际著名的学者，他们来清华授课、开展合作，真正增强了清华哲学系逻辑学学科及学术在国际上的影响力。这些学者分别为：

范丙申（Johan van Benthem），美国艺术与科学院院士、国际哲学院士、欧洲科学院院士、荷兰皇家科学院院士、LORI主席、TARK委员、国际计算逻辑联合会副主席，是世界逻辑领域的权威人士。

司马亭（Martin Stokhof），阿姆斯特丹大学哲学系教授，世界知名的语言哲学家、逻辑学家、维特根斯坦专家，荷兰皇家科学院院士，欧洲科学基金人文科学常务委员会成员。

魏达格（Dag Westerståhl），瑞典斯德哥尔摩大学教授，瑞典皇家科学院院士，瑞典艺术与科学院委员，国际科学史和科学哲学学会逻辑学、方法论和哲学（IUHPS/DLMPS）委员会主席，瑞典逻辑学、方法论与科学哲学国家委员会主席。

谢立民（Jeremy Seligman），奥克兰大学副教授，清华大学伟伦特聘教授。他与国际著名逻辑学家Barwise（已故）合作，是信息流逻辑的创始人之一。担任 *Australasian Journal of Logic* 杂志主编，*Short Textbook in Logic* 执行主编。

以清华大学—阿姆斯特丹大学逻辑学联合研究中心为依托，清华哲学系逻辑学学术团队贯彻学贯中西、融汇古今的清华理念，致力于使更多的中国逻辑学学者走向世界。

清华哲学系逻辑学学科相关学者的学术成果主要如下。

刘奋荣教授：

（1）主要著作

Reasoning about Preference Dynamics, Springer-Verlag, 2011. Series:

Synthese Library, Vol. 354.

《动态偏好逻辑》,北京:科学出版社,2010 年。

《社会认知逻辑》,北京:清华大学出版社,2023 年。

(2) 主要论文

The Relational Probability Semantics for Belief Revision. *Social Sciences in China*, No. 3, 2003, Beijing [with Xiaowu Li].

Diversity of Agents in Games. *Phiosophia Scientiae*, 8(2), 2004 [with Johan van Benthem].

Dynamic Logic of Preference Upgrade. *Journal of Applied Non-Classical Logic*, Vol. 17, No. 2, pp. 157-182, 2007 [with Johan van Benthem].

Modelling Simultaneous Games in Dynamic Logic. *Synthese*, Vol. 165, No. 2, pp. 247-268, 2008 [with Johan van Benthem and Sujata Ghosh].

Diversity of Agents and their Interaction. *Journal of Logic, Language and Information*, Vol. 18, No. 1, pp. 23-53, 2009.

Preference Change: A Quantitative Approach. *Studies in Logic*, 2(3): 12-27, 2009.

A Brief History of Chinese Logic. *Journal of the Indian Council of Philosophical Research*, Vol 27, No. 1, pp. 101-126, 2010 [with Wujin Yang].

New Perspectives on Moist Logic. *Journal of Chinese Philosophy*, 37:4, pp. 605-621, 2010 [with Jialong Zhang].

Von Wright's "The Logic of Preference" Revisited. *Synthese*, Vol 175, No. 1, pp. 69-88, 2010.

A Two-Level Perspective on Preference. *Journal of Philosophical Logic*, 40(3): pp. 421-439, 2011.

Models of Reasoning in Ancient China. *Studies in Logic*, Special Issue on the History of Logic in China, 4(3): 57-81, 2011 [with Jeremy Seligman and Johan van Benthem].

Prioritized Imperatives and Conflicting Norms. in Berislav Zarnic etc. eds. *European Journal of Analytic Philosophy: Imperatives and Philosophy*, 7(2): 35-58, 2011 [with Fengkui Ju].

Reasoning about Agent Types and the hardest logic puzzle ever. *Minds and*

Machines, 23(1): 123-161, 2013 [with Yanjing Wang].

Deontic Logic and Changing Preference. *If CoLog Journal of Logics and their Applications*. Vol. 1, No. 2, pp. 1-46, 2014 [with Johan van Benthem].

Logical Dynamics of Belief Change in the Community. *Synthese*, Vol. 191, Issue 11, pp. 2403-2431, 2014 [with Jeremy Seligman and Patrick Girard].

Preference Dynamics in Games with Short Sight. *Applied Mathematics and Computation*, pp. 244, 493-501, 2014 [with Chanjuan Liu, Enqiang Zhu and Kaile Su].

Priority Structures in Deontic Logic. *Theoria*, 80 (2): 116-152, 2014 [with Johan van Benthem and Davide Grossi].

Where is Logic Going. *Studies in Logic*, Vol. 7, No. 1, pp. 84-99, 2014 [with Johan van Benthem].

A Logical Characterization of Extensive Games with Short Sight. *Theoretical Computer Science*, 612: 63-82, 2016 [with Chanjuan Liu, Kaile Su, and Enqiang Zhu].

A Dynamic-Logical Characterization of Solutions to Sight-limited Extensive Games. *Fundam. Inform.* 158(1-3): 149-169, 2018 [with Chanjuan Liu and Kaile Su].

Efficient Minimal Preference Change. *Journal of Logic and Computation*, 28(8): 1715-1733, 2018. first published online May 14, 2015. doi: 10.1093/logcom/exv027 [with Natasha Alechina and Brian Logan].

(3) 国际会议或文集中的论文

Diversity of Agents. In N. Alechina and T. Agotnes, eds, *Proceedings of the Workshop on Logics for Resource Bounded Agents*, ESSLLI, Malaga, 2006.

Preference Change and Information Processing. In *Proceedings 7th Conference on Logic and the Foundations of Game and Decision Theory* (LOFT 06), Liverpool, 2006.

Optimality, Belief and Preference. In S. Artemov and R. Parikh, eds, Proceedings of the Workshop on Rationality and Knowledge, ESSLLI, Malaga, 2006 [with Dick deJongh].

Some Thoughts on Mohist Logic. In J. van Benthem, S. Ju and F. Veltman, eds, *A Meeting of the Minds—Proceedings of the Workshop on Logic, Rationality and Interaction*, College Publications, 2007, London [with Jialong Zhang].

Modelling Simultaneous Games with Concurrent Dynamic Logic. In J. van Benthem, S. Ju and F. Veltman, eds, *A Meeting of the Minds—Proceedings of the Workshop on Logic, Rationality and Interaction. College Publications*, 2007, London [with Johan van Benthem and Sujata Ghosh].

Preference, Priorities and Belief. In T. Grune-Yanoff and S. O. Hansson eds, *Preference Change: Approaches from Philosophy, Economics and Psychology, Theory and Decision Library*, 2009 [with Dick deJongh].

Deontics = Betterness + Priority. In Guido Governatori and Giovanni Sartor eds. *Deontic Logic in Computer Science, Proceedings of the 10th International Conference*, DEON 2010. *Lecture Notes in Artificial Intelligence*, Vol. 6181, Springer. pp. 50-65 [with Johan van Benthem and Davide Grossi].

Update Semantics for Imperatives with Priorities. In H. van Ditmarsch, J. Lang and S. Ju eds. , *Proceedings of the 3rd Workshop on Logic, Rationality and Interaction*, FoLLI-LNAI, Vol. 6953, pp. 127-140. Springer, 2011 [with Fengkui Ju].

Logic in the Community. In M. Banerjee and A. Seth, editors, *Proceedings of the 4th Indian Conference on Logic and its Applications*, Vol. 6521 of LNCS, pp. 178-188. Springer, 2011 [with Patrick Girard and Jeremy Seligman].

Priority-Based Games with Short Sight: Towards a More Realistic Modeling. *In Proceedings of the 10th Conference on Logic and the Foundations of Game and Decision Theory*, Spain, 2012 [with Chanjuan Liu and Kaile Su].

General Dynamic Dynamic Logic. In Thomas Bolander, Torben Brauner, Silvio Ghilardi, and Lawrence Moss, eds, *Advances in Modal Logic*, Vol. 9, pp. 239-260. College Publications, London, 2012 [with Patrick Girard and Jeremy Seligman].

Facebook and Epistemic Logic of Friendship. In Burkhard C. Schipper ed, *Theoretical Aspects of Rationality and Knowledge Proceedings of the 14th Conference Chennai, India*, pp. 229-238, 2013 [with Jeremy Seligman and Patrick Girard].

Qualitative Extensive Games with Short Sight: A More Realistic Model. In

Johan van Benthem and Fenrong Liu, eds, *Logic Across the University, Foundations and Applications*, Colleague Publications, 2013 [with Kaile Su and Chanjuan Liu].

Knowledge, Friendship and Social Announcements. In Johan van Benthem and Fenrong Liu, eds, *Logic Across the University, Foundations and Applications*, College Publications, London, 2013 [with Patrick Girard and Jeremy Seligman].

A Logic for Extensive Games with Short Sight. In Davide Grossi, Olivier Roy and Huaxin Huang, eds, *Proceedings of the Fourth International Workshop on Logic, Rationality and Interaction (LORI)*, LNCS 8196, FoLLI Series, Hangzhou, 2013. pp. 332-336 [with Kaile Su and Chanjuan Liu].

Minimal Preference Change. In Davide Grossi, Olivier Roy and Huaxin Huang, eds, *Proceedings of the Fourth International Workshop on Logic, Rationality and Interaction (LORI)*, LNCS 8196, FoLLI Series, Hangzhou, 2013. pp. 15-26 [with Natasha Alechina and Brian Logan].

Postulates and a Lineartime Algorithm for Minimal Preference Contraction. In Nils Bulling and Wiebe van der Hoek, eds, *Proceedings of the Workshop Logical Aspects of Multi-Agent Systems (LAMAS 2014)*, 2014 [with Natasha Alechina and Brian Logan].

Deontic Logic and Changing Preference. In D. Gabbay, J. Horty, R. van der Meyden, X. Parent & L. van der Torre, eds, *Handbook of Deontic Logic and Normative Systems*, College Publications, London [with Johan van Benthem].

From Good to Better, Using Contextual Shifts to Define Preference in Terms of Monadic Value. In Alexandru Baltag and Sonja Smets eds, *Trends in Logic, Outstanding Contributions: Johan F. A. K. van Benthem on Logical and Informational Dynamics*, Springer, 2014. pp. 729-728 [with Sven Ove Hannson].

Postulates and a Lineartime Algorithm for Minimal Preference Contraction. In Nils Bulling and Wiebe van der Hoek, eds, *Proceedings of the Workshop Logical Aspects of Multi-Agent Systems (LAMAS 2014)*, 2014 [with Natasha Alechina and Brian Logan].

Deontic Logic and Changing Preference. In D. Gabbay, J. Horty, R. van der

Meyden, X. Parent & L. van der Torre, eds, *Handbook of Deontic Logic and Normative Systems*, College Publications, London [with Johan van Benthem].

Preference Change. In Sven Ove Hansson and Vincent Hendricks eds, *Handbook of Formal Philosophy*, Dordrecht: Springer, 2014.

A Dynamic-Logical Characterization of Solutions in Sight-Limited Extensive Games. *PRIMA* 2015: 467-480 [with Chanjuan Liu and Kaile Su].

Logico-Computational Aspects of Rationality, Johan van Benthem, Fenrong Liu and Sonja Smets, 2021, The Handbook of Rationality, The MIT Press, 2021.

On the Subtle Nature of a Simple Logic of the Hide and Seek Game, Dazhu Li, Sujata Ghosh, Fenrong Liu, and Yaxin Tu, 2021, Silva A., Wassermann R., de Queiroz R. (eds) Logic, Language, Information, and Computation. WoLLIC2021. Lecture Notes in Computer Science, vol 13038. pp. 201-218. Springer, Cham, 2021.

Reasoning in social settings, Fenrong Liu, Beishui Liao, 2021, Journal of Logic and Computation.

PRICAI2021: Trends in Artificial Intelligence-18th Pacific Rim International Conference on Artificial Intelligence, PRICAI2021, Hanoi, Vietnam, November 8-12, 2021, Proceedings, Part I. Lecture Notes in Computer Science 13031, Springer 2021, Duc Nghia Pham, Thanaruk Theeramunkong, Guido Governatori, Fenrong Liu, 2021.

Ten-Year History of Social Network Logics in China, Fenrong Liu, Dazhu Liu, 2022, Asian Studies.

A Simple Logic of the Hide and Seek Game, Dazhu Li, Sujata Ghosh, Fenrong Liu, and Yanxin Tu, 2023, Studia Logica.

(4) 中文期刊论文

《从数理逻辑的分析方法看"白马非马"》,《山西大学学报》1997年第3期。

《略论弗雷格和皮亚诺对数学基础的研究》,《自然辩证法研究》2000年第16卷。

《非单调性问题与自认知逻辑》,《哲学动态》2001年逻辑专刊。

《从信息更新到博弈逻辑》，《哲学动态》2005年第2期。

《从动态认知逻辑的观点看中医方证思想》，《重庆理工大学学报》2010年第10期。

《基于命题的信念偏好逻辑》，《哲学研究》2010年第3期。

《从方法论的角度看动态认知逻辑的研究》，《世界哲学》2010年第3期。

《信念偏好逻辑：从单主体到多主体》，《学术研究》2010年第5期。

《概念分析的奠基与发展》，《自然辩证法研究》2011年第4期。

《关于语境的一个逻辑模型》，《逻辑学研究》2012年第4期。

石辰威、刘奋荣：《知识封闭原则与怀疑论》，《哲学动态》2013年第8期。

《社会网络中信念修正的几个问题》，《哲学动态》2015年第2期。

《社会网络结构与主体认知变化的逻辑探讨》，《哲学研究》2016年第1期。

刘奋荣、谢立民：《关于社交网络中主体行为的推理和预测》，《暨南学报》2018年第12期。

范本特姆[①]、刘奋荣：《图博弈的设计与模态逻辑的发展》，《清华大学学报》2019年第2期。

《关于偏好关系的质化与量化研究——中间道路的探索》，与付小轩合著，《浙江大学学报（人文社会科学版）》2020年第9期。

（5）编辑文集

《逻辑之门——约翰·范本特姆经典著作》第Ⅰ卷《逻辑、信息和互动》，北京：科学出版社，2008年。

《逻辑之门——约翰·范本特姆经典著作》第Ⅱ卷《逻辑、语言和认知》，北京：科学出版社，2009年。

《逻辑之门——约翰·范本特姆经典著作》第Ⅲ卷《模态对应理论》，北京：科学出版社，2010年。

《逻辑之门——约翰·范本特姆经典著作》第Ⅳ卷《逻辑、认识论和方法论》，北京：科学出版社，2012年。

---

① 即范丙申。

俞珺华副教授：

主要论文

Prehistoric Graph in Modal Derivations and Self-referentiality. *Theory of Computing Systems*, Vol. 54, No. 2, 2014.

Self-referentiality of Brouwer-Heyting-Kolmogorov Semantics. *Annals of Pure and Applied Logic*, Vol. 165, No. 1, 2014.

Johan van Benthem, Nick Bezhanishvili, Sebastian Enqvist, Junhua Yu: Instantial Neighbourhood Logic. *Review of Symbolic Logic*, Vol. 10, No. 1, 2017.

On Non-self-referential Fragments of Modal Logics. *Annals of Pure and Applied Logic*, Vol. 168, No. 4, 2017.

A Tableau System for Instantial Neighborhood Logic. In *Logical Foundations of Computer Science*, Lecture Notes in Computer Science, Springer, 2018.

Instantial neighbourhood logic, *The Review of Symbolic Logic*, 201703.

On non-self-referential fragments of modal logics, 201701, *Annals of Pure and Applied Logic*.

Lyndon interpolation theorem of instantial neighborhood logic-constructively via a sequent calculus, *Annals of Pure and Applied Logic*, 202001.

石辰威副教授：

主要论文

Logic of Convex Order, Shi Chenwei, Sun Yang, *STUDIA LOGICA*, 2021.

Collective Opinion as Tendency Towards Consensus, 2021, *Journal of Logic and Computation*. No false grounds and topology of argumentation, *Journal of Logic and Computation*, 2021.

Hybrid Sabotage Modal, Johan van Benthem, Lei Li, Chenwei Shi and Haoxuan Yin, 2023, *Journal of Logic and Computation*.

Logic of Justified Beliefs Based on Argumentation, Shi Chenwei, Smets, Sonja, Velazquez-Quesada, Fernando R., *ERKENNTNIS*, 2023.

Reasoning about Dependence, Preference and Coalitional Power, Chen Qian, Shi Chenwei, Wang Yiyan, *Journal of Philosophical Logic*, 2024.

6. 美学

美学是清华哲学系的传统经典学科之一，有着悠久的历史。著名的清华国学研究院"四大导师"中的梁启超、王国维和曾在清华任教的邓以蛰等著名教授都为清华美学学科的创立和建设,奠定了重要基础。清华哲学系复建之后,以2005年肖鹰教授调入该系为标志,清华大学恢复美学学科的发展。2009年,刘东教授调入清华大学,参与主持复建清华国学院,同时兼任人文学院哲学系美学教授,成为清华哲学系美学学科的一位中坚学者。由肖鹰教授、刘东教授和孙晶副教授构成的清华哲学系美学学科,主要致力于中国美学研究、中国传统美学的核心价值和当代转换研究、美学理论方向暨当代艺术哲学问题研究、艺术批评研究方向暨当代艺术批评的美学反思、中西艺术史和艺术理论研究等。

肖鹰教授的主要研究领域为美学、当代文化,造诣非凡,影响广泛,其学术研究及演讲活动蜚声国内外,例如,2013年10月,应邀访问加拿大,进行了由加拿大滑铁卢大学孔子学院发起、多家加拿大孔子学院和当地社团联合组织的"肖鹰教授访加'中国文化与艺术'主题巡回演讲",引发听众的热烈反响。在20世纪90年代中期,作为主要负责人之一,参与主持了国家社科"八五"重点规划课题"当代审美文化研究"(1997年结项)。2000年以来,承担并完成中国博士后科研基金课题"中国当代文学中的哲学问题"(2000年结项)、北京市社科"十五"规划项目"20世纪文艺美学前沿问题研究"(2004年结项)和国家社科基金课题"意境与现代人生"(2012年结项)。在清华大学开设的代表性课程颇为多样,其中,研究生课程有美学专题研究、艺术哲学、美学经典研读、美学与现代性、现代文化与现代艺术、艺术评论专题、大众文化批评等;本科生课程包括美学原理、艺术史导论、美学与艺术欣赏(全校人文素质核心课程)、不朽的艺术——走进大师与经典(清华大学全校人文素质核心课程之一)等。

刘东教授的研究领域主要为思想史、学术史和国学,并涉及美学、比较文学、国际汉学、政治哲学、高等教育学、艺术社会学、人类学、文化学、历史学、语言学等多个学科,兼任国内外多所大学教授或研究员,兼任多所出版机构、部门或出版项目基金评审专家。近三十年来,刘东已在十余家出版单位,发起或策划并且主编了数十类不同领域或不同主题的学术丛书,直接促动了数百种之多的学术著作、译著、文集或文献等的付梓和问世。例如,由刘东主编、江苏人民出版社出版的"海外中国研究丛书",已出版了190种以上的著作;由刘东主编、译林出版社出版的"人文与社会译丛",已出版了130种以上的著作;而由刘东主编、哈佛燕京学社赞助和商务印书馆出版、现为清华大学国学院院刊的《中国学术》,发行已达18年之久,成为当今蜚声全球的汉语学术世界的重要刊物之一。概言之,刘东教授对于现代汉语学术世界的贡献是出类拔萃的。此外,刘东教授曾在美国、加拿大、德国、法国、英国、丹麦、日本、澳大利亚等国家和中国台湾、香港、澳门等地区举行学术讲演或学术交流活动,仅在美国就访学过哈佛大学、耶鲁大学、普林斯顿大学、斯坦福大学、加州大学伯克利分校、芝加哥大学、哥伦比亚大学等著名高校,对于增强中国与世界的学术文化交往、加深中国学者与外国学者之间的学术沟通和学科合作、促进内地学界与海外学界的联系和了解,发挥了杰出而又独到的作用。

孙晶副教授的研究领域为美学、艺术史和艺术理论,已完成"十七世纪海上丝绸之路的中西艺术交流"(北京市社科联青年项目,2016年结项)、"奇异的模仿与本土化的转变:1640—1720年间的代尔夫特陶瓷"(教育部留学归国人员启动基金项目,2016年完成)等项目,在研项目包括"十七世纪荷兰视野中的中国艺术"(国家社科基金艺术学青年项目)等。

清华哲学系美学学科相关学者的学术成果主要如下。

肖鹰教授:

(1) 主要著作

《形象与生存》,北京:作家出版社,1996年。

《真实与无限》,北京:中国工人出版社,2002年。

《美学与艺术欣赏》,北京:高等教育出版社,2004年。

《中西艺术导论》,北京:北京大学出版社,2005年。

《天地一指——文化批评文集》,合肥:安徽文艺出版社,2012年。

《说与不说——肖鹰文学批评集》,台北:台湾新地文化艺术有限公司,2014年。

《中国美学通史·明代卷》,南京:江苏人民出版社,2014年。

《不朽的艺术》(合作),北京:东方出版社,2016年。

《肖鹰文集初编·批评卷》,北京:清华大学出版社,2019年。

《肖鹰文集初编·美学卷》,北京:清华大学出版社,2019年。

《以神为马:中国美学的游与思》,北京:北京大学出版社,2024年。

（2）主要论文

《庄周美学与柏拉图美学比较研究》,《思想战线》1985年第5期。

《近年非理性小说的批判》,《文学评论》1990年第5期。

《论中西美学的差异》,《文艺研究》1991年第1期。

《泛审美意识和伪审美精神》,《哲学研究》1995年第7期。

《中西艺术本体的哲学阐释》,《学术月刊》1998年第5期。

《论新时期文学的现代主义转化》,《文艺研究》2000年第5期。

《心外无物与天地意识——王阳明美学一解》,《天津社会科学》2000年第6期。

《论美学的现代发生》,《中国社会科学》2001年第2期。

《与天地为一的审美精神》,《哲学研究》2001年第2期。

《美学与流行文化》,《文艺研究》2001年第5期。

《科学中的审美主义》,《文艺研究》2005年第1期。

《沉溺于消费时代的文化速写》,《文艺研究》2005年第12期。

《美学与文学理论》,《文艺研究》2006年第10期。

《被误解的王国维"境界"说》,《文艺研究》2007年第11期。

《"天才"的诗学革命》,《中国社会科学》2008年第1期。

《自然与理想：叔本华,还是席勒?》,《学术月刊》2008年第4期。

《国产"大片"的文化盲视》,《文艺研究》2008年第10期。

《岂容于丹再污庄子》,《当代文坛》2009年第4期。

《"范曾现象"的文化解析》,《贵州社会科学》2011年第10期。

《韩寒神话与当代反智主义》,《贵州社会科学》2012年第5期。

《"墨戏"与"平淡"——董其昌绘画观一辨》,《文艺研究》2012年第9期。

《祢衡：老年徐渭的少年情怀——兼〈狂鼓史〉系年考》,《天津社会科学》2013年第3期。

《童心与空观：李贽审美哲学论》,《江海学刊》2013年第2期。

《"钱钟书斥责马悦然"考辨》,《当代文坛》2013年第5期。

《以梦达情：汤显祖戏剧美学论》,《文艺研究》2013年第8期。

《意与境浑：意境论的百年演变与反思》,《文艺研究》2015年第11期。

《2017：全球两部现象级电影》，《贵州社会科学》2017年第12期。

《张艺谋电影批评》，《文艺研究》2017年第12期。

《〈兰亭序〉与庄子生命观》，《学术界》2017年第12期。

《〈丝路山水地图〉四疑》，《文艺研究》2018年第6期。

《宝黛为何情无缘——以〈庄子〉解说〈红楼梦〉》，《贵州大学学报（哲学社会科学版）》2021年第5期。

《中国书画艺术造型观——以文化生活精神为视角》，《文学艺术研究》2021年第6期。

《从风骨到神韵：再探中国诗学之本》（上），《贵州社会科学》2021年第12期。

《从风骨到神韵：再探中国诗学之本》（下），《贵州社会科学》2022年第1期。

《三星堆青铜立人像近东文化因素的图像学研究》，《文化艺术研究》2022年第5期。

《万花无极铸花魂——林黛玉绝非叶小鸾》，《红楼梦研究》2023年第6期。

《庄子美学辨证》，《文学评论》2023年第5期。

《岳飞〈满江红〉委托新考——袁纯是岳飞〈满江红〉肇事者》，《清华大学学报（哲学社会科学版）》2024年第1期。

孙晶副教授：

（1）主要著作

《不朽的艺术》（合作），北京：东方出版社，2016年。

The Illusion of Verisimilitude：Johan Nieuhof's Imgaes of China，Leiden University Press，2013.

《外国画论导读》（编著），上海：上海人民美术出版社，2020年。

（2）主要论文

Exotic Imitation and Local Cultivation-A Study on the Art Form of Dutch Delftware Between 1640 and 1720. *The Transformation of Vernacular Expression in Early Modern Arts*，Brill：Leiden，2012.

From Telling to Engaging：The Educational Role of the Museum in China. *Procedia-Social and Behavioral Sciences*，2013，106.

A Primary Study on dGe vdun chosvphel's 27 Paintings. *China Tibetology*, No. 1, 2013.

Joan Nieuhof's Drawing of a Chinese Temple in the Rijksmuseum. *The Rijksmuseum Bulletin*, Vol. 63(2015)/4.

China gezien door een ooggetuige: Johan Nieuhof. *Barbaren & Wijsgeren Het beeld van China in de Gouden Eeuw*, vanfilt, 2017.

《关于根敦群培二十七幅绘画作品的初步研究》,收录于《2012年的追寻——西藏文化博物馆根敦群培生平学术展》,北京:中国藏学出版社,2012年。

《中西艺术的交汇:十七至十八世纪欧洲"中国风"考察报告》,收录于《建构美术的国际视野》,北京:荣宝斋出版社,2016年。

《道德化的风景:雅各布·鲁伊斯达尔的〈犹太墓园〉》,《美术研究》2018年第12期。

《青花里的中国风:17世纪荷兰代尔夫特陶器的模仿与本土化之路》,《清华大学学报(哲学社会科学版)》2019年第2期。

《"织"出来的瓷砖画:葡萄牙祭坛瓷砖画中的中国元素》,《美育学刊》2019年第2期。

《元代天主教在华物质遗存:两块扬州拉丁文墓碑图像探析》,《艺术设计研究》2020年第2期。

《奇幻、恐怖与滑稽——老彼得·勃鲁盖尔的〈七宗罪〉怪诞风格探析》,《南京艺术学院学报》2020年第5期。

《逼真的再现和审美的超越——达·芬奇关于艺术与自然的美学理论》,《清华大学学报(哲学社会科学版)》2020年第5期。

《十七至十八世纪荷兰定制外销瓷装饰风格探析》,《世界美术》2020年第6期。

《艺术史领域的跨文化研究——评〈跨文化的艺术史:图像及其重影〉》,《美术研究》2020年第12期。

Curiosity and Authority: Images of Europeans at the Qing Court during the Kangxi and Yongzheng Reigns, *Foreign Devils and Philosophers: Cultural Encounters between the Chinese, the Dutch, and Other Europeans, 1590-1800*, Brill, 2020.

7. 宗教学

清华哲学系复建之际,以王晓朝教授于2001年进入该系为标志,清华大学宗教学学科开始起步,至今已有了长足的发展。

王晓朝教授退休后,现今的清华哲学系宗教学学科以田薇教授、圣凯教授、朱东华教授和瞿旭彤副教授为代表。多年来,他们积极探索宗教学课程体系的建设及教学模式的完善与创新路径,先后撰写(或参与撰写)了《宗教学基础十五讲》《宗教学导论》《宗教研究指要(修订版)》等本科生和研究生教材,多次获得清华大学教学成果奖(2010年、2014年、2016年),并获得北京市教育教学成果奖二等奖(2017年),其中,《宗教学基础十五讲》获北京市高等教育精品教材(2005年)。圣凯教授获清华大学第五届青年教师教学大赛一等奖(2012年)。

在宗教学的学术研究方面,也因专制宜、自呈特色,在古希腊罗马宗教、基督教哲学、教父学、宗教社会学、宗教现象学、宗教伦理学、佛教哲学、南北朝佛教学派、佛教社会生活史、耶儒对话、景教与海外汉学等研究方向上,取得了颇为丰硕的成果,形成了专业优势。王晓朝教授承担国家社会科学基金重大项目"古希腊哲学术语数据库建设"、北京市社会科学基金重大项目"古希腊罗马伦理思想史"、国家社会科学基金项目"斐洛全集的翻译与综合研究"以及"西塞罗哲学思想研究"等。田薇教授承担了国家社会科学基金一般项目"宗教性视阈中的生存伦理"、教育部社会科学基金一般项目"宗教伦理视域下的基督教伦理与儒家伦理"、北京市哲学社会科学"十一五"规划一般项目"道德与信念的勾连——宗教伦理研究"。圣凯教授承担了国家社会科学基金重大项目"汉传佛教僧众社会生活史"、一般项目"地论学派研究"、青年项目"南北朝佛教学派研究",其著作《中国佛教信仰与生活史》列入国家社科基金外译项目,承担中央社会主义学院统一战线高端智库项目"汉藏佛学交流交融与中华文化研究""佛教中国化与基督教西欧传播比较研究",承担北京社会科学基金重点项目"北京佛教通史",参与教育部哲学社会科学重大攻关项目"百年佛学研究精华集成"、中央文史馆委托项目"国学主题馆研究"。朱东华教授参与承担了国家社会科学基金重点项目"唐元景教综合研究"以及一般项目"唐代汉语景教文献的义理研究"与"宗教现象学基本问题研究"等。

在此基础上,清华哲学系宗教学学科先后推出了一批高质量的学术研究成果,包括王晓朝教授的《教父学研究——文化视野下的教父哲学》《传统道德向现代道德的转型》《希腊哲学简史——从荷马到奥古斯丁》等(其他教授的成果在后面列出)。同时,相关科研成果受到教育部、北京市、学界同人们的认可。如朱东华教授获全国百篇优秀博士论文奖提名(2006年),圣凯教授获全国百篇优秀博士论文奖(2008年)。王晓朝教授的专著《基督教与帝国文化》获香港"首届基督教文化研究优秀论著奖"(徐光启奖,2000年),专著《罗马帝国文化转型论》获北京市第八届哲学社会科学优秀成果奖二等奖(2004年),译著《柏拉图全集》获国家图书馆"文津图书奖"推荐奖(2005年),专著《传统道德向现代道德的转型》获北京市哲学社会科学"十五"规划项目优秀研究成果奖(2005年)、北京市第九届哲学社会科学优秀成果奖二等奖(2006年)。田薇教授参与翻译的《世界历史与救赎历史》(第二译者),获香港2002年第三届优秀翻译著作爱香德奖。圣凯教授专著《摄论学派研究》获教育部人文社科三等奖(2009年),参著《中国佛教通史》(15卷)(赖永海等)获第六届教育部高等学校科学研究优秀成果奖(人文社会科学)宗教学一等奖(2013年)、中国出版政府奖(图书奖)(2013年)。

清华哲学系宗教学学科的国际及台港澳地区学术交流也得到了很好的开展。先后建立了与加拿大、希腊、意大利、以色列、印度、美国、日本、韩国等国家以及中国台湾、香港、澳门等地区相关科研机构之间的良好合作关系。先后多次举办高端国际论坛,多次邀请海外专家开设希腊语、梵语以及经典研读课程,并邀请著名学者举办宗教学学术讲座近百场次,其中包括国际著名的斐洛研究专家、耶鲁大学格雷戈里·E.斯特灵(Gregory E. Sterling)教授,牛津大学圣伯奈特学院院长、解释学专家沃纳·让罗德(Werner Jeanrond)教授,以及格拉斯哥大学大卫·贾斯柏(David Jasper)教授等。圣凯教授曾任加拿大英属哥伦比亚大学亚洲系访问教授,参与加拿大社会科学与人文研究基金会(SSHRC)项目"佛教与东亚宗教研究"的申请并获得立项,"基于敦煌遗书、藏经、石窟、刻经等资料的北朝佛教综合研究"成为该项目的子项目,由圣凯教授担任该项目指导委员会委员、田野调查委员会委员。圣凯教授同时还担任日本大谷大学"国际佛教研究班"国际评审人、英文杂志 *Studies in Chinese Religions*(《中国宗教研究》)学术委员,Brill 出版社 *Studies on East Asian Religions*("东亚宗教研究书系")顾问。哲学系的"佛教与东亚文化国际研修班"已举办 10 期,邀请哈佛大学、京都大学、牛津大学、剑桥大学等国际最具影响力的佛教学者前来中国授课,每期平均有 60 多名国内外大学博士、硕士参与。高水平的国际学术交流,对清华哲学系学术活动特别是宗教学学科建设和人才培养起到了十分积极的促进作用。

清华哲学系宗教学学科相关学者的学术成果主要如下。

田薇教授:

(1)主要著作

《信仰与理性——中世纪基督教文化的兴衰》,保定:河北大学出版社,2001 年。

《信念与道德——宗教伦理的视域》,北京:线装书局,2011 年。

《思亦诗——关于人生的哲学随笔而不是人生哲学》(修订版),北京:中国文联出版社,2015 年。

《基督教与儒家——宗教性生存伦理的两种范型》,北京:清华大学出版社,2022 年。

(2)主要论文

《精神生产与人的自身发展》,《历史唯物主义研究》1987 年第 2 期。

《精神生产与社会文明》,《教学与研究》1992 年第 4 期。

《关于经济与道德之间的二律背反问题述评》,《中州学刊》1994 年第 2 期。

《中西哲学的分殊与融通》,《中国人民大学学报》1994 年第 5 期。

《康德哲学陷入不可知论的方法论根源及其启示》,《清华大学学报》1994 年第 2 期。

《从意识的相对独立性看波普的"世界 3"》,《宁夏社会科学》1995 年第 5 期。

《论精神文明建设对于现代文明和健全人生的意义》,《道德与文明》1995 年第 2 期。

《本体论的转换、沉浮及其社会文化根源》,《郑州大学学报》1995 年第 6 期。

《论人生存在的哲学意蕴与哲学塑造》,《清华大学学报》1996 年第 4 期。

《析雅斯贝斯的文明形态论》,《中国人民大学学报》1998 年第 1 期。

《西方中世纪宗教文化形态的三大起源》,《清华大学学报》2000 年第 3 期。

《中世纪宗教文化观念的历史影响和当代意义》,《中国人民大学学报》2000 年第 3 期。

《后现代主义与中国现代化》,《江海学刊》2000 年第 1 期。

《后现代主义与新儒学、现代化及马克思哲学的关系》,《教学与研究》2000 年第 11 期。

《试论基督教和科学的关系——从霍伊卡〈宗教与现代科学的兴起〉谈起》,《学术月刊》2001 年第 2 期。

《关于中世纪的"误解"和"正名"》,《清华大学学报》2001 年第 4 期。

《从人性论的差异看中西政治哲学理念的分殊》,《东岳论丛》2002 年第 2 期。

《论王阳明以"良知"为本的道德哲学》,《清华大学学报》2003 年第 1 期。

《知德之辨》,《孔子研究》2003 年第 6 期。

《理性与信仰之间的内在逻辑——从古希腊哲学看理性通往信仰的道路》,收录于《清华哲学年鉴 2002》,保定：河北大学出版社,2003 年。

《从"拯救"观念看基督教与儒家思想的资源互补》,《基督教与中国》2004 年第 2 期（美国）。

《"道成肉身"对希腊哲学困境的回应》,《河北学刊》2004 年第 8 期。

《博爱与仁爱——基督教传统与儒家传统比照的一个视角》,《中国宗教与哲学国际论坛》2004 年（美国）。

《从圣经传统解读现代文化的拯救信息——从〈约翰福音〉"道成肉身"对希腊哲学困境的回应谈起》,《基督教思想评论》2005 年第 2 期。

《论基督教伦理的神圣原则》,《世界宗教研究》2006 年第 2 期。

《试析宗教伦理的涵义和问题》,《山东大学学报》2006 年第 4 期。

《试论社会秩序与人心秩序的宗教性支持》,《中国人民大学学报》2006 年第 4 期。

《舍勒关于现代市民伦理的批判和基督教伦理的辨正》,《哲学研究》2006 年第 7 期。

《"自力"伦理的品格及其界限——以基督教的"他力"观念为背景》,《清华大学学报》2006年第1期。

《从宗教伦理的两个视角看儒家伦理的宗教性》,收录于《清华哲学年鉴2006》,北京:当代中国出版社,2007年。

《仁爱与圣爱的精神品质和价值内涵》,《犹太研究》2008年第7辑。

《从宗教伦理的超越之维再论儒家伦理的宗教性问题》,《中国文化论坛》2009年第4期。

《在耶路撒冷与雅典之间:宗教哲学之路》,《哲学研究》2009年第5期。

《马克思与基督教关联的双重面相——从洛维特审理近代启蒙历史观的神学前提谈起》,《学术月刊》2009年第6期。

《宗教伦理的历史担当和现代命运》,《中国政法大学学报》2011年第1期。

《文化片论》,《教育文化论坛》2011年第2期。

《重释"宗教":史密斯对于宗教概念的消解》,《世界宗教文化》2011年第3期。

《西美尔关于现代宗教形而上学重建的构想》,《现代哲学》2011年第3期。

《现代基督教的变化与伦理生活的意义困境》,《深圳大学学报》2011年第4期。

《西美尔以"宗教性"为轴心的宗教观》,《中国人民大学学报》2011年第5期。

《苦难·解救·信念——论默茨政治神学的核心意旨》,收录于《基督教文化学刊》第25辑,北京:中国人民大学出版社,2011年。

《生存、神圣、伦理三者同构》,《社会科学报》2012年10月18日。

《西美尔的诊断和议案:现代宗教生活的困境和重建》,收录于《宗教社会学》第1辑,北京:社会科学文献出版社,2013年。

《儒家仁爱观念的本质及其实现之道——以基督教的神爱观念为背景》,《哲学分析》2015年第2期。

《儒家的不朽观念及其限度——以基督教的永生观为参照》,《世界宗教文化》2015年第3期。

《自力与他力:关于儒家与基督教道德超越观念的检审》,《道德与文明》2016年第1期。

《世界观和个人同一:卢克曼社会哲学视野中的宗教观》,《哲学动态》2016年第3期。

《从形而上学宗教性看宗教性生存伦理的可能性——宗教伦理的重释》,《清华西方哲学研究》2018年。

《与命与仁和父为子证——孔子的天命情怀与耶稣的上帝意识》,收录于《基督教中国化的地方实践论文集》,北京:宗教文化出版社,2019年。

《宗教伦理的重释:从形而上学宗教性看宗教性生存伦理的可能性》,收录于《清华西方哲学研究》,北京:中国社会科学出版社,2019年。

《"宗教性"的问题缘起与意义阐释——以宗教疑义为语境、以舍勒信仰现象学和施莱尔马赫宗教情感论为视镜》,收录于《宗教哲学》第8辑,北京:社会科学文献出版社,2019年。

《从永恒与时间的关系看尼采的"瞬间"——兼以克尔凯郭尔为参照》,《复旦学报》2019年第4期。

《"宗教性"的问题缘起与意义阐释——以宗教疑义为语境、以舍勒信仰现象学和施莱尔马赫宗教情感论为视镜》,《宗教与哲学》2019年第8辑。

ON LIMITS OF CONFUCIAN CONCEPTION OF IMMORTALITY AND SUPPORTING PATH FROM CHRISTIAN EVERLASTING LIFE, *International Journal of Sino-Western Studies*, 2019/16,《国学与西学国际学刊》2019第16期。

《与命与仁和父为子证——孔子的天命情怀与耶稣的上帝意识》,《基督教中国化的地方实践》,2019年。

《儒家仁爱及其实现之道——以基督教的神爱为背景》,《学不分东西:清华大学哲学系教师论文集》,2020年。

《苦难中的信仰何以可能——从朋霍费尔到莫尔特曼的上帝观》,《思道学刊》2021年第4辑。

《此在于瞬间绽放,永恒与瞬间相遇—序〈瞬间与此在——海德格尔前期瞬间理论研究〉》,清华大学出版社2022年。

《从"根本恶"看康德对基督教的哲学转化》,《复旦学报》2022年第

3期。

《希望：一个宗教哲学问题》，《世界宗教文化》2022年第6期。

《主体与本体之间的诠释学关系及其超越性意义——以中西思想史例为鉴》，《中国社会科学院大学学报》2023年第1期。

《上帝的信念何以可能——沿着康德的希望视线》，《思道学刊》2024年第10辑。

(3) 主要译著

《费希特》，雅柯布斯著，北京：中国社会科学出版社，1989年。

《社会科学方法论》，马克斯·韦伯著，北京：中国人民大学出版社，1999年。

《人是什么——从神学看当代人类学》，潘能伯格著，香港：香港道风山基督教丛林，1994年；上海：上海三联书店，1996年；台北：商周出版社，2006年。

《世界历史与救赎历史》，洛维特著，香港：香港基督教文化研究所，1997年；北京：生活·读书·新知三联书店，2002年；上海：上海人民出版社，2006年。

《潘能伯格早期著作选集》，潘能伯格著，香港：香港道风书社，2011年。

圣凯教授：

(1) 主要著作

《中国佛教忏法研究》，北京：宗教文化出版社，2004年。

《摄论学派研究》，北京：宗教文化出版社，2006年。

《晋唐弥陀净土的思想与信仰》，北京：中国社会科学出版社，2009年。

《中国佛教通史》(第三卷)，南京：江苏人民出版社，2010年。

《佛教现代化与化现代》，北京：金城出版社，2014年。

《中国佛教信仰与生活史》，南京：江苏人民出版社，2016年。

《人间佛教思想文库·赵朴初卷》，北京：宗教文化出版社，2017年。

A History of Chinese Buddhist Faith and Life, Leiden；Boston：Brill, 2020.

《中国汉传佛教礼仪》(增订版)，北京：商务印书馆，2020年。

《南北朝地论学派思想史》，北京：宗教文化出版社，2021年。

《佛教观念史与社会史研究方法论》，北京：宗教文化出版社，2022年。

《念心》(增订版)，北京：商务印书馆，2022年。

《汉传佛教寺院与亚洲社会生活空间》,编辑,北京:商务印书馆,2021年。

《汉传佛教与亚洲物质文明》,编辑,北京:商务印书馆,2021年。

《定心》,北京:商务印书馆,2022年。

Social Life History of Chinese Buddhist Monks, Edited by Jinhua Chen and Kai Sheng, Switzerland: MDPI AG, 2024.

《国学的演变》,与陈来等合著,贵阳:孔学堂书局,2024年。

(2) 主要论文

《佛教经济伦理刍议——以韦伯命题与方法为中心》,《人间佛教研究》2012年第2期,香港中文大学人间佛教研究中心。

《智憬与〈起信论同异略章〉〈一心二门大〉——中日韩佛教思想交流的"边地情结"与"伪托现象"》,《世界宗教研究》2013年第4期。

《六朝佛教礼忏仪的形成——以悔过法、唱导、斋会为中心》,《中国文化》第38期,2013年秋季号。

《地论学派における南北道分裂の"真相"と"虚像"》,《佛教学セミナー》第99号,2014年6月。

On the Veneration of the Four Sacred Buddhist Mountains in China. *The Eastern Buddhist* 44/2(2013):121-143.

《明末清初律宗的传播情况与特点——以〈南山宗统〉与〈律宗灯谱〉为中心》,《世界宗教研究》2014年第5期。

《佛教知足经济学的建构与弘扬》,《道德与文明》2015年第3期。

The Basic Mode of the Samgha-Laity Relationship in Indian Buddhism, its representations in and repercussions for Chinese Buddhism. *Studies in Chinese Religions*, 2015, Vol.1, Issue 2, Routledge.

《敦煌文献中地论学派的判教思想》,收录于《佛教文化研究》,洪修平主编,南京:江苏人民出版社,2015年。

《北朝佛教地论学派"变疏为论"现象探析》,《中国哲学史》2015年第3期。

《魏晋佛教对老庄"自然"说的理解与运用》,《清华大学学报》2016年第4期。

《〈维摩诘经〉僧俗伦理与隋唐"沙门致敬王者"的论争》,《西南民族大学学报》2016 年第 5 期。

《六朝隋唐佛教对道教"自然"说的批判》,《哲学动态》2016 年第 7 期。

《半满教与一音教——菩提流支的判教思想》,《西南民族大学学报》2016 年第 12 期。

《悲智双运与内外互动:赵朴初有关中国佛教国际交流的智慧内涵》,《世界宗教文化》2017 年第 2 期。

《僧贤与地论学派——以〈大齐故沙门大统僧贤墓铭〉等考古资料为中心》,《世界宗教研究》2017 年第 4 期。

《敦煌遗书〈毗尼心〉与莫高窟 196 窟比较研究》,《西南民族大学学报》2017 年第 7 期。

The Administration of Sites for Buddhist Activities in the Big Data Era in Mainland China. *Studies in Chinese Religions*, 2017, 3:1.

《百年人间佛教,集体智慧结晶——〈人间佛教思想文库〉的出版意义》,《新华文摘》2017 年第 22 期。

《真谛三藏与"正量部"研究》,《华东师范大学学报》2018 年第 2 期。

《北朝佛教的义学体系建构——〈大乘义章〉与〈菩萨藏众经要〉比较》,《西南民族大学学报》2018 年第 11 期。

《新加坡汉传佛教的现代化实践》,《世界宗教文化》2019 年第 3 期。

《地论学派"南北二道"佛性论的学术史阐释》,《中国哲学史》2019 年第 6 期。

《生活、主体、内在——中国佛教社会史研究的三种转向》,《清华大学学报》(哲学社会科学版) 2020 年第 2 期。

《地论学派佛性论的"真如"与"真识"义》,《华东师范大学学报(哲学社会科学版)》2020 年第 3 期。

《从当常现常、当有现有到本有始有——地论学派佛性思想的诠释脉络》,《世界宗教研究》2020 年第 3 期。

《当常、现常与本有、始有——〈金刚仙论〉的佛性观念》,《西南民族大学学报(人文社会科学版)》2020 年第 4 期。

Scriptures, Ideas, and Life: The Essential Factors and Dimensions of the History of Buddhist Ideas, *The Voice of Dharma*, vol 2, no. 2020.

The Pure Land Teachings of Fazhao and the Mañjuśrī Cult of Mount

Wutai, *The transnational cult of Mount Wutai: historical and comparative perspectives*, edited by Susan Andrews, Jinhua Chen, Guang Kuan. Description: Leiden ; Boston: Brill, 2021.

The integration of Buddhist Doctrinal Philosophy in the Northern Dynasties: a comparison between Dasheng Yizhang（大乘义章）and Pusa Zang Zhongjing Yao（菩萨藏众经要）, *Studies in Chinese Religions*, vol 7, no. 1, 2021.

《佛教观念史的方法论传统与建构意义》,《清华大学学报（哲学社会科学版）》2021年第6期。

《经典、观念、生活：佛教观念史的要素与维度》,《世界宗教文化》2021年第5期。

Commentarial Interpretations of the Vimalakīrti Nirdeśa in the Controversy over Requiring Buddhist Monastics to Pay Homage to the Emperor during the Sui and Tang Dynasties. *Religions*. 2022; 13(10): 987.

Interpreting Buddhist Precepts with Confucian Rites, Based on Their Similarity and Dissimilarity: A Perspective of the History of Ideas in Wei and Northern and Southern Dynasties. ed. By Zhou B., *Religions*. 2022; 13.

The Historical Significance of the Formation of Buddhist Schools during the Sui and Tang Dynasties, *Studies in Chinese Religions*, Volume 9, Issue 4, 2023.

《〈六祖坛经〉成"经"与禅宗经典观念的创新》,《华东师范大学学报（哲学社会科学版）》2024年第3期。

（3）主要编著

杨剑宵、圣凯：《"一带一路"高僧传》，北京：宗教文化出版社，2018年。

朱东华教授：

（1）主要著作

《从"神圣"到"努秘"——鲁道夫·奥托的宗教现象学抉微》，北京：宗教文化出版社，2007年。

《宗教学学术史问题研究》，北京：清华大学出版社，2016年。

（2）主要论文

《现象学是毫无收益的事业吗?》,《河北学刊》2004年第5期。

《胡塞尔、海德格尔、舍勒对〈神圣〉的评论与奥托"努必学"的现象学解读方案》,《哲学门》2005年第5期。

《"领悟"与"理想型"——论列欧的宗教现象学的方法论基础》,《清华大学学报》2007 年第 4 期。

《大秦景教流行中国碑书法考论》,《道风:基督教文化评论》(香港),2011 年总第 34 期。

《从援佛入景角度看唐代景教"应身"之"应"的经世内涵》,《道风:基督教文化评论》(香港),2013 年总第 39 期。

《安都经学宗师狄奥多若的本体论类比与"身"的玄义探析》,宗教哲学 2013 北京论坛(10 月 18—20 日),收录于《宗教与哲学》(第三辑),北京:社会科学文献出版社,2014 年。

Person and Shen: An Ontological Encounter of "Nestorian" Christianity with Confucianism in Tang China, *Yearbook of Chinese Theology* [Brill 2015], pp. 202-213.

Chinese Jingjiao 景教(Nestorianism) and Economic Christology, 2015 International Symposium, "중국의 경교와 경륜적기독론", PUTS (Korean); *Asian-Pacific Journal of Theological Studies*, Vol. 3, 2015, pp. 217-233.

《论佛学对唐代基督教的影响》,第一届慈宗国际学术论坛(香港 2013),收录于《慈氏学研究 2015》,北京:中国文史出版社,2015 年。

《景净著译作品的创作时序及其思想关联研究》,《道风:基督教文化评论》第 44 期,2016 年春。

《重审耶佛对话的两种模式》,《清华大学学报》2017 年第 1 期。

《尼西亚信经与景教神学》,《道风:基督教文化评论》第 47 期,2017 年秋。

《中国景教与东西方文化交流》,收录于《从文化全球化看中外宗教交流史》,赖品超主编,香港中文大学宗教与中国社会研究中心,2018 年。

《彼:一个既神圣又神秘的字眼》,收录于《第二届慈宗国际学术论坛论文集》,香港:慈氏学会,2018 年。

《〈佛国记〉的英译与早期佛耶对话》,收录于《慈氏学研究 2016/2017》,香港:慈氏学研究编委会,2018 年。

A Critical Exnation of Zhu Qianzhi's Jingjiao Study from the Perspective of 'Nestorian' Apostolic Succession, *Chinese Social Science Forum (2021 Religious Studies)*: International Conference of inheritance and Development-Exchanges and Mutual Learning among Global Civilizations.

Chinese Christianity before 1550, Tao Feiya & Philip L. Wickeri (eds.), *A History of Chinese Christianity*: *From a Cross-cultural Perspective* (635-1949), Social Sciences Academic Press, Beijing, 2023.

The Chronology of the Tang Dynasty Jingjiao Nestorian Theologian Jingjing's Writings and Translations in relationship to His Thought, *Beyong Indigenization*: *Christianity and Chinese History in a Global Context*, Brill, 2022.

（3）主要译著

《教理讲授集》，摩普绥提亚的狄奥多若著，香港：道风书社，2015年。

《中世纪的奥秘：天主教欧洲的崇拜与女权、科学及艺术的兴起》，卡希尔著，北京：北京大学出版社，2011年。

《哲学规劝录·哲学的慰藉》，波爱修著，北京：中国社会科学出版社，2008年，2017年（再版）。

《教义研究：罪》，贝尔考威尔著，香港：道风书社，2006年。

《古代基督信仰圣经注释丛书（X）：保罗短篇书信》，戈尔岱编，台北：校园书房，2006年。

《巫术的踪影：后现代时期的比较宗教研究》，金白莉·帕顿主编，北京：中国人民大学出版社，2005年。

《形而上学》，博格里奥罗著，哈尔滨：黑龙江人民出版社，2005年。

（4）主编文集

《20世纪宗教观研究》，北京：北京大学出版社，2007年。

《科学与宗教：当前争论》，北京：北京大学出版社，2014年。

Brill Yearbook of Chinese Theology, Brill, 2018.

瞿旭彤副教授：

（1）主要论文

Kritischer müsste Kants Kritik sein: Eine nachkantische Interpretation von Barths Beziehung zu Kant unter besonderer Berücksichtigung der Religionskritik Barths, Markus Höfner und Benedikt Friedrich (Hg.), *Gottes Gegenwart-God's Presence: Festschrift für Günter Thomas zum 60. Geburtstag*, Leipzig: Evangelische Verlagsanstalt, 2020.

《"他必兴旺，我必衰微"：神学是一条充满冒险的朝圣路》，《世代》2020年第2期。

《求真共同体和神学与跨学科研究：以德国海德堡大学国际跨学科神学研究中心为例》，杨熙楠、杨慧林编，《中西典籍的互译与互释》，香港：汉语基督教文化研究所，2021年。

《"之外"与之间：汉语神学何以为神学？如何说汉语？》，《汉语基督教文化研究所：二十五周年纪念特刊（1995-2020）》，2021年。

《"且行且思的朝圣路：我的神学朝圣之旅"》，林鸿信编著，《神学旅人：神学人的朝圣之旅》，台北：校园书房出版社，2020年。

《天下、三重世界与上帝国：对中国基督教的社会、思想和文化处境的初步观察》，《文化中国》2021年第1期。

《求真共同体和神学与跨学科研究：以德国海德堡大学国际跨学科神学研究中心为例》，杨熙楠、谢志斌编，《跨学科研究与汉语神学》，香港：汉语基督教文化研究所，2021年。

《边缘与中心：中国基督教史研究的理论视角和研究方法》，《基督教文化学刊》2022年第48辑。

《边缘与中心：具体研究和探索（编者絮语）》，《基督教文化学刊》2022年第48辑。

《信任："之间的"汉语神学与多学科研究初探》，《道风：基督教文化评论》第57期，2022年。

A Renaissance of Confucian Family? A Preliminary Observation upon Current Discourses about Family in Contemporary China, John Witte, Michael Welker, Stephen Pickard (eds.), *The Impact of the Family On Character Formation, Ethical Education, and the Communication of Values in Late Modern Pluralistic Societies*, Leipzig: Evangelische Verlagsanstalt, 2022.

"Gleichnis wagen": Karl Barth's Political Theology and its Meaning for the Church-State Relationship in Mainland China Today, *Theo-Politics? Conversing with Barth in Western and Asian Contexts*, edited by Markus Höfner, Lanham, MD: Lexington Books-Fortress Academic, 2022.

The Theological Controversy between Paul Tillich and Karl Barth in 1923: A Historical and Interpretative Reconstruction, Keith Ka-fu Chan (ed.), *Paul Tillich and Sino-Christian Theology*, London: Routledge, 2023.

《差异和同一的同一：一种对个体与共同体关系的汉语神学回应方

案》,《福音与当代中国》第 22 期,2023 年。

《"思想与时代专栏"导言——田薇〈基督教与儒家：宗教性生存伦理的两种范型〉》,《清华西方哲学研究》,2024 年。

《意义结构和语言事件：在中西、古今、人文学与神学之间的相关互应与意义追寻》,《杨慧林"汉语神学"文选》,香港：道风书社,2024 年。

8. 科学技术哲学（略）

八、学 生 简 况

（一）1929—1952 年

1. 1929—1937 年

1929 年，清华哲学系本科毕业生 2 人：沈有鼎、陶燠民。

1929 年，哲学系的学生注册显示有 4 人，能查到名字的只有黄国镇、方淳模。黄国镇从以后的哲学系学生名单中消失，可能转系了。方淳模则一直坚持读完了研究生，是哲学系第一位留学生（韩国裔）。

1930—1931 学年，哲学系有学生 10 人。一年级：韩增霖。二年级：乔冠华、绕可将、王宪钧、张宗溥。三年级：陈仲秀、李喆、徐子佩、曹觉民、方淳模。

1930—1931 年度，哲学系并没有新的学生毕业或获得学位，共有学生 13 人。一年级不分系，二年级 4 人，三年级 2 人，四年级 4 人。清华文科研究所哲学部 3 人。

1932—1933 学年，哲学系一至四年级总共有学生 16 人。一年级：赵正楹、陈松龄、郭海峰、张可为、韩云波。二年级：任华、王启人。三年级：曹觉民、韩增霖、朱显庄。四年级：乔冠华、周辅成、谭任叔、王宪钧、吴恩裕。研究生：方淳模。

1932 年，乔冠华、王宪钧、方淳模本科毕业。

1933—1934 学年，哲学系似乎又恢复了争议很大的通识教育，到第二年才分系。哲学系共有学生 11 人。二年级：曾宪英、王敦。三年级：李长植、王启人、任华。四年级：曹觉民、韩增霖、朱显庄、吴恩裕（休学复学）。研一：周辅成。研二：方淳模。

1933 年，周辅成、曹觉民、韩增霖本科毕业。

1934—1935 学年，哲学系共有学生 12 人。二年级：徐高阮、梁德舆、三年级：张遂五、赵正楷、刘杨华、佟贵廷、王敦。四年级：任华、李长植、王启人。研二：周辅成、王宪钧。

1934年，孙道升、朱显庄本科毕业。

1933—1937年，哲学系这五年里共有12名毕业生，而能顺利正常毕业的学生才6人。

1935—1936学年，哲学系共有学生16人。二年级：郎维田、刘清漪、刘毓珩、魏蓁一。三年级：梁德舆、王逊、张可为。四年级：赵正楷、刘扬华、佟贵廷、李长植、王启人、吴恩裕。研一：李相显、任华。研三：周辅成。

1935年，刘扬华、张遂五、任华本科毕业。同年，王宪钧考取第3届留美公费生。乔冠华等为派德国交换研究生。

1936—1937学年，哲学系学生人数为21人。二年级：章煜然、郑侨、赵甡、周德清、冯宝麟（冯契）、吴继周、余孝通、郑庭祥。三年级：谭允义、郎维田、刘清漪、魏蓁一、杨学成。四年级：张可为、赵正楷、梁德舆、王逊。研一：张遂五、刘扬华。研二：任华、杨祖显。

1936年，王启人本科毕业。

1937年下半年，因抗日战争全面爆发，清华举校南迁，迈入西南联大的历史，而这学期哲学系注册学生还有12人。

1937年，张可为、佟贵廷、梁德舆本科毕业。

1932—1937年，清华哲学系共培养过约50位学生，完成哲学系本科学业毕业的仅有15人。其余30多人或者中途转系，或者是没有能够获得毕业证书，或是有变故。实际上，从1926年至1937年这11年里，哲学系本科毕业生共计17人。另外，文科研究所哲学部似乎也仅有周辅成一人完成研究生三年学业。

2. 1938—1946年

1938年11月16日，西南联大文学院公告开学时间，11月19日起正式上课。哲学心理教育学系四个年级总共有在校学生64人。一年级秦惟敏等6人，二年级张兆杰等15人，三年级冯宝麟（冯契）等21人，四年级周德清等22人，其中原清华学生共15人。

1938—1939学年于7月24日正式结束。本学年哲学心理学系哲学专业共有毕业生8人，他们是：李善甫、鲍光祖、蓝铁年、章煜然、徐孝通、林宗基、王洪藩、王宪钿。其中,章煜然、徐孝通、林宗基、王洪藩、王宪钿为清华第十一级毕业生。

1938—1939学年是联大统一招生的第一年,当年哲学心理学系共计新生13人。1939年夏季新学期,哲学心理学系一共招收新生12人,较上学年少1人,分别是:王启文、林秀清、郑敏、顾越先、侯绍邦、常绍美、虞佩曹、张世富、王先河、姚恩田、陶家鼎、张遵让。研究生1人。

1939年8月23日,清华大学正式恢复文科研究所,设中国文学、外国文学、历史、哲学四部,并确定研究生招生考试科目细则。哲学部共考5门:国文、英文(写作与翻译)、逻辑、中国哲学史和西洋哲学史,其中前三门为文学院统考科目。第一批考入哲学部的是章煜然、王逊、徐孝通三人,另外张遂五作为旧生也得到复学。1940年研究生1人,1941年2人,1942年2人,1943年1人,1944年1人,1945年为0人。

1939—1940学年于6月22日结束。7月,哲学心理学系哲学专业共5人毕业,是联大时期毕业人数最少的一个学年。他们是:王世安、李家治、张兆杰、郎维田、田汝康。另外,文科研究所哲学部的复学生张遂五获得学位毕业,留校任教。李家治、张兆杰、郎维田三人是清华第十二级毕业生。

1940—1941学年,哲学心理学系哲学专业毕业生为7人,他们是:容汝煜、杨向森、冯宝麟(冯契)、刘钊、戴寅、朱南诜、舒子宽。其中冯宝麟(冯契)、刘钊、戴寅、朱南诜四人为清华第十三级毕业生,也是战前进入清华哲学系学习的最后一批毕业生。

1941—1942学年,报考哲学心理学系的人数显著增加,最后共录取新生16人,为历史最高。他们是:李藻圃、袁正銮、杨雍熙、杨中慎、朱前照、周礼全、高崇学、陈明逊、高彤生、徐绍祥、杨天堂、汪子嵩、鲁铸寰、周爱杏、龙璞刚、曹贞园。另外,上学年毕业的冯宝麟(冯契)、朱南诜入清华文科研究所哲学部。

1942年7月1日,1941—1942学年结束,哲学心理学系哲学专业9名毕业生为三校合并之后的第一批统招生,他们是:何燕晖、李耀先、刘尔昌、王映秋、杨嘉禾、胡荣奎、毛韵笙、倪佩兰、殷福生(殷海光)。

1942—1943学年于1942年9月21日开学。本学年哲学心理学系招收新生8人,他们是:马启勋、张法文、李锡麒、梁学程、邵明镛、邓识生、魏镍、曾广泽。考入清华文科研究所哲学部研究生的是刚本科毕业的殷福生（殷海光），以及一位来自美国威斯康星大学的留学生 A. J. Peeke。

1943 年 6 月 23 日，哲学心理学系哲学专业毕业生 7 人，他们是：王启文、郑敏、彭瑞祥、曾本淮、马启伟、张精一、马德华。

1943 年 9 月 13 日，1943—1944 学年正式开课。哲学心理学系招收新生 7 人，他们是：韩济民、王如霖、刘洪燨、王太庆、于文烈、吕尚文、唐季雍。清华文科研究部哲学所招收王浩为研究生。

1944 年 6 月，哲学心理学系哲学专业毕业生为两类。一是正常学业完成者 8 人，他们是：刘伯英、张世富、陈世则、顾寿观、孙际良、敖淑秀、刘民婉、房季娴。二是应征译员毕业者 9 人，他们是：吴光华、侯绍邦、陶家鼎、熊秉明、罗达仁、曹和仁、徐珩、李应智、徐祖煜。

1944 年 9 月 18 日，新学年开始。哲学心理学系招入新生 16 人，他们是：黄致中、王连发、金安涛、萧辉楷、高乃欣、管珑、郭长燊、凌俊伟、汤桂仙、唐天成、史德梭、孙清标、汪沛、史书华、张国华、薛锡康。王玖兴考入清华文科研究所哲学部。

1945 年 6 月 27 日，1944—1945 学年结束。哲学心理学系哲学专业共有毕业生 11 人，他们是：杨增鋐、曹贞固、杨中慎、邓艾民、汪子嵩、蔡孔德、龚献文、周大奎、周基堃、习玉益、王锡爵。

1945 年 9 月 17 日，新学年开始，哲学心理学系新生人数为 12 人，他们是：冯健美、刘孚坤、祖晖、杨祖陶、何守智、谭特身、唐稚松、陈霖生、李家愉、李万骅、吴正白、李美全。

1946 年 5 月，哲学心理学系哲学专业在联大时期的最后一批毕业生是：王荃、陈明逊、张世英、梁学程、魏镍、周礼全、高崇学。

西南联大从 1937 年至 1946 年，哲学心理学系在校学生人数统计（包括哲学专业和心理学专业）分别为：1937 年 64 人，1938 年 35 人，1939 年 40 人，1941 年 38 人，1942 年 51 人，1943 年 60 人，1944 年 34 人，1945 年 50 人，1946 年 51 人。清华大学文科研究所哲学部共招收研究生 11 人，其中包括留学生 1 人。哲学心理学系 1939 年至 1946 年本科毕业生人数分别如下：1939 年 8 人，1940 年 5 人，1941 年 7 人，1942 年 9 人，1943 年 7 人，1944 年 17 人，1945 年 11 人，1946 年 7 人，共计 71 人，其中，清华学籍毕业生人数 1936 年至 1940 年每年各为 2 人，共计 10 人。

3. 1946—1952 年

清华大学 1945 年 10 月复员后,哲学系的学生简况如下:

1946 年,哲学系新生录取名单:刘肇烈、梁诚瑞、刘诗峰、员达。

1946 年、1947 年,哲学系没有毕业学生。

1947 年,哲学系新生录取名单:饶瑞铮、李易、陈平。

根据《国立清华大学 1947 年度招收二、三年级转学生简章》规定,哲学系属于文学院。报名资格为凡在国立或已立案之私立大学肄业满一、二年以上者。凡欲转入上列各学系二、三年级者,其在原校所修之学程如与部定各学系一、二年级必修学程不相符合须补修者,其补修学程如超过二门则不得报名。考试科目如下:

二年级:1.国文,2.英语,3.中国通史,4.哲学概论、微积分、大学物理学、大学化学、大学生物学、大学地质学、政治学概论、经济学概论、社会学概论(九种择一)。

三年级:1.国文,2.英文,3.逻辑,4.中国哲学史,5.西洋哲学史。

根据这些要求录取的哲学系转学生如下(括号里的数字表示年级数):

1946 年,转学名单:董耀华(4)、王维贤(3)、朱显琨(3)、陈永盛(3)、盖淑筠(3)、蔡文熙(3)、韩余新(3)、傅秉良(2)、杨膺齐(2)、齐愈斋(2)。

1947 年,转学名单:瞿立恒(3)、周景良(2)、岳兴祥(2)。

1948 年,转学名单:朱伯崑(2)、王金海(2)、王诚壹(2)、王与田(2)。

1946—1948 年,清华大学哲学系一年级学生人数统计如下:1946 年 4 人,1947 年 3 人,1948 年为 0 人。1946—1948 年由外系或外校转入哲学系学生人数分别为:1946 年 10 人,1947 年 3 人,1948 年 4 人。

1948 年 7 月,哲学系本科毕业生 4 人:张俊、金安涛、高乃欣、董耀华。

根据《国立清华大学 1947 年度招考研究生简章》规定,清华大学本年度在北平、上海、武汉各地招考第一年研究生,男女兼收。哲学系考试科目为:1.国文,2.英文(作文及翻译),3.逻辑,4.中国哲学史,5.西洋哲学史。根据以上要求,哲学系录取研究生名单如下:

1946 年:周礼全。1947 年:王华东。1948 年:张俊、何惠兰。

1948 年,研究生毕业 1 人:陈镇南。

1949 年,本科毕业生 1 人:韩馀新。

1949 年,研究生毕业 1 人:周礼全。

1949年7月29日,根据华北高等教育委员会指令,南开大学哲学系取消后,该系学生10人分别转入清华大学哲学系、社会学系及心理学系。

根据《国立清华大学1949年度招考一年级新生简章》,清华大学哲学系招收本科一年级学生,考试科目为:1. 国文,2. 英文,3. 数学(代数、平面几何、三角),4. 政治常识,5. 中外史地,6. 理化。

根据本年度招生简章,1949年录取本科一年级新生如下:曹文正、刘俊新、荣晶星、张天恩、羊涤生、沈闻祥、席裕栋、奚冠民、余子泉、张爱琛、周祖达、刘锡光。

1950年,录取一年级新生如下:葛树先、蒋卫璧、龙睿、江研因、黄孟劭、范明生、夏树芳、李卓仁、徐克勤、沈联瑾。

1950年转学生:陈随本(2)、宗福紫(2)。

1950年,本科毕业生3人:唐稚松、水泗誉、周景良。

1951年,录取本科一年级新生如下:李学勤、李佩玖、刘士敏、张乃烈、刘德甫、钱广华、钱耕森、池超波。

1951年,本科毕业生2人:朱伯崑、王与田。

根据《国立清华大学1949年度招收二、三年级转学生简章》,哲学系招收转学生二年级的考试科目为:1. 国文,2. 英语,3. 哲学概论。三年级的考试科目为:1. 国文,2. 英文,3. 逻辑,4. 中国哲学史,5. 西洋哲学史。

根据《国立清华大学1949年度招收研究生简章》,考试科目为:1. 国文,2. 英文(作文及翻译),3. 逻辑,4. 中国哲学史,5. 西洋哲学史。

根据招生简章要求,1949年,录取研究生2人:韩光燾、苏天辅。

1950年,录取研究生3人:唐稚松、水泗誉、张岂之。

1951年,毕业研究生3人:苏天辅、韩光燾、唐稚松。

1951年,哲学系学生人数:一年级学生8人,二年级4人,三年级5人。

(二) 2000年至今

1. 本科生毕业简况

哲学系复建后的几年里,没有立即招收本科生,这在一定程度上是由于受到清华文科学科发展的制约。2003年,清华大学人文社会科学学院创办社会科学实验班,并开始文科实验班招生。文科实验班的学生在前两年（后来改为一年半）不分专业，根据通识教育的培养理念共同学习基础课，后两年（后改为两年半）再根据自己的兴趣和双向选择进行分流，进入相关的文科专业继续学习并完成学业。2005年，人文社会科学学院首次成立人文科学实验班和社会科学实验班，并统一按照这两个专业进行招生，前一实验班的学生在大二第二学期（后改为大二第一学期）根据双向选择的原则可分流到汉语言文学、历史、哲学三个专业继续学习并完成学业。

自2007年以来，清华哲学系本科毕业生名单如下：

2007年，阎妍、顾君素、暨晗姿、姚杏、张冬梅、张帅、贾沛韬。

2008年，田艺伟、周冏、曹珂、田超、姜维、陈艳、王弢、闻宇。

2009年，黄洞阅、朱建安、冯文斌、王奇冕、刘翔燕、宋文凤、张硕、罗军、张田、付瑞华。

2010年，王旭、王晨、谢芳、王卿、杨绍利、文一采、王斌范、张沛。

2011年，白云龙、齐建军、周逸、刘晓旭、蔡蕊、冯梓琏、毛丽、石辰威、郑若乔、闫博、洪凯源。

2012年，张夏辉、陈昕遥、郭蕊、刘晓君、周炼、邵晓钰、张紫薇、韩瑜、陶梦然。

2013年，胡少博、李翠琴、蒋维锶、彭程、王维多、倪俊然、骆斯航、莫映川。

2014年，邢冰、钟倍尔、党琦、王勤硕、彭亚力、张之琪、李心荷、杨雯琦、李钊、黄融。

2015年，管弦、徐燕、程思瑶、赵博囡、罗兰、马佳宁、和云汉、李欣弥、赵藤子、程元。

2016年，余欢、代永光、李潇、曾璐、马景峰、李依濛、黄蕙昭、牛子牛、张和合、修新羽、尹晗。

2017年，呼缨琦、刘诗雨、耿重庆、张萌、孙婧妍、俞燚帆。

2018年，李文洋、夏元瑾、李琳、坤福贤、王政杰、刘伊玲、王芷西。

2019年，付轲、束永伦、杨雨佳、刘博添、王弋鹤、李林峰、白知妗。

2020年，李亚男、商小彧、曾锦涛、许澜洋、孙嘉婧、陈楚淼、王浩旭。

2021年，阳紫妍、刘婉秋、朱彦洁、林睿豪、德吉旺杰、谢廷玉、魏兆鸿。

2022年，杨小双、何明阳、黄宗贝、余亿冉、叶芳舟、朱艺涵、曾蔓玲、杨峦峤、潘明花、林鉦洵。

2023年,韩沐榕、徐佳伟、赵洋、赵奕辰、杨愫春、杜俊文、袁铨、胡尘虹、金一诺、刘兴赫、乔悦清、喜喜、艾雅莉、吴任超、阿丽萨。

2024年,赵丹尼、富田莉央、智慧、都美莹、罗生门。

2. 硕士研究生毕业简况①

自2000年复建的当年,哲学系开始招收硕士研究生。自2005年以来,哲学系硕士研究生毕业名单如下:

2005年,牛冬梅、贾维、李石、唐芳芳、郭胜坡、董安林、戴明芳、李金登、薄海、高建中、陈代东、田洁、李树琴。

2006年,邵泽刚、杜国贞、吴寿乾、王建、吴长旻、朱振欢、王凌晶、梁亚娟、公秀丽、李万全、张言亮、刘玮、朴寅哲。

2007年,刘文嘉、王伟、郭琳、马超、陆雅莉、胡玉华、李晶、张峰、王晓辉、郑金连、姜海波、马超、陈浩、毛静、苏子媖。

2008年,解文光、武云、孙凌凌、郝雪羽、萧歌、左稀、关健、许风芯、朱嘉、肖彪、王威、崔玉莲、曹青云、乔智玮、金劲兑、安炫泽。

2009年,曾雪灵、朱晓佳、马玉涛、耿丽娟、曹绪奇、赵蕾、谷玥昕、杨淳、李大伟、扬仁杰、马蕾蕾、张宇、王晨、华夏、曲伟杰、胡依梅、张帅、阎妍。

2010年,张星、常永强、常静、盛传捷、文贤庆、仪修文、俞珺华、张帆、杜星、姜磊、詹莹莹、郭兴华、陈艳、荣虎只。

2011年,李兴川、曲伟、程庆伟、陈中祥、李卓、彭煦舟、陈玲、宛融、蔺庆春、周子阳、戴蓓芬、张昭源、朴斗焕、乔治娜。

2012年,李超、邬正杰、曹珂、刘宇濠、慕思珩、王奇冕、王晓杰、孙鑫、王思名、王辉、王硕、罗军、苏文蔚、秦美鸣。

2013年,唐靖玮、田新政、钱浩、李若语、肖思峰、王旭、王斌范、罗莎、张子萌、毛丽。

2014年,王立明、杨芬芬、张凯、石辰威、冯梓琏、洪凯源、万池、刘崇智、周炼、张紫薇、邵晓钰、黄腾辉、冯骏豪、金子惠。

2015年,桑泽轩、田秀莲、刘佳宝、丁照、杨雨濠、陈超、白云龙、杨志

---

① 限于篇幅,硕士研究生的相关专业名称、指导教师姓名、学位论文题目等,一一略去。

伟、林栩、翁少妙。

2016年,李文、王奕岩、宋德和、李翠琴、阳育芳、谢凯博、汤雁斐、朴范根。

2017年,刘建建、郑红亮、吕星宇、石玲、李剑、刘书蓉、梁晓燕、王舒墨、张嘉荣。

2018年,朱吟秋、杨葭、张子睿、杨航、赵藤子、张昀、和云汉、梁峻铭、叶雯德。

2019年,牛子牛、黄寰焮、王帅、李人福、尹晗、冯塞、满婧雯、董迪迪、修新羽、谢承琚。

2020年,周雨晨、郭潇、俞燚帆、胡磊、李泽翰、叶俊贤、黎颖骏、王芷西。

2021年,李潇、王政杰、刘伊玲、田奥凡、吴振华、杨梓希、尹桓蓉。

2022年,吴映彤、马语晨、李非凡、叶乐扬、何澍之、高婧、高晗、吕艺彤、刘志达、吴为、白雪、崔正烈。

2023年,刘雨琦、王彬、王慧聪、杨旻洁、曾锦涛、王浩旭、孙嘉婧、吴菁菁、任艳、张鉴涵、王凝新、赵卓凡、陈宥任、王泽婷、羊仲修、谢廷玉。

2024年,高楚彤、郭思宁、张舒涵、刘斯阳、董晨曦、柳晓彤、徐天翔、于国华、孔馨悦、阳紫妍、胡嘉乐、吴悦菲、周心仪、吉莉莉、成凤祥、王钰莹。

3. 博士研究生毕业名单

自2000年复建的当年,哲学系开始招收博士研究生。自2003年起,哲学系博士研究生毕业名单如下:

2003年,崔唯航。

2004年,靳风林、梁晓杰、曹孟勤、张彭松、李磊、王世明。

2005年,夏莹、左高山、乔东、庞世伟。

2006年,王韬洋、杨志华、李静静、涂文娟、詹文杰。

2007年,李义天、史军、刘曙辉、杨伟清、张立娜、王贵贤、王海洋、朱亦一、臧峰宇、胡兵。

2008年,张江、周谨平、张舜清、李成旺。

2009年,袁航、张容南、龙希成、珥维、唐芳芳、郑伟平、石鹏、王哲、范伟伟、胡可涛、谢惠媛、刘隽、张言亮、张娟娟。

2010年,陈凯、李树琴、任多伦、张惠娜、周志荣、匡钊、王思敏。

2011年,胡明艳、余佳、朱慧玲、蔡利民、田超、蔡志军、陈越骅、董玲、马明辉。

2012年,陶涛、陶锋、齐安瑾、张玲、李巍、武云、朱晓佳、张晓萌、黄彦程。

2013年,李季璇、杨红玉、李昕、文贤庆、叶树勋、李可心、云泽人、朴寅哲、安仁焕、金贤珠。

2014年,李志华、贾沛韬、卢文超、关杰、王纵横、赖尚清、李卓、孟芳、肖波、姜海波。

2015年,王喜文、詹莹莹、曹成双、丁璐、周冏、金迪、戴蓓芬、袁青、杨倩、何仁富、赵鑫洋。

2016年,廖志军、余露、郑锡道、邓定、刘萌、汪沛、郑守宁、张丹。

2017年,蔺庆春、田园、李超、张新国、原白玲、马维欣、余天放、戴益斌、宋姗姗、孔德猛。

2018年,雀宁、王远哲、周阳、王薛时、申祖胜、熊亦冉、柳镛宾、杨雨濠、田英。

2019年,郭笑雨、焦德明、刘庆红、王旭东、戴冕、刘佳宝、阴昭晖、邢锟、谢伊霖、李瑞敏、金辛迪、谭大卫、薇卡、由迪。

2020年,莫天成、付小轩、陈杨、梁燕晓。

2021年,许美平、崔华滨、李娴静、刘扬、郑琬馨、任作栋、刘文嘉、欧悟晨、王亚中、俸军、张洪义、冯秀岐、杨桦、乔微微、魏博、陈亮、桂海斌、李大柱、王大封、钮则圳、刘昊、徐明、邢冰、陈超、祝浩涵、陈于思、张嘉荣、黄竞欧、李妍、赵奇。

2022吕志朋、翁华、陈钰、张金萍、李珮、宋镐荣、余怀龙、李天伶、张凯、施经、王怡萌、白发红、陈邦臣、旦巴贡布、何青翰、李超瑞、鲁博林、马兵、孟少杰、孙洋、孙志强、汤恺杰、丁超、李菲菲、常宜勤、蔡杰、牛子牛、余欢、龚李萱、任思腾。

2023年,刘书蓉、张莉、康佳欣、邱振华、姚禹、钟毓书、崔琳菲、李磊、王奕岩、周建昊、索巾贺、魏鹤立、李嘉华、王帅、梁诚、孙子豪、高一品、闫佳亮、叶骏。

2024年,金海兰、吴紫雯、马健、单森、焦崇伟、刘鎏、王春池、乔珂、唐兴华、李明、陆纪君、黄永其、汪之凡、谭文章、谢光鑫、殷紫丹蓝、季磊、陈亚君、刘禹彤、陈飞、潘沈阳。

4. 双学位学生简况

2015年,哲学系开始招收双学位本科生。该类学生在清华大学完成相关的学习任务并达到相关的学业标准后,可获得哲学学士学位(即第二学士学位)。

自2015年秋至2018年,考入哲学系本科双学位的学生名单如下:

2015年,李圣乔、赵益泉、张禹晗、胡房君、罗韬堃、杨浩然、谢雨庭、陈薪先、张思睿。

2016年,吴映彤、王子浩、王晨、魏钧宇、高英洲、杨璨、刘睿宇、呼延彬、姜牧云、黄兰清、王湘文、周俊康、李郅纯。

2017年,杨一宁、张子文、何明阳、李佳聪、马云雷、范超逸、于国华、高乐桐、李金枝、吴汉宁、梁雨、田洋、张峻皓、赵梓荑、邵禹迪、杨小双、彭炜杰、杨雯珺、苗培壮、陈厚可、严筱枫。

2018年,王鸿奎、唐睿尚、周文欣、季欣然、刘康、刘明、秦子达、张鹏飞、胡凡、殷子烨、尹昊萱、邱可玥、张超谦、袁婧华、童昊天、张浩宇、叶凌远、袁亦朗、罗境佳、刘毓灵。

2019年,获得哲学系本科双学位的学生名单如下:魏钧宇、李郅纯、吴映彤、胡房君、赵益泉、陈薪先。

2000年开始,停止招收双学位学生。

5. 2006年至今博士后出站者名单

自2004年开始,哲学系建立博士后流动站并开始招收博士后人员。自2006年起,在哲学系完成学业并出站的博士后人员名单如下:

2006年,尹文涓、徐庆文、龚刚。

2007年,朱东华、圣凯、张薇薇、李朝东、张焕君、黄富峰。

2008年,戴立兴、常晋芳、李虎群、战颖、翁开心、周国文、李海燕、王瑞琴、周萍萍。

2009年,宋建丽、任丽梅、吴俊、刘新文、马晓燕、李伟波。

2010年,李燕、吴东日、毛寒松、李洪卫、任鹏、王旭凤、孙爱云。

2011年,师英杰、王紫嫒、谢宏声、李蕉、韩立坤、柴可辅、禹嘉煐、马强才。

2012年,赵中亚、方麟、余婉卉、李全胜、孟晓妍、张春贵。

2013年,胡蕊、常江、张春贵、宁全荣、翟奎凤、刘秀俊、牟世晶、陈岚。

2014年，刘黛、班高杰、姜海波、陈太平、谢伟铭、陈华文、梁丹丹、佘诗琴、王云鹏。

2015年，董辉、张耀宗、梅祥、李辉、叶树勋。

2016年，田毅松、郭祖炎、冯小茫、李懿、叶然、杨朗。

2017年，韩军、张卫、张静、刘伟、程李华、雷爱民、何跞、王润英、鄢嫣、张晓伟、薛刚、方遥。

2018年，辛智慧、范利伟、郭真珍。

2019年，杨剑霄、盖立涛。

2019年，郭东辉、董慧、黄娟、李成晴、孙笛庐。

2020年，尹昕、王硕、刘佳慧、吴小安。

2021年，刘懿凤、李诗悦、李震、罗喜。

2022年，石辰威、周力陈、王洁、孙德仁、陈曦。

2023年，王安琪、谢凯博、成果、章含舟、张跃月、闫雷雷、黄湛、管银霖、郑博思。

2024年，张重洲、刘任翔。

6. 2003年至今，清华大学哲学系博士研究生学位论文一览

姓名	指导教师	专业	学位论文题目	获得博士学位年份
崔唯航	邹广文	马克思主义哲学	从理论哲学到实践哲学——对马克思哲学革命的一种阐释	2003
梁晓杰	万俊人	伦理学	关于德法次序的哲学研究	2004
靳凤林	万俊人	伦理学	走向本真的存在——死亡问题的现象学研究	2004
李磊	王晓朝	伦理学	信仰与理性的汇融——斐洛思想研究	2004
王世明	万俊人	伦理学	孔子伦理思想发微——现代圣湖语境中的《论语》解读	2004
张彭松	万俊人	伦理学	社会乌托邦理论反思	2004
曹孟勤	万俊人	伦理学	生态伦理学哲学基础反思	2004
夏莹	邹广文	马克思主义哲学	作为一种批判理论的消费社会理论及其方法论导论	2005
庞世伟	邹广文	马克思主义哲学	论"完整的人"：马克思哲学视域中的实践生成论研究	2005
左高山	万俊人	伦理学	政治暴力批判	2005
乔东	吴倬	马克思主义哲学	管理哲学反思基础	2005
王韬洋	万俊人	伦理学	从分配到承认：环境正义研究	2006

续表

姓名	指导教师	专业	学位论文题目	获得博士学位年份
杨志华	卢 风	伦理学	走向道德客观性：黑尔理性主义伦理学研究	2006
涂文娟	万俊人	伦理学	捍卫行动：汉娜·阿伦特的公共性理论研究	2006
詹文杰	王晓朝	宗教学	"真"与"假"的研究	2006
李义天	卢 风	伦理学	当代美德伦理学研究：关于伦理多样性的论证与辩护	2007
胡 兵	邹广文	马克思主义哲学	每个人的全面而自由的发展进本原则论纲	2007
史 军	肖 巍	伦理学	权利与善：公共健康的伦理研究	2007
刘曙辉	胡伟希	中国哲学史	宽容：一种在差异中共存的方式	2007
杨伟清	万俊人	伦理学	罗尔斯正义理论中的正当与善	2007
张立娜	王 路	逻辑学	个体词的逻辑词义	2007
王贵贤	艾四林	马克思主义哲学	法律的合法性问题引论	2007
王海洋	邹广文	马克思主义哲学	论现代性视阈中的时间	2007
朱亦一	赵甲明	马克思主义哲学	论施蒂纳的形而上学批判及马克思对其批判的批判	2007
臧峰宇	吴 倬	马克思主义哲学	马克思政治哲学的人学审视及其当代意义	2007
张 江	万俊人	伦理学	和谐文化研究	2008
周谨平	万俊人	伦理学	分配正义研究：从机会公平的视角看	2008
张舜清	肖 巍	伦理学	儒家"生"之伦理思想研究	2008
李成旺	邹广文	马克思主义哲学	马克思哲学革命的文本学解读	2008
范伟伟	肖 巍	伦理学	关怀伦理学视阈内的道德教育：诺丁斯关怀教育理论研究	2008
胡可涛	胡伟希	中国哲学	"礼义之统"：荀子政治哲学研究	2008
张容南	卢 风	伦理学	对现代性的一种阐释学理解：查尔斯·泰勒的哲学思想	2009
龙希成	胡伟希	中国哲学	罗素的"人"的教育思想研究	2009
弭 维	卢 风	伦理学	道德之维：自然法和法律实证主义视角下的德法关系研究	2009
唐芳芳	王 路	逻辑学	基于广义谢弗竖的模态表列和分析性模态公理系统	2009
郑伟平	王 路	逻辑学	罗素的无约束变元理论	2009
石 鹏	王晓朝	宗教学	重构圣显：太平天国运动中的宗教现象	2009
谢惠媛	万俊人	伦理学	善恶抉择：马基雅维里的政治道德思想研究	2009
刘 隽	万俊人	伦理学	当代伦理学视阈中的"是-应当"问题	2009

续表

姓名	指导教师	专业	学位论文题目	获得博士学位年份
张言亮	卢风	伦理学	直面道德相对主义：麦金太尔后期道德哲学研究	2009
张娟娟	王路	逻辑学	奥卡姆的指代理论	2009
陈凯	王晓朝	宗教学	大一统与两城论：董仲舒与奥古斯丁政治思想比较研究	2010
李树琴	王晓朝	宗教学	雅典与耶路撒冷：德尔图良神哲学思想研究	2010
任多伦	胡伟希	中国哲学	论中国哲学思想在企业管理中的应用	2010
张惠娜	卢风	伦理学	布克金社会生态思想研究	2010
周志荣	王路	逻辑学	真之条件的意义理论	2010
匡钊	王中江	中国哲学	先秦"心"的思想研究	2010
余佳	胡伟希	中国哲学	由水及道：上古哲学核心观念的生成	2011
朱慧玲	万俊人	伦理学	正义与共和：桑德尔政治哲学研究	2011
蔡利民	邹广文	马克思主义哲学	从文化哲学视野看中国人的终极关怀	2011
蔡志军	邹广文	马克思主义哲学	论马克思哲学的超越维度	2011
陈越骅	王晓朝	宗教学	普罗提诺的太一本原论	2011
董玲	卢风	伦理学	消费主义伦理批判	2011
马明辉	王路	逻辑学	分次模态语言的模型论	2011
田超	胡伟希	中国哲学	先秦儒学"公私义利问题"辨正	2011
陶涛	万俊人	伦理学	城邦的美德——亚里士多德政治伦理思想研究	2012
陶锋	肖鹰	美学	批判与救赎：阿多诺美学与语言理论的关系之研究	2012
齐安瑾	肖鹰	美学	王船山《诗广传》美学思想研究	2012
李巍	王中江	中国哲学	先秦诸子学中"类"的思想新研究	2012
武云	贝淡宁	伦理学	洛克与罗尔斯：自由主义对宽容的契约论式辩护	2012
朱晓佳	肖巍	伦理学	后现代女性主义伦理学研究：伊丽格瑞的性别差异伦理学	2012
张晓萌	邹广文	马克思主义哲学	柯亨的社会平等观评析	2012
黄彦程	卢风	伦理学	克里考特的整体主义环境伦理研究	2012
李季璇	万俊人	伦理学	从权利到权力	2013
杨红玉	王路	逻辑学	量化理论研究	2013
李昕	王中江	中国哲学	梁漱溟的生命哲学	2013
文贤庆	卢风	伦理学	论道德哲学中的规范性本质	2013
叶树勋	王中江	中国哲学	先秦道家"德"观念研究	2013
李可心	陈来	中国哲学	"性善"与"小心"	2013
云泽人	邹广文	马克思主义哲学	实践与人的历史性生成	2013
朴寅哲	王晓朝	宗教学	赵紫宸的宗教思想研究	2013
安仁焕	邹广文	马克思主义哲学	大众文化、大众与知识分子的关系研究	2013

续表

姓名	指导教师	专业	学位论文题目	获得博士学位年份
金贤珠	王中江	中国哲学	梁启超对先秦政治思想的现代性阐释	2013
李志华	王晓朝	宗教学	古希腊学园派哲学研究	2014
贾沛韬	贝淡宁	伦理学	公民身份理论及其政治自由阐释	2014
卢文超	刘东	美学	作为社会互动的艺术活动：对比和论辩中的贝克尔	2014
关杰	王晓朝	宗教学	神圣的显现——宁古塔满族萨满祭祖仪式研究	2014
王纵横	邹广文	马克思主义哲学	从黑格尔开始：对马克思道德理论的比较阐释	2014
赖尚清	陈来	中国哲学	朱子仁论研究	2014
李卓	陈来	中国哲学	"性善"与"修悟"	2014
孟芳	卢风	伦理学	查尔斯·泰勒世俗化理论研究	2014
肖波	王路	逻辑学	模态概率逻辑	2014
姜海波	万俊人	伦理学	人的存在与作为真理之本质的自由	2014
王喜文	肖巍	伦理学	戴维·米勒"应得"理论研究	2015
詹莹莹	万俊人	伦理学	康德道德哲学中的目的论研究	2015
曹成双	贝淡宁	伦理学	何种差等是可辩护的？	2015
丁璐	王路	逻辑学	上帝存在的本体论证明	2015
周囡	肖巍	伦理学	福柯身体理论研究	2015
金迪	邹广文	马克思主义哲学	现代性视阈中的文化自觉	2015
戴蓓芬	肖巍	伦理学	福柯主体理论及其女性主义应用	2015
袁青	曹峰	中国哲学	《晏子春秋》研究	2015
杨倩	邹广文	马克思主义哲学	面向一种后现代的教育理论	2015
何仁富	卢风	伦理学	唐君毅生死哲学研究	2015
赵鑫洋	肖鹰	美学	差异性中的身份认同：2001—2010诺贝尔文学奖研究	2015
廖志军	卢风	伦理学	哈尼族生态伦理观念研究	2016
余露	万俊人	伦理学	罗尔斯政治哲学中的政治认同问题研究	2016
郑锡道	王中江	中国哲学	晚清文化转型与老学	2016
邓定	黄裕生	外国哲学	海德格尔前期"瞬间"思想研究	2016
刘萌	王路	逻辑学	康德判断表研究	2016
汪沛	万俊人	伦理学	列维纳斯前期哲学中的爱欲与个体化问题研究	2016
郑守宁	刘东	美学	艺术的社会生产：现代艺术体制的建构	2016
张丹	刘东	美学	齐美尔艺术思想的多重面貌——从艺术哲学到艺术社会学	2016
蔺庆春	韩立新	马克思主义哲学	早期马克思的"个人"概念研究	2017
田园	韩立新	马克思主义哲学	马克思早期"社会"概念的形成研究	2017

续表

姓名	指导教师	专业	学位论文题目	获得博士学位年份
李超	黄裕生	外国哲学	论康德的"根本恶"概念	2017
张新国	陈来	中国哲学	陈埴哲学研究	2017
原白玲	刘东	美学	时代之眼，或走出美学之眼？——巴克森德尔视觉文化研究	2017
马维欣	陈来	中国哲学	儒家德性伦理与现代企业管理	2017
余天放	黄裕生	外国哲学	康德的自我理论	2017
戴益斌	王路	逻辑学	戴维森的真之理论	2017
宋珊珊	邹广文	马克思主义哲学	马克思分配正义理论及其当代回应	2017
孔德猛	肖巍	伦理学	妊娠型代孕的伦理正当性研究	2017
周阳	韩立新	马克思主义哲学	早期马克思的"主谓颠倒"理论："中介"的作用	2018
雀宁	肖鹰	美学	云南维西傈僳族服饰审美意识研究	2018
王远哲	卢风	伦理学	康德道德哲学中的人性概念研究	2018
申祖胜	陈来	中国哲学	陆世仪哲学思想研究	2018
熊亦冉	刘东	美学	作为美学范畴的时尚	2018
柳镛宾	曹峰	中国哲学	成玄英《道德经义疏》的政治理念及其哲学基础	2018
杨雨濛	邹广文	马克思主义哲学	论马克思共同体思想的现代性批判维度	2018
田英	卢风	伦理学	伦理学视角下的熊彼特创新观念研究	2018
郭笑雨	王晓朝	宗教学	麦金太尔的自我道德叙事理论研究	2019
焦德明	陈来	中国哲学	朱子的主敬工夫论	2019
刘庆红	万俊人	伦理学	利他与责任——稻盛和夫商业伦理思想研究	2019
王旭东	韩立新	马克思主义哲学	文献学视阈中的"马克思恩格斯问题"——以新MEGA为例	2019
戴冕	王路	逻辑学	量词与数词——一种逻辑与哲学研究	2019
刘佳宝	万俊人	伦理学	威廉斯的本真性伦理学研究	2019
阴昭晖	王路	逻辑学	奎因逻辑观研究	2019
邢锟	刘奋荣	逻辑学	基于认知的自然语言语义研究	2019
谢伊霖	王晓朝	宗教学	从监牢到祭坛：论亚历山大里亚斐洛的身体神学	2019
李瑞敏	黄裕生	外国哲学	列维纳斯哲学中的自我观念研究——绝对他者与自我	2019
金辛迪	万俊人	伦理学	论二重限制性平等	2019
谭大卫	王晓朝	宗教学	唐景教文献《一神论》研究	2019
王薛时	卢风	伦理学	人数、公平与最小化伤害	2019
薇卡	陈来	中国哲学	周敦颐的人生哲学：以《通书》为中心的研究	2020

续表

姓名	指导教师	专业	学位论文题目	获得博士学位年份
由迪	贝淡宁	伦理学	民主框架下的贤能政治思想研究——从密尔到哈耶克	2020
莫天成	唐文明	伦理学	心性、人伦与王道——朱子思想与他对《孟子》的阐释	2020
付小轩	刘奋荣	逻辑学	不确定情境下的偏好提升	2020
陈杨	万俊人	伦理学	环境伦理学中的道德价值概念研究	2020
梁燕晓	陈浩	马克思主义哲学	超越市民与公民分裂的政治哲学筹划：黑格尔与马克思	2020
许美平	陈来	中国哲学	先秦儒家义思想研究	2021
崔华滨	贝淡宁	伦理学	康有为大同思想研究	2021
李娴静	万俊人	伦理学	阿马蒂亚·森基于可行能力的正义理论研究	2021
刘扬	肖鹰	美学	高居翰文人画史观研究	2021
郑琬馨	万俊人	伦理学	真诚与肯定——音乐中的伦理性	2021
任作栋	田薇	宗教学	朋霍费尔非宗教神学思想研究	2021
刘文嘉	邹广文	马克思主义哲学	鲍德里亚晚期媒介批判理论研究	2021
欧悟晨	肖鹰	美学	词语与形象：W.J.T.米切尔的图像理论研究	2021
王亚中	唐文明	伦理学	理学叙事中的师道与治道——从韩愈到朱熹	2021
俸军	黄裕生	外国哲学	论《纯粹理性批判》辩证篇中的理念问题	2021
张洪义	陈来	中国哲学	宋代道学的工夫实践与理论——从二程到前期朱子	2021
冯秀岐	万俊人	伦理学	罗尔斯论基本自由及其优先性	2021
杨桦	万俊人	伦理学	参与的践行者：查尔斯·泰勒的哲学人类学思想	2021
乔微微	肖鹰	美学	美学视角下的苏轼《和陶诗》研究	2021
魏博	韩立新	马克思主义哲学	自我异化与历史	2021
陈亮	朱东华	宗教学	形式指引与宗教生活：海德格尔宗教现象学研究	2021
桂海斌	刘奋荣	逻辑学	知识、怀疑与证据：兼论金岳霖的知识观	2021
李大柱	刘奋荣	逻辑学	社会结构中的形式脉络：多主体交互的逻辑动态研究	2021
王大封	黄裕生	外国哲学	论《道德形而上学》中法权义务与德性义务的关系	2021
钮则圳	陈来	中国哲学	孟子哲学在两汉的展开与诠释	2021
刘昊	陈来	中国哲学	王船山"生"的思想研究	2021

续表

姓名	指导教师	专业	学位论文题目	获得博士学位年份
徐明	刘东	美学	身体对美学的挑战：米歇尔·塞尔的五感融合观念研究	2021
邢冰	夏莹	马克思主义哲学	福柯的主体性原则及其恶的形而上学基础	2021
陈超	圣凯	宗教学	北朝佛教与经学交涉研究	2021
祝浩涵	高海波	中国哲学	"本心"或"圣人之心"：朱子思想历程中的经典意识	2021
陈于思	孙晶	美学	王尔德艺术批评研究：从"希腊主义"到"新希腊主义"	2021
陈晓旭	王程韡	科学哲学	城市游戏女玩家与现实和解的策略研究	2021
张嘉荣	夏莹	马克思主义哲学	论德勒兹哲学对资本的分析	2021
黄竞欧	夏莹	马克思主义哲学	资本批判视阈下的共享问题及其未来趋势研究	2021
李妍	万俊人	伦理学	城市色彩的伦理考量	2021
赵奇	宋继杰	外国哲学	亚里士多德感觉理论研究	2021
吕志朋	陈来	中国哲学	明儒李材的《大学》诠释及其心性论研究	2022
翁华	田薇	宗教学	论约翰麦奎利的自我观	2022
陈钰	刘奋荣	逻辑学	动态地理解句子的意义——显性和隐性两条路径	2022
张金萍	刘兵	科学哲学	苗族医学中身体模型的当代建构	2022
李珮	吴彤	科学哲学	知觉经验是否是概念性的——麦克道尔与德雷福斯之争	2022
宋镐荣	陈来	中国哲学	朱子易学哲学思想研究	2022
余怀龙	陈浩	马克思主义哲学	克里考特环境哲学中的"科学—伦理"问题研究	2022
李天伶	唐文明	伦理学	誓起民权移旧俗——梁启超早期政治思想的形成	2022
张凯	宋继杰	外国哲学	"非是者"之言说：柏拉图《智者》的语义学解读	2022
施经	俞珺华	逻辑学	皮尔士存在图研究	2022
王怡萌	刘兵	科学哲学	作为数字史案例的古代早期中国和希腊神秘数的比较研究	2022
白发红	丁四新	中国哲学	蔡沈《书集传》思想研究：以道统论为中心	2022
陈邦臣	王路	逻辑学	命题性知识研究——从"真"的观点看	2022
旦巴贡布	圣凯	宗教学	唐宋佛教正统观念研究	2022
何青翰	唐文明	伦理学	朱子《大学章句》中的"外王"思想研究	2022
李超瑞	张伟特	外国哲学	亚里士多德的动力因学说	2022

八、学生简况

续表

姓名	指导教师	专业	学位论文题目	获得博士学位年份
鲁博林	张卜天	科学哲学	托勒密《地理学》研究	2022
马 兵	丁四新	中国哲学	《老子河上公章句》哲学思想研究	2022
孟少杰	陈 来	中国哲学	"朱陆异同"论的历史演变及其哲学意义	2022
孙 洋	刘奋荣	逻辑学	从序提升到道义逻辑	2022
孙志强	刘奋荣	逻辑学	自然逻辑视域下的墨家逻辑研究——以"侔式推理"为例	2022
汤恺杰	朱东华	宗教学	安提阿学派经师狄奥多若解经方法的本体论研究	2022
丁 超	王 巍	科学哲学	实验哲学中的直觉和反思	2022
李菲菲	王程韡	科学哲学	长期癌症幸存者的阈限体验研究	2022
常宜勤	刘 东	美学	论物欲与视觉艺术的用途——摆正我们的感性生活	2022
蔡 杰	唐文明	伦理学	融贯礼经,根极理要——黄道周《孝经集传》研究	2022
牛子牛	夏 莹	马克思主义哲学	被剥削的欲望——资本主义主体再生产理论研究	2022
余 欢	俞珺华	逻辑学	"是"与"存在":一种逻辑学的观点	2022
龚李萱	范大邯	外国哲学	康德"良心"概念研究——阐释、重构及统合	2022
任思腾	王 巍	科学哲学	从随机对照到自然实验——实验方法论前沿问题研究	2022
刘书蓉	田 薇	宗教学	理雅各原始儒教—神论研究	2023
张 莉	王 路	逻辑学	紧缩主义真之理论研究:以真之极小论为中心	2023
康佳欣	甘 阳	外国哲学	自由、共同善与国家——论格林政治哲学的伦理学基础	2023
邱振华	陈 来	中国哲学	明代前期程朱理学研究	2023
姚 禹	胡翌霖	科学哲学	现象学技术哲学视域下的赛博格化研究	2023
钟毓书	黄裕生	外国哲学	德雷福斯背景理论及其伦理问题研究	2023
崔琳菲	韩立新	马克思主义哲学	《"类"的解体与重生——从青年黑格尔派到马克思》	2023
李 磊	Johannes van Benthem	逻辑学	博弈与棋盘:一个逻辑的视角	2023
王奕岩	刘奋荣	逻辑学	集体能动性:从哲学与逻辑的视角看	2023
周建昊	黄裕生	外国哲学	从世间交往到原初基础——胡塞尔交互主体性问题研究	2023
索巾贺	陈 来	中国哲学	先秦儒家"乐"思想研究	2023
魏鹤立	陈 来	中国哲学	明中期气论思想研究	2023

续表

姓名	指导教师	专业	学位论文题目	获得博士学位年份
李嘉华	刘 东	美学	"感性科学"：《悲剧的诞生》的困境与洞见	2023
王 帅	圣 凯	宗教学	中古中国佛教时间观念研究	2023
梁 诚	高海波	中国哲学	明儒主静工夫研究	2023
孙子豪	陈 浩	马克思主义哲学	抽象财产权的现实化困境与出路：马克思与黑格尔	2023
高一品	丁四新	中国哲学	董仲舒王道论思想研究	2023
闫佳亮	刘奋荣	逻辑学	内涵语境中的单调性：模态词和态度词下的弱化和语用效应	2023
叶 骏	黄裕生	外国哲学	论伽达默尔的"传统"与"传承物"概念	2023
金海兰	肖 巍	伦理学	阿伦特基于多样性的"世界之爱"思想研究	2024
吴紫雯	圣 凯	宗教学	北朝佛教空观念研究	2024
马 健	唐 浩	外国哲学	对有意行动和实践知识的倾向式分析	2024
单 森	韩立新	马克思主义哲学	资本循环视阈下的共同体理论研究	2024
焦崇伟	吴国盛	科学哲学	帕拉塞尔苏斯主义的终末论炼金术	2024
刘 鎏	高海波	中国哲学	唐文治理学思想研究	2024
王春池	万俊人	伦理学	双重视角中的自我及其整合——托马斯·内格尔伦理思想探究	2024
乔 珂	万俊人	伦理学	先秦儒学美德统一思想研究	2024
唐兴华	胡翌霖	科学哲学	技术哲学视域下的人类世研究	2024
李 明	张伟特	外国哲学	奠基与随附：斯宾诺莎形而上学的深层结构	2024
陆纪君	肖 鹰	美学	《画山水序》美学思想研究	2024
黄永其	唐文明	伦理学	教化视野下的《仪礼经传通解》研究	2024
汪之凡	宋继杰	外国哲学	柏拉图论快乐：一个系统的重构与阐释	2024
谭文章	朱东华	宗教学	克尔凯郭尔的自我生成论	2024
谢光鑫	宋继杰	外国哲学	真理与生活重合：福柯论犬儒主义的真理体制	2024
殷紫丹蓝	陈 浩	马克思主义哲学	从国家到社会：黑格尔与马克思的自由观研究	2024
季 磊	丁四新	中国哲学	《庄子》的形神论及其推演	2024
陈亚君	蒋运鹏	外国哲学	自我客观化于行动之中：辩护自由的温和认同理论	2024
刘禹彤	陈壁生	中国哲学	以元统天——董仲舒春秋学五始思想研究	2024
陈 飞	肖 鹰	美学	论席勒的历史哲学与美学思想	2024
潘沈阳	夏 莹	马克思主义哲学	马克思思想进程中的协作理论及其当代价值	2024

7. 2006年至今,清华大学哲学系博士后出站报告一览

姓名	合作导师	专业	出站报告题目	出站年月
徐庆文	邹广文	马克思主义哲学	全球化语境中的中国文化产业发展对策研究	2006.10
龚 刚	万俊人	伦理学	儒家伦理与现代叙事	2006.10
尹文涓	王晓朝	宗教学	清末民国时期北京地区教会女中研究——以贝满女子中学为中心	2006.12
朱东华	王晓朝	宗教学	宗教学学术史问题研究	2007.4
圣 凯	王晓朝	宗教学	地论学派研究——以南北朝佛学交流为背景	2007.9
黄富峰	卢 风	伦理学	大众传媒伦理研究	2007.9
李朝东	王晓朝	宗教学	探究超越论的主观性之谜——胡塞尔意识现象学研究	2007.10
张焕君	胡伟希	中国哲学	论先秦儒家礼学的形成与特征	2008.1
戴立兴	邹广文	马克思主义哲学	中国共产党与群众关系研究——基于执政合法性的视角	2008.3
王瑞琴	邹广文	马克思主义哲学	社会性别视野中的社会发展	2008.3
李海燕	肖 鹰	美学	隋唐之际河汾王氏家族美学研究	2008.4
常晋芳	邹广文	马克思主义哲学	全球化时代人的生存境遇与发展前景	2008.6
周国文	卢 风	伦理学	公民伦理研究	2008.6
周萍萍	王晓朝	宗教学	中梵关系述评	2008.6
战 颖	万俊人	伦理学	证券市场伦理规制发展的中外比较研究	2008.9
翁开心	万俊人	伦理学	道德与自由权利——寻求多元社会中的公共理性对话	2008.9
李虎群	王晓朝	宗教学	仁以己为任——马一浮学术思想研究	2008.10
张薇薇	王晓朝	宗教学	礼法与诗——试述索福克勒斯之肃剧《安提戈涅》中的法律、信仰与正义观	2008.11
任丽梅	邹广文	马克思主义哲学	科学发展观与中国文化产业发展	2009.3
宋建丽	肖 巍	伦理学	政治哲学视域中的性别正义	2009.7
刘新文	王 路	逻辑学	Sheffer竖研究	2009.7
马晓燕	肖 巍	伦理学	正义、差异政治与和谐社会——I.M.杨的政治哲学研究	2009.8
吴冬日	王晓朝	宗教学	基督教与马克思主义的对话研究	2010.2
吴 俊	万俊人	伦理学	政治伦理视域中的公民美德教育研究	2010.5
李伟波	王中江	中国哲学	习行六艺:颜元的经世儒学	2010.5
李 燕	唐少杰	马克思主义哲学	苏联农民共同的灾难——苏联1932—1933年饥荒问题与当代乌俄两国关系研究	2010.5
毛寒松	万俊人	伦理学	现代化背景下中韩大众文化的交流与发展	2010.6

续表

姓名	合作导师	专业	出站报告题目	出站年月
李洪卫	胡伟希	中国哲学	良知与正义——正义的儒学道德基础初探	2010.6
孙爱云	邹广文	马克思主义哲学	《周易》对中医基础理论构建的影响	2010.9
王旭凤	万俊人	伦理学	实践身份、道德规范性与道德合理性——克瑞斯汀·科斯佳规范性理论探究	2010.10
任鹏	肖鹰	美学	汉魏六朝人物观念的研究	2010.12
王紫嫒	王晓朝	宗教学	世俗化与美国激进神学研究	2011.2
师英杰	邹广文	马克思主义哲学	哲学视野中的中国文化软实力研究	2011.5
李蕉	邹广文	马克思主义哲学	地方自治与中国近代民主实验	2011.6
禹嘉瑛	邹广文	马克思主义哲学	现代化背景下中韩大众文化的交流与发展	2011.6
韩立坤	王中江	中国哲学	现代中国哲学"形而上学"范畴研究	2011.6
马强才	刘东	美学	清华国学院同学罗根泽、蓝文徵文存导言及研究杂论	2011.9
谢宏声	肖鹰、包林	美学	革命图像与审美快感	2011.12
柴可辅	王中江	中国哲学	东林学与晚明耶教	2012.4
孟晓妍	刘东	美学	赵元任文存	2012.6
李全胜	邹广文	马克思主义哲学	当代中国村级复合治理模式问题研究	2012.8
赵中亚	陈来	中国哲学	王庸先生学述	2012.9
方麟	刘东	美学	王国维学术思想评议	2012.9
余婉卉	刘东	美学	吴宓先生学述	2012.9
翟奎凤	刘东	美学	梁漱溟先生学述	2012.9
胡蕊	邹广文	马克思主义哲学	20世纪新马克思主义意识形态批判理论研究	2013.1
牟世晶	卢风	伦理学	论道德教育家庭化	2013.1
刘秀俊	刘东	美学	刘节先生学术评析	2013.1
常江	卢风	伦理学	仁爱与正义的"中和"之道——当代中国社会伦理探索	2013.2
陈岚	刘东	美学	陆侃如学术研究述评	2013.6
张春贵	唐少杰	马克思主义哲学	"天赐利器"还是"洪水猛兽"——新媒体与社会管理变革	2013.10
宁全荣	邹广文	马克思主义哲学	马克思消费理论的时代阐释	2013.12
梁丹丹	刘东	美学	高亨学术述评	2014.6
刘黛	曹峰	中国哲学	庄子哲学中的"道与言"问题新探	2014.6
谢伟铭	陈来	中国哲学	吴其昌先生文存	2014.6
陈华文	万俊人	伦理学	通往正义与美德：审慎作为政治美德的伦理意义	2014.7
班高杰	肖巍	伦理学	传统启蒙教育中的道德教化研究	2014.8
佘诗琴	卢风	伦理学	意识主体、主体间性与诗意自我	2014.11
陈太平	肖巍	伦理学	当代中国信仰教育问题研究	2014.12

续表

姓名	合作导师	专业	出站报告题目	出站年月
王云鹏	邹广文	马克思主义哲学	生态文明视野下的绿色生活研究	2014.8
李辉	陈来	中国哲学	朱芳圃的生平与学术	2015.6
叶树勋	刘东	美学	朱右白先生的生平与学术成就	2015.6
梅祥	王路	逻辑学	真之概念研究	2015.7
董辉	万俊人	伦理学	精神生活的失序及其伦理规制	2015.9
张耀宗	刘东	美学	林志钧学术研究	2015.9
李懿	刘东	美学	徐中舒文存	2015.10
田毅松	韩立新	马克思主义哲学	《神圣家族》研究	2016.4
冯小茫	王晓朝	宗教学	企业家精神、经济发展与社会演进——熊彼特的资本主义精神理论研究	2016.4
郭祖炎	万俊人	伦理学	风险社会视域下的中国公益慈善事业研究	2016.6
杨朗	刘东	美学	李济的生平与学术	2016.7
叶然	田薇	宗教学	论尼采的道德立法学——解读《走向道德谱系学》前言	2016.10
张静	万俊人	伦理学	道德权利与中国农村养老保障问题研究	2017.2
刘伟	王晓朝	宗教学	马克思人学理论研究	2017.4
韩军	王晓朝	宗教学	商业价值与哲学思维——互联网时代的企业管理哲学思维	2017.5
张卫	卢风	伦理学	跨学科视域下人工物的能动性及道德位阶研究	2017.6
雷爱民	卢风	伦理学	死亡哲学的论域与构成——死亡恐惧及其克服	2017.6
何跞	万俊人	伦理学	民族与理学视域下的元代文学性情论	2017.8
程李华	贝淡宁	伦理学	精英政治可否实现善治	2017.9
王润英	刘东	美学	储皖峰生平与学术	2017.9
鄢嫣	刘东	美学	陆侃如生平与学术	2017.9
薛刚	田薇	宗教学	两条"爱的秩序"的演进之路——斯宾诺莎、马克斯·舍勒基于爱的情感有序性研究	2017.10
张晓伟	陈来	中国哲学	《姜亮夫文存》导读:"有志未遂"的学术大师——姜亮夫先生的生平与学术	2017.11
方遥	陈来	中国哲学	马衡先生生平学术	2017.12
辛智慧	陈来	中国哲学	方壮猷的生平与学术	2018.9
范利伟	刘东	美学	裴学海先生的生平与学术	2018.9
郭真珍	黄裕生	外国哲学	巴什拉认识论对传统理性主义的改造	2018.12
杨剑霄	圣凯	宗教学	唐代法相唯识宗兴衰史研究	2019.10
盖立涛	丁四新	中国哲学	从"大同""小康"到"天下太平"——先秦两汉时期儒家"理想社会"研究	2019.11
董慧	丁四新	中国哲学	明遗民庄学研究	2019.11

续表

姓名	合作导师	专业	出站报告题目	出站年月
郭东辉	黄裕生	外国哲学	论黑格尔的承认概念	2019.12
黄 娟	刘 东	美学	《杨时逢文存》《余永梁 颜虚心 闻惕生 赵邦彦 王镜第 黄绥 门启明文存》	2019.12
李成晴	刘 东	美学	作为儒家的陈寅恪	2019.12
孙笛庐	刘 东	美学	吴金鼎的生平与学术	2019.12
尹 昕	韩立新	马克思主义哲学	《资本论》150年中的三次"转折"——基于编译和出版史的研究	2020.7
吴小安	刘奋荣	逻辑学	可能世界与因果结构模型 Possible Worlds and Causal Structural Models	2020.9
王 硕	陈 来	中国哲学	融通教理与整顿世教——管东溟三教思想研究	2020.10
刘佳慧	刘 东	美学	瑞恰慈对《中庸》和《孟子》的接受研究	2020.11
李 震	甘 阳	伦理学	邵雍易学在宋代的展开	2021.1
刘懿凤	圣 凯	宗教学	近代佛教寺院空间与僧众社会生活研究	2021.4
李诗悦	万俊人	伦理学	突发性公共卫生事件治理中的伦理困境与消解机制	2021.6
罗 喜	黄裕生	外国哲学	康德的相容论——《纯粹理性批判》"第三个二律背反"中意志自由与决定论之相容性研究	2021.9
石辰威	刘奋荣	逻辑学	知识的逻辑学分析	2022.7
周力陈	宋继杰	外国哲学	从哲学反观历史:重新理解若干史学概念的局部尝试	2022.7
王 洁	圣 凯	宗教学	唐宋禅宗祖师观念研究	2022.11
孙德仁	丁四新	中国哲学	北宋理学性命论的形成及其展开	2022.11
陈 曦	宋继杰	外国哲学	环境人文视角下的海外汉学研究	2022.11
王安琪	唐文明	伦理学	乾隆帝的经学观与学林回响	2023.1
谢凯博	刘奋荣	逻辑学	基于因果结构的认知与偏好	2023.1
成 果	黄裕生	外国哲学	从宗教的自然起源到理性为宗教奠基——启蒙运动以来的两种宗教史进路	2023.4
章含舟	万俊人	伦理学	基于关怀的儿童哲学研究	2023.5
张跃月	万俊人	伦理学	西汉赋的谱系学研究——以司马相如、扬雄为中心	2023.6
黄 湛	陈 来	中国哲学	道咸之际的理学复兴与学风转移	2023.6
闫雷雷	唐文明	伦理学	一贯之道中的修己与治人——朱子设教论研究	2023.7
管银霖	刘奋荣	逻辑学	伦理学视角下的《老子》	2023.7
郑博思	陈 来	中国哲学	先秦"臣道"问题研究	2023.9
张重洲	圣 凯	宗教学	中古中国佛教寺院经济研究	2024.4
刘任翔	黄裕生	外国哲学	时间差异化的海德格尔式存在论	2024.4

九、历任系领导

1926—1928年,创办哲学系:金岳霖。

1928—1929年,系主任:金岳霖。

1929—1937年,系主任:冯友兰。

1934年,系主任:张申府(代理)(冯友兰出国进行学术休假)。

1937年8月—1938年4月,长沙临时大学哲学心理教育学教授会主席(系主任):冯友兰。

1938年5月—1943年7月,西南联合大学哲学心理学系主任:汤用彤。

1943年7月—1944年8月,西南联合大学哲学心理学系主任:冯文潜(代理)。

1944年8月—1945年底,西南联合大学哲学心理学系主任:汤用彤。

1945年10月—1949年初,清华大学哲学系主任:冯友兰。

1947—1948年,系主任:王宪钧(代理)(冯友兰出国访学)。

1949年8月31日,冯友兰致函清华校务委员会,要求辞去哲学系主任等职务。9月2日,清华校委会批准冯友兰辞去所担任的三项职务。9月8日,校委会将冯友兰的辞职书转呈华北高等教育委员会。

1949—1952年初,系主任:金岳霖。

1952年,系主任:王宪钧。

1999—2000年,筹备复建哲学系:万俊人。

2000年5月—2007年12月,系主任:万俊人。副系主任:邹广文、王晓朝(2001年任职)。

2008年1月—2011年6月,系主任:万俊人。副系主任:肖鹰、韩立新。系主任助理:刘奋荣。

2011年7月—2014年7月,系主任:卢风。副系主任:黄裕生、刘奋荣。

2014年8月—2017年12月,系主任:黄裕生。副系主任:唐文明、圣凯。系主任助理:夏莹。

2018年1月—2020年10月,系主任:宋继杰。副系主任:圣凯、夏莹(2018年1—9月任职)、陈浩(2018年9月任职)。系主任助理:蒋运鹏、高海波(2018年1—9月任职)。

2020年11月—2023年11月,系主任:唐文明。副系主任:圣凯、陈壁生。

2023年12月至今,系主任:唐文明。副系主任:陈壁生、陈浩、赵金刚。

十、大 事 记

1909 年

9月,清廷赏拨清华园作为游美肄业馆馆址。

1911 年

2月,订立《清华学堂章程》。《清华学堂章程》对哲学教育作了陈述。

1912 年

10月,"清华学堂"更名为"清华学校"。

1925 年

5月,"清华学校大学部""清华学校研究院国学门"(国学研究院)成立。

1926 年

4月,清华学校决定设立哲学系等17个系。

9月,金岳霖被聘为清华学校大学部哲学系教授,负责创办哲学系,兼任哲学系系主任。哲学系招收首届本科生两人。

1927 年

1928年来清华哲学系任教的瞿世英、黄子通,1932年来清华哲学系任教的张东荪,三人于1927年创办了中国第一本哲学专业刊物——《哲学评论》,这本杂志对于当时中国的哲学学术研究及其发展起到了有力的推动作用。

1928 年

8月,"清华学校"更名为"国立清华大学"。冯友兰、邓以蛰被聘为清华大学哲学系教授。

1929 年

下半年,冯友兰任哲学系主任。

1930 年

10月,清华大学文科研究所哲学部成立。

1931 年

3月,清华大学聘任委员会决定,哲学系下半年改聘张申府(崧年)为教授。

1932 年

哲学系新聘教师及兼任讲师贺麟、张颐、李翊灼、张东荪等。

1933 年

8月,因冯友兰学术休假一年,张申府(崧年)代理哲学系主任。

9月,张岱年被清华大学聘为哲学系助教。

1934 年

9月,冯友兰的《中国哲学史》(上、下)由商务印书馆出版。

1935 年

金岳霖的《逻辑》一书由清华大学出版社部印行。该书是中国第一本系统地讨论逻辑(包括数理逻辑)的著作,它对中国现代逻辑的教学、研究和发展起到了重大的推动作用。

1936 年

4月14日,哲学系召开哲学讨论会,冯友兰主持。

6月,清华大学聘任委员会决定,将张荫麟(与历史系合聘)、沈有鼎升为教授。

7月2日,清华大学第109次评议会决定,解除哲学系教授张申府(崧年)聘约。张申府(崧年)因参加1935年"一二·九"运动,曾被逮捕。

1937 年

7月,由于抗日战争的全面爆发,清华大学被迫南迁。

11月,由清华大学等三校组成的"国立长沙临时大学"开学,冯友兰担任哲学心理教育学系教授会主席(实为系主任)。

张岱年完成《中国哲学大纲》。

1938 年

1月,"国立长沙临时大学"迁至昆明。

4月,更名为"国立西南联合大学",由于冯友兰担任文学院院长,改请汤用彤担任哲学心理教育学系系主任。

5月4日,西南联大正式开学。

11月,由于教育学专业调出,西南联大"哲学心理教育学系"更名为

"哲学心理学系",下辖哲学组、心理学组。汤用彤继续担任系主任。

1939 年

5月,冯友兰的《新理学》出版。

8月,清华大学文科研究所恢复,该所哲学部旧生复学,并招收新生,冯友兰担任哲学部主任。

1940 年

金岳霖的《论道》出版。

5月,冯友兰的《新事论》出版。

7月,冯友兰的《新世训》出版。

金岳霖开始撰写《知识论》。该书初稿完成后,因躲避日本侵略军飞机轰炸,不慎丢失。金岳霖重写,于1947年完成并准备出版,历经波折,最终于1983年出版。

1941 年

8月,梅贻琦函聘冯友兰为清华大学文科研究所所长兼哲学系主任。

1942 年

本年秋,西南联合大学开设"伦理学",由冯友兰讲授,这是教育部根据1942年5月蒋介石"手令"而增设的,被列为各院系共同必修课。其目的为"注意阐述先哲嘉言懿行,暨伦理道德方面多种基本概念,用以砥砺学生德行,转移社会风气"。主要内容为冯友兰所著《新世训》《新原人》等书,一开始为三四百人的大课,后于1945年停开。

1943 年

2月,冯友兰的《新原人》出版。

1944 年

6月,清华大学第21次聘任委员会决议,聘任冯友兰、金岳霖、沈有鼎、王宪钧为哲学系教授。

1945 年

4月,冯友兰的《新原道》出版。

贺麟的《当代中国哲学》完成,并于1947年出版。

1946 年

5月4日,"国立西南联合大学"宣告结束。

8—9月,清华大学及其哲学系北上复员,回归京郊海淀清华园旧址。

10月10日,清华大学正式开学。

12月,冯友兰的《新知言》出版。至此,冯友兰在整个抗日战争时期陆续完成了《新理学》《新事论》《新世训》《新原人》《新原道》《新知言》六部著作。这六本著作又被合称为"贞元六书"。它们代表着冯友兰哲学体系的六个重要方面,其中《新理学》《新原人》《新原道》《新知言》四书为此体系的主干,分别阐述了本体论、人生论、概念系统和方法论。

1947年

冯友兰的《中国哲学简史》英文版(*A Short History of Chinese Philosophy*)出版。

1948年

12月,中国人民解放军进驻清华园。

1949年

1月,解放军北平军事管制委员会正式接管清华大学。

1949—1952年初,金岳霖担任哲学系主任。

5月前后,清华大学等高校的哲学系陆续进行调整,系领导发生人事变动。

10月,马克思主义哲学课程开始成为全校大课之一。

1950年

在4月公布的《国立清华大学教职录》中,哲学系教授名单如下:金岳霖、冯友兰、邓以蛰、沈有鼎、王宪钧、任华。副教授为张岱年、王逊。助教为周礼全。

1951年

1月,哲学系全体教师参加了中国新哲学研究会筹备下领导的工作:第一,新哲学讨论会(每两星期一次);第二,中国哲学史、西洋哲学史、近代思想史、逻辑等教学提纲的编撰工作,这些提纲北京各大学已试用。

1952年

年初,王宪钧担任哲学系主任。

春夏之交,新中国几乎所有大学进行大规模的"院系调整"。清华大学原有的文、理、法、农学院调出,只保留工学院,清华大学成为工科大学。

9月,新学期伊始,清华大学哲学系停办,被合并到北京大学哲学系。清华原有的哲学系学生转入北京大学哲学系,原有的哲学系教师大都转入北京大学哲学系和中国科学院哲学研究所等。

1952 年秋季至 1999 年底

清华大学哲学系停办。

1999 年

清华大学聘请北京大学哲学系教授万俊人负责和筹备清华大学哲学系的复建工作,开始广泛引进国内外哲学教研人才。

2000 年

5 月 8 日,清华大学校务会议讨论,决定复建哲学系等。哲学系隶属人文社会科学学院。值此,清华大学哲学系正式复建,万俊人任系主任,邹广文任副系主任。

2000 年 5 月—2007 年 12 月,系主任:万俊人。副系主任:邹广文、王晓朝(2001 年任职)。

同年,建成伦理学硕士点,开始招收硕士研究生。

《清华哲学年鉴 2000》问世,该年鉴 2000 年至 2004 年由河北大学出版社出版发行,2005 年至 2008 年由当代中国出版社出版发行,于 2009 年停办。

2001 年

4 月 19 日,德国哲学家、法兰克福大学教授尤尔根·哈贝马斯在清华大学举行学术演讲,题为《论实践理性之实用的、伦理的和道德的应用》。

4 月 29 日,冯友兰先生铜像揭幕式在清华大学文南楼信息中心举行。

2002 年

完成马克思主义哲学、中国哲学、外国哲学、逻辑学 4 个硕士点的建设,开始招收硕士研究生。建成伦理学专业博士点,开始招收博士研究生。

2003 年

夏季,开始正式招收哲学专业本科生,首届学生 7 名。

2004 年

同清华大学科学技术与社会发展研究所合建哲学博士后流动站,并开始培养博士后人才。

哲学系伦理学学科点在全国伦理学专业中排名第三。

同年,在"985 二期"国家重大创新基地的申报中,哲学系同本校中文系、历史系和外语系一起申报"中华文明与文化研究国家创新基地"重大项目,获得成功。

2005 年

在全国第十批增列学位授权审核工作中,申报哲学一级学科博士点授予权获得批准。

从秋季学期开始,由于"人文科学实验班"(包含哲学、汉语言文学、历史学三个本科生专业)的建立,意味着其所包含的哲学专业的确立,哲学系的本科生课程逐步并且稳健地发展起来。

2006 年

8月,国务院学位委员会批准清华大学学科增列一级学科博士、硕士学位授权点,其中哲学学科博士学位授权点覆盖其八个分支学科:马克思主义哲学、中国哲学、外国哲学、逻辑学、伦理学、美学、宗教学、科学技术哲学。

2007 年

12月,哲学系行政换届。万俊人为哲学系主任,肖鹰、韩立新为哲学系副主任。王晓朝、邹广文不再担任哲学系副主任。

2008 年

自秋季学期开始,哲学系若干教师所承担的全校性的"马克思主义哲学原理"一课,转入本年成立的清华大学马克思主义学院,由该院并入"马克思主义基本原理"一课。值此之后,哲学系所开设的马克思主义哲学、马克思主义哲学史、马克思主义哲学经典著作研读等课程皆为人文学院或哲学系的基础选修课或专业必修课。

2009 年

11月,清华大学国学研究院成立,陈来任院长,刘东任副院长。国学研究院的教学工作挂靠在哲学系。陈来、刘东分别兼任哲学系教授。

2010 年

11月20日,冯友兰学术思想研讨会暨冯友兰诞辰115周年、逝世20周年纪念会在清华大学开幕。

2011 年

2011年7月—2014年7月,系主任:卢风。副系主任:黄裕生、刘奋荣。

2012 年

6月,清华大学"马克思恩格斯文献研究中心"成立,韩立新任该中心主任。

2013 年

12月,"清华大学—阿姆斯特丹大学逻辑学联合研究中心"成立,刘奋荣任该中心主任。

12月,"清华大学道德与宗教研究院"成立,万俊人任该院院长。

2014 年

2014年8月—2017年12月,系主任:黄裕生。副系主任:唐文明、圣凯。系主任助理:夏莹。

2015 年

《清华西方哲学研究》第一卷第一期问世,该哲学集刊由中国社会科学出版社出版发行,约每年两期。

哲学系开始在清华大学校内招收第二学士学位("双学位")本科生。

2016 年

4月,"清华大学生态文明研究中心"成立(挂靠清华大学环境学院,共建单位为人文学院和低碳能源实验室),钱易任该中心主任,卢风任执行主任。

2017 年

在全国一级学科的评估中,清华大学哲学学科在全国哲学学科中排名第九位。

2018 年

2018年1月—2020年10月,系主任:宋继杰。副系主任:圣凯、夏莹(2018年9月辞职)、陈浩(2018年9月任职)。系主任助理:蒋运鹏。

2018年年底,清华大学哲学系中国哲学学科荣获"2018年年度清华大学先进集体"。

2019 年

9月21—22日,清华大学哲学系承办"教育部高等学校哲学类专业教学指导委员会2019年年会暨全国高校哲学院(系)院长(系主任)联席会议",全国四十多所高校哲学院(系)院长(系主任)出席。

2020年

"贺麟外国哲学讲席教授团"正式成立,聘请四位国际知名哲学家Ortfrid Hoeffe(图宾根大学)、Charles Travis(伦敦国王学院)、Michael Beaney(柏林洪堡大学)、Robert Stern(谢菲尔德大学)。是继"金岳霖讲席教授(团)"之后又一次聘请国际一流专家,师资力量国际化程度高,直接开设英文专业课程,创造了良好的国际教学、研究的互动氛围。

2021年

10月,清华大学—阿姆斯特丹大学逻辑学联合研究中心博士研究生李大柱顺利通过清华大学—阿姆斯特丹大学联合答辩委员会的论文答辩,被两校联合授予博士学位,成为清华大学哲学系首位获得清华大学与阿姆斯特丹大学联合学位的博士。

2022年

1月24日,全国哲学社会科学工作办公室公布了《2021年度国家社会科学基金中华学术外译项目拟立项名单》,哲学系三位教师著作入选:圣凯教授的专著《中国汉传佛教礼仪(增订版)》,入选重点项目;陈来教授的专著《古代宗教与伦理》、唐文明教授的专著《与命与仁》入选一般项目。

2023年

清华大学哲学系主办的《清华西方哲学研究》在中国社会科学评价研究院开展的中国人文社会科学学术集刊评价(2022)中,入选核心期刊。

11月20日,在德国明斯克举行的国际科学哲学学院(AIPS)院士会议上,刘奋荣教授全票当选国际科学哲学学院通讯院士(Corresponding Member)。

2024年

4月23日,教育部举行第六届在线教育研究中心智慧教学研讨会暨教育部在线教育研究中心成立十周年大会,为选课超百万及五十万慕课颁发纪念奖杯。肖鹰教授、孙晶副教授主讲的"不朽的艺术:走进大师与经典"课程荣获学堂在线选课超五十万纪念奖杯。

8月1日至8日,第二十五届世界哲学大会在意大利罗马举行。在此期间举行的国际哲学学院(Institut International de Philosophie,IIP)院士会议上,经现场投票,清华大学哲学系刘奋荣教授当选为该院院士。

附　　录

清华大学哲学系史略

◎ 胡伟希

一、学统缘起

"哲学"一词源于古希腊,其原义是"爱智之学",这种"爱智之学"在古希腊时代有"学问之王"的美称。与西方语汇中"哲学"相对应的,中国称为"道学",其义是关于"性与天道"的学问,其在传统学术中地位之崇高,亦不待言。近代以降,随着学科的分化以及各门学科学术规范的建立,哲学已不再以"科学之学"的身份而居于各门学问之首。尽管如此,哲学对于各门具体学科的指导性意义,依然有目共见。更重要的是,哲学较之其他各种学科,更能反映一个民族的民族性情、一个时代的精神风貌。从这种意义上说,哲学在近代以来,其学术地位并没有降低,只不过其内容似乎变得更为纯粹,其形式也更具抽象学理化或理论化罢了。也正因为如此,在重视学术研究的近现代大学,无不把建立一个具有学术特色和理论品格的哲学系摆在相当重要的地位。有无一个实力强大的哲学系,已成为检验一所大学的学术层次高低、衡量一所大学是否真正"够格"的重要标准之一。

清华大学的哲学传统或谱系相当久远,甚至比其作为一所"大学"的历史还要久远。清华大学的前身是"清华学堂",这是一所利用美国退还庚子赔款兴建的旨在培养和输送留美学生的现代化大学。1909 年,当清华学堂还在筹建过程中时,就有一名学生由这所学校派往美国学习哲学。清华学堂建立后,派往美国留学研习哲学的更不乏其人。自 1925 年清华成立大学部之后,已正式将哲学(包括中国哲学和西方哲学)列入二年级学生课程。清华国学研究院成立后,聘请梁启超、王国维等国学大师到研究院执教。梁启超开出的课程就有先秦诸子、中国佛学史、宋元明学术史、清代学术史等,这可以说是清华最早开设的关于中国哲学史方面的课程。而在1925年清华国学研究院首届学生的专门研究题目中,有一名学生的研究题目就定名为"上古哲学思想的唯物观"。梁启超、王国维都是当时学贯中西的学术宗师,不仅精通中国传统学问,而且研究和介绍西方各派哲学。尤其是王国维,深信哲学影响一个民族的思维方式、塑造一个民族的精神气质至深至巨,是20世纪初力主将哲学从"经学"中分离出来的开风气人物之一。他还首倡"学无分古今,学无分中西",这种贯通古今中西的学风,对于清华以后的哲学学风影响深远。

1923年,中国学术界发生了一场"科玄论战"。一般认为,这是中国现代哲学史的真正开端。而"科玄论战"之起因,正是张君劢当时来清华学堂给学生们作了一次关于"人生观"的讲演。当时几乎所有的学术界名流,都介入或卷进了这场论战,论战的双方一边是"玄学派",认为科学对人生观问题无能为力。另一派是"科学派",提倡科学万能,认为科学有助于人生观问题的解决。应该说,这场导火线在清华学堂的论战,很大程度上左右和影响了此后20世纪整个中国哲学的走向与格局;而对"科玄论战"的母题——科学与人生观的关系,或者说科学与人文的关系问题的思考,则成为日后成形的"清华学派"之哲学研究的动力。

但是,清华大学之有其自身的哲学系,却是从1926年开始的。自此以后,清华大学哲学系不但将其"史前时期"的哲学传统发扬光大,而且形成了她自己的哲学特色,并且造就了一个"清华学派"。而可以冠之以"学派"之名,或者形成了"学派"的风格与特点的,在20世纪中国哲学史上十分罕见。这也许是历史上的清华大学哲学系留给中国现代哲学的宝贵遗产。

二、茁壮成长(1926—1937年)

清华大学哲学系的历史可以作如下的划分:成长期、定型期、"调整"或休克期、复建期。

清华大学文科各系大多于1926年成立。是年,金岳霖先生从英国回国,清华大学慕名聘先生来校筹建哲学系。当时,清华大学哲学系仅有教师金岳霖一人,兼任系主任,学生一人,即沈有鼎。金岳霖原是清华学堂出身,1914年到美国哥伦比亚大学留学,1920年获该校政治学博士学位,旋即到英国、德国、法国、意大利等国留学和游历。在英伦学习时期,他接触到英国的经验论哲学,醉心于休谟和罗素的哲学思想,回国后,即以介绍和传授经验论哲学为己任。严格说来,金岳霖的哲学思想属于新实在论,这种哲学思想是既不"唯心"又不"唯物"。他自称信奉实在论哲学,是因为这种哲学与科学更为接近。金岳霖对罗素和怀特海合著的《数理逻辑》很感兴趣,在罗素思想的影响下,其哲学方法讲究逻辑分析。以后,清华大学哲学系之所以成为中国新实在论学派的大本营,其哲学研究方法强调逻辑分析,可以说与金岳霖个人的哲学气质与研究路向很有关系。作为从清华大学哲学系毕业的第一位学生,沈有鼎后来对中国的逻辑学有不少贡献,并且擅长运用现代逻辑的观念与方法对中国传统的逻辑思想(如墨经的逻辑思想)作整理和研究,可谓深得其师真传。当时清华哲学系所开课程,仅有西洋哲学、论理学(逻辑学)和儒家哲学。前两门课由金岳霖先生所开,后一门由梁启超先生所开。到1928年,哲学系教师增加至5人。冯友兰先生也是这年到哲学系任教的,开始即被聘为教授,不久接替金岳霖出任哲学系主任。冯友兰是北京大学哲学系出身,毕业后亦赴美国哥伦比亚大学学习哲学,师从美国新实在论哲学家孟格塔等人,其哲学思想也属于新实在论一系。但与金岳霖习惯于用逻辑分析方法研究哲学问题有所不同,冯友兰对中国传统哲学似乎更有兴趣。他的长处是善于运用现代的逻辑分析方法与哲学观念对传统思想作新的理解和阐析,故冯友兰不但是哲学家,而且以中国哲学史家名世。可以说,清华大学哲学系之所以形成自己的传统与特色,并且在当时中国哲学界产生重要影响,是与金岳霖和冯友兰两先生的学术造诣分不开的。如果说,是金岳霖首先将逻辑分析方法引入哲学研究中,使清华大学哲学系形成了重视逻辑分析的传统的话,那么,到了冯友兰,由于其运用逻辑分析方法于中国哲学史的研究,并且对于中国传统哲学思想深得慧解,于是又为清华大学哲学系增加了一个"论从史出"的传统。

1934年,清华大学哲学系基本规模甫定。是年,哲学系已有教授4人:冯友兰、金岳霖、张申府、邓以蛰;专任讲师1人:沈有鼎;讲师3人:林宰平、贺麟、潘怀素。系主任仍为冯友兰。学生共13人,其中二年级3人、三年级3人、四年级4人、研究生3人。这些哲学学生中后来成为哲学名家者有王宪钧(逻辑学)、任华(西方哲学)、周辅成(伦理学)等人。值得一提的是，其时该系的图书建设亦颇有可观。西方哲学经典许多自古及近代以来大哲学家的全集，如柏拉图、亚里士多德、圣·托马斯、培根、洛克、休谟、康德、费希特、黑格尔、尼采、狄尔泰等人的著作，均有购置。此外，英、德、法等国新出的哲学图书，大多有订购。据统计，是年仅按期订阅的哲学杂志就有33种之多，其中含英文的15种、法文的7种、德文的7种、日文的4种。这也显示出清华哲学系从创立之初便具有跟踪世界哲学潮流、密切注意世界哲学发展前沿的特点。

在课程的设置方面，清华大学哲学系亦形成了自己的传统与特点。清华大学文科研究所于1930年成立，其哲学部的课程总则中说："本部同人认为，哲学乃写出或说出之道理。一哲学家之结论及其所以支持此结论之论证，同属重要，因鉴于中国原有之哲学多重结论，而忽论证，故于讲授一家哲学时，对于其中论证之部分，特别注重。又鉴于逻辑在哲学中之重要，及在中国原有哲学中之不发达，故亦拟多设关于此方面之课程，以资补救。本部研究生之工作，大部分为对于哲学专家或专题之研究，于其研究之时，本部亦使其对于论证部分特别注重，研究生作论文时，本部亦照此方针指导其工作。"[①]可见，在哲学人才的培养与教育方面，清华大学哲学系已明确将哲学方法及逻辑论证的训练作为工作的重点。故逻辑学的讲授，在清华大学哲学系始终是主干课程。

在科研方面，清华大学哲学系这一时期最可称道的学术成果，当首推金岳霖先生的《逻辑》一书，随之又有冯友兰先生的《中国哲学史》。《逻辑》一书于1936年出版，是金先生在他历年讲授逻辑学的讲稿基础上编写而成的，是国内第一本比较系统地介绍和讨论逻辑学，包括形式逻辑和数理逻辑的著作。该书分为四个部分，前三个部分主要用现代数理逻辑的观点批评传统逻辑(亚里士多德逻辑)和系统介绍罗素的数理逻辑，第四部分则讨论逻辑的本质，属于逻辑哲学问题。本书出版后，金岳霖声名鹊起，被公认为国内第一流的哲学家和逻辑学家。而《逻辑》一书以后也

---

① 清华大学校史研究室编：《清华大学史料选编》(二)，586页，北京，清华大学出版社，1991。

一版再版,成为20世纪中国逻辑学界影响最大的代表之作,在培养中国的逻辑人才和推进中国的逻辑学研究方面起到极其重要的作用。冯友兰先生的《中国哲学史》的第一编"子学时代"于1930年就已出版,第二编"经学时代"写成于1933年6月,全书于1934年9月出版。与金岳霖的《逻辑》一样,这本书也是冯友兰在给学生讲授中国哲学史的讲义之基础上逐年修改写成的。《中国哲学史》是中国哲学史研究方面具有里程碑意义的著作。我们知道,胡适于20世纪20年代写成了《中国哲学史大纲》,是国内第一本运用现代科学方法整理和研究中国古代哲学的著作,在中国哲学史研究上具有划时代意义。但胡适的这本书有两个缺点:一是具有实用主义的成见,有用实用主义的观点来批评中国古代哲学和将古人思想加以现代化的倾向;二是胡适本人的哲学素养欠缺,故此书从"哲学"的角度来理解和论述中国古代哲学显得还不够深入。而冯友兰的《中国哲学史》则完全避免了这些缺点。诚如金岳霖对此书的评论所说,冯友兰的哲学思想虽然属于实在论,但他没有从实在论的思想来看待和剪裁中国古代哲学;作为哲学史家,他在理解古人思想时尽量避免了他作为一个哲学家的"成见"。而且,《中国哲学史》强调对于中国古代哲学的"义理"分析,是一本严格意义上的中国"哲学"史。自此书出版,冯友兰作为中国第一流哲学史家的地位完全奠定。而其《中国哲学史》一书,迄今依然被认为是关于中国哲学史方面最出色的典范之一。

从1933年到1936年这段时间内,张岱年先生也曾经在清华大学哲学系担任助教,讲授"哲学概论"和"中国哲学问题"课程。这期间,他潜心于《中国哲学大纲》一书的写作,该书成为他一生中最优秀也最有影响的著作之一。

研究生培养方面,此时的清华哲学系贯彻"少而精"的原则。哲学系于1930年成立研究所,到1932年有研究生1人,此后几年有所增加,但最多的一年不超过四五人。真正毕业的,这时期仅有1人。但给研究生开设的课程,却异常丰富。如金岳霖所开的有洛克、休谟、布拉德雷研究;沈有鼎开设的有康德、胡塞尔、怀特海研究;冯友兰开设的有朱子哲学、老庄哲学及中国哲学史研究。此外,还有针对某些专门哲学问题或专题史的研究,如金岳霖讲授以实在论为主要内容的哲学问题,沈有鼎的数理逻辑、逻辑研究、逻辑体系,邓以蛰的中国美术史、中国美学史、西洋美术史,等等。所有这些为研究生开设的课程,本科高年级学生也可选修。

三、风格定型(1937—1945 年)

定型期又可称为西南联大时期。1937 年抗日战争全面爆发,清华大学哲学系随校南迁,是谓清华大学哲学系定型期的开始。之所以称为"定型期"有两种含义:一是指清华大学哲学系学科建设以及课程设置日趋完善,其发展已经进入了成熟阶段;二是指在清华大学哲学系执教的教授、学者们已经作为一个有特色的学派,其学术风格也已经定型,并且为国内哲学界所了解和公认,且其哲学研究也正处于巅峰阶段。兹先述后一种情形。

1937 年 7 月卢沟桥事变发生,抗日战争全面爆发。8 月,清华大学开始南迁。南迁第一站是湖南长沙、衡阳。冯友兰称南迁时期为"贞下起元"之时,其意是中华民族正处于空前危难之中,民族精神与民族血脉一息尚存,却也孕育着生机和新的希望。而哲学作为民族精神之担当,在此民族危难之时,自有其不容推卸的时代责任。可见,正是民族意识的呼唤与救亡意识的确立,为冯友兰等清华哲人的学术研究注入了新的动力和新的内容。冯友兰在《三松堂自述》中回忆说:"在抗日战争时期,颠沛流离将近十年的生活中,我写了六本书,《新理学》(一九三九出版),《新事论》(一九四零年),《新世训》(一九四零年),《新原人》(一九四三年),《新原道》(一九四四年),《新知言》(一九四六年)。颠沛流离并没有妨碍我写作。民族的兴亡与历史的变化,倒是给我许多启示和激发。没有这些启示和激发,书是写不出来的。即使写出来,也不是这个样子。"①这六本书是他本人哲学思想体系的集中反映。冯友兰的哲学思想体系可称之为"新理学",其特点是将西方新实在论与中国程朱理学相嫁接:一方面运用西方新实在论的逻辑分析方法,对经验命题作逻辑析义;另一方面又接着宋明理学的传统讲。其熔中西古今哲学于一炉的功夫,已到了炉火纯青的地步。《新理学》等书出版后,在当时哲学界激起极大反响,赞赏者有之,反对者也不乏其人。无论如何,"贞元之际六书"最终奠定了冯友兰在 20 世纪中国哲学史上的地位,他由此而被公认为当代最富原创性

---

① 冯友兰:《三松堂自述》,245 页,北京,北京大学出版社,1984。

的极少数几位中国哲学家之一。

就在冯友兰忙于写作"贞元六书"之时,金岳霖也奋力写作他一生中最富原创性的哲学著作。冯友兰回忆说:"当我在南岳写《新理学》的时候,金岳霖也在写他的一部哲学著作。我们的主要观点有些是相同的,不过他不是接着程朱理学讲的。我是旧瓶装新酒,他是新瓶装新酒。……我们两个人互相看稿子,也互相影响。他对于我的影响在于逻辑分析方面,我对他的影响,如果有的话,可能在于'发思古之幽情方面'。"①这里所谓"主要观点相同",是指两人的基本哲学倾向都为新实在论。不同之处是冯友兰的"新理学"是接着程朱理学讲,有明显的"论从史出"的味道;而金岳霖则直接论述哲学问题。这一时期金岳霖写出了他一生中最有影响的两部哲学著作:《论道》和《知识论》。南迁开始,金岳霖就投入《论道》一书的写作,1940年完稿,由商务印书馆出版。此书与冯友兰的《新理学》一道被重庆教育部学术评议部评选为抗战以来最佳之学术著作。金岳霖也认为这是他写得最满意的一本书。此书是他关于本体论的著作,全书以天道贯串人道,表明他思想上受道家思想影响的一面,但触发他写作这书的动力,却是为休谟问题而发,即要为归纳原则寻求一本体论的基础。在写作《论道》的同时,金岳霖又开始《知识论》的写作。《知识论》是金岳霖对于认识论问题的思考,全书洋洋70多万字,系统性强,而且以逻辑分析著称。可惜的是,当1940年此书完稿时,在一次走空袭警报时将原稿丢失,只得重新写。直到1948年12月才完成,原拟交商务印书馆出版,因已是解放前夕出版事被拖了下来,直到1983年才得以正式出版。无论如何,《知识论》是继《论道》以后,金岳霖的又一哲学力作。此书系统性之强,讨论分析认识论问题之深入,不仅同时代的中国哲学家中无人能出其右,而且将这本书置于当代世界认识论大家之林,也毫不逊色。

除冯友兰、金岳霖两人写出了他们一生中最好的哲学著作之外,这一时期,清华大学哲学系其他教授在学术上也颇有创获。如沈有鼎完成了《真理的分野》《意义的分类》等文章,王宪钧发表了《论蕴涵》《语义的必然》等关于逻辑方面的论文。这些都是关于逻辑或逻辑哲学方面颇有分

---

① 冯友兰:《三松堂自述》,252页,北京,北京大学出版社,1984。

量的文章,推进了逻辑学的研究。

西南联大是由清华大学、北京大学和南开大学三所大学南迁到昆明以后合并而成的,这三所大学是中国当时最著名的大学,人才济济。一方面,西南联大哲学系经过三所大学哲学系的联合以后,师资力量空前加强了。另一方面,三校虽然联合,但这种联合是松散的,因此,各校原来的教师在课程的安排与讲授方面,仍保持相对的独立性。这一时期,西南联大文学院院长和清华大学文学院院长均由冯友兰担任。联大哲学系主任是汤用彤,有教授9人,属于清华的有金岳霖(兼清华哲学系主任)、冯友兰、沈有鼎、王宪钧4人。这一时期,清华的教师开出的课程主要有两类:一为逻辑方面的课程,除原有的逻辑基本课程之外,还增开了"符号逻辑""逻辑语法""逻辑问题""晚周辨学"等新课;另一类课程为中国哲学史方面,包括老庄、孔孟、程朱理学等。其中,冯友兰除讲授中国哲学史方面课程之外,还给全校开设共同必修的部订课程"伦理学",此外,他还开设过"人生哲学""哲学方法研究"等选修课。此外,这一时期,联大哲学系还设有心理学组,心理学方面的课程均由原来清华哲学系的教师开设。

四、"调整"休克(1945—1952年)

虽然全国范围内的"院校调整"从1952年开始,但事实上,抗战胜利以后,西南联大解散,清华大学迁回北平,这一历史性的"调整期"就已开始。这表现在,由于受内战的影响,校园生活已不正常。清华大学哲学系与学校其他各系一样,进入了一段相当暗淡的时期。到了1952年,受苏联大学教育模式的直接影响,全国性的院校大调整开始,按当时的国家高等教育规划,全国高校只保留北京大学一个哲学系,清华大学哲学系的教师全部并入北大哲学系。例如,金岳霖、王宪钧调到逻辑教研室,冯友兰、张岱年到了中国哲学史教研室,任华在西方哲学史教研室,他们事实上成为尔后北大哲学系的中坚力量。

院校调整以后,清华大学取消了哲学系和其他人文科学系,成为一所单纯的工科院校。直到20世纪末叶,这一状况才开始改观。一所原本起步坚实豪迈,拥有着自身辉煌人文学科学统的现代型综合型大学,因历史原因,失却了当年的百科胜景,无可奈何地陷入人文学科的休克期。这一个案堪称现代中国高等教育史上奇特却令人不忍回首的景观,值得人们深思。

五、决然重建(2000 年 4 月始)

院校调整以后,清华大学撤销了文科。直到 1983 年以后,才先后成立社会科学系、中文系和思想文化研究所等辅助型人文社会科学系所,结束了在 20 世纪下半叶没有文科的历史。1993 年,清华大学成立人文社会科学学院,下设有哲学与社会学系,其中开设有哲学教研室,主要承担全校马克思主义哲学课程。2000 年 4 月,清华大学在改组原哲学与社会学系的哲学教研室并大举引进骨干人才的基础上,正式复建清华大学哲学系,中断近半个世纪的清华大学哲学系的历史得以真正续接。

新恢复的清华大学哲学系致力于广罗优秀人才,从北京大学哲学系引进了国内从事伦理学研究的著名中青年学者万俊人教授出任系主任,随之先后从国内其他高等院校吸收了一些优秀的学术人才,组成哲学系学术骨干梯队。这当中,包括从山东大学哲学系引进的从事马克思主义哲学和文化哲学研究的邹广文教授、从浙江大学引进的从事西方哲学和基督教哲学研究的王晓朝教授、从湖南师范大学引进的从事科技哲学和应用伦理学研究的卢风教授、从全国哲学社会科学规划办引进的从事逻辑学研究的蔡曙山教授,以及正在引进中的中国哲学方面的有关教授等中年学术骨干,另从中国人民大学哲学系、北京大学哲学系和中国社会科学院研究生院引进了数名应届哲学博士,涉猎伦理学、西方哲学和中外哲学比较等领域。另外,正在从国内外积极引进宗教哲学方面的青年才俊,等等。目前,清华大学哲学系有正教授 9 人,他们中 7 人具有博士生导师资格,年龄均在 45 岁左右;副教授 5 人,讲师 4 人,他们中绝大多数均获得专业博士资格。现已建立伦理学专业、马克思主义哲学、科学哲学专业等硕士点。哲学系的教师们从事的研究专业相当广泛,涵盖马克思主义哲学、西方哲学、中国哲学、伦理学、逻辑学、宗教哲学等方面。

重新恢复的清华哲学系致力于继承老清华哲学系"融汇古今、贯通中西"的优秀学统,并力求推陈出新。其近期的努力目标是争取设立伦理学和马克思主义哲学两个博士点,招收哲学与科技哲学和伦理学与宗教学两个交叉学科专业的本科生,扩大硕士生的招生数量。另外,正在筹建"道德与宗教研究中心",并且力争在三五年内成为在国内外有影响的哲学系之一。

——原文收录于《清华哲学年鉴 2000》,430~440 页,保定,河北大学出版社,2001。

冯友兰先生与清华大学原哲学系的传统学风

◎ 刘鄂培

冯友兰先生（1895—1990）是中国当代负有盛名的哲学家、中国哲学史专家、教育家。1928年，清华学堂改为清华大学。冯先生来到清华大学，任教授（同时在北大、燕京兼课）。第二年（1929）任清华大学哲学系主任，兼教授。1931年，任清华大学文学院院长。直至1949年，辞去文学院院长、哲学系主任之职（仍任哲学系教授）。

从1931年到1949年，正值冯友兰先生36岁至54岁。冯先生称之为他一生中最风光的18年。

在这18年里，冯先生在学术上取得了辉煌的成果，包括《中国哲学史》上卷（1931），《中国哲学史》下卷（1934），《中国哲学简史》（英文，1948）等，并完成了他的哲学体系之作"贞元六书"（1939—1946）。以上著作奠定了冯先生在当代中国哲坛的地位。

在这18年里，正好就是清华原哲学系传统学风形成的时期。因此可以说，清华大学原哲学系的传统学风是在冯友兰先生学风的影响下而形成的，更可以说，清华大学哲学系的传统学风是冯友兰先生的治学和教育思想的体现。

为了深入了解冯先生的治学和教育思想，我们有必要回顾20世纪30年代初的中国哲坛。

一、30年代初中国哲坛的"三足鼎立"

继五四新文化运动之后，中国有识之士纷纷向西方"寻求救国真理"。至30年代初，马克思主义哲学辩证唯物论已在中国流行。此外有美国詹姆斯、杜威的实验主义，英国穆尔、罗素的新实在论，维也纳学派石里克的逻辑实证论，以及柏格森的直觉主义，新黑格尔主义，新康德主义，尼采的超人哲学等。西方流行的哲学各流派，几乎都呈现于中国哲坛，使中国哲坛异说纷呈，出现一片空前的繁荣景象。其中影响最深的有：

1. 辩证唯物论

早在"五四"时期，马克思主义传入中国，哲学辩证唯物论亦随之介绍到中国。但是系统的理论还是在20世纪30年代初,李达(1890—1966)先生的四本译著:(德)塔尔玛《现代世界观》(1929年出版)、(日)河上肇《马克思主义的哲学基础》(1930年出版)、(苏)卢波尔《理论与实践的社会科学理论》(1930年出版)、(苏)西洛可夫《辩证法唯物论教程》(1932年出版)在国内出版发行。其中河上肇、西洛可夫的两部译著流行最广,影响亦最深。

由于辩证唯物论的观点新,它既不同于以往的唯心论,又不同于旧唯物论,所以这个学派又被称为"新唯物论"。它一经传入就受到中国哲坛的重视,尤其是在青年知识分子中备受欢迎。辩证唯物论成为20世纪30年代中国最新、最富有生命活力的哲学学派。

2. 西方哲学流派

20世纪30年代初,在中国哲坛上虽然西方各种流派纷呈,但对中国哲坛影响较大者主要有两个:

一是实验主义。在"五四"时期,胡适(1891—1962)先生将美国詹姆斯、杜威的实验主义引进中国,曾在20年代风靡一时。而到30年代,则一落千丈。其昔日的地位,为辩证唯物论所取代。

二是新实在论和逻辑实证论。20世纪30年代初,在清华大学哲学系,以金岳霖(1895—1984)先生为首,云集着一批逻辑大师。先后将英国穆尔、罗素的新实在论和维也纳学派创始人石里克的逻辑实证论引进中国。由于这两个学派都推崇"逻辑解析法",这种方法是西方近现代哲学中的科学内容,正好它又是中国哲学传统中的不足之处,因此,受到中国哲坛的重视,在当时的中国哲坛上占有重要的一席。

3. 中国哲学

中国传统哲学经五四运动的强烈冲击,到20世纪30年代初,原"国粹"派在学术上已无独特建树。1921年,梁漱溟(1893—1988)先生应邀至山东省作题为"东西文化及其哲学"的演讲,经整理而成书,并多次重版。由于这本书采用东西文化、哲学比较研究的方法,在当时颇具新意,因此在30年代初的中国学术界流传甚广。在该书中,梁先生提出了一个文化、哲学发展的公式:西方文化、哲学是功利的、理智的;中国文化、哲学是精神的、直觉的;印度文化、哲学是出世的、感觉(即现量)的。他认为这三种文化、哲学,以印度的最高,它是理想的文化、哲学,属于未来;

而西方的已过时，它正向中国的文化、哲学转变。因此，梁先生提出当前的任务是"中国文化的复兴"。梁先生也就成为"中国文化复兴"派的首脑。同时，由于梁先生的"中国文化"专指儒家文化，因此，《东西文化及其哲学》一书，奠定了梁先生在中国新儒学中创始人的地位。

以上形成鼎立之势的三大哲学流派，值得我们重视的是三者之间的关系。不妨举一例以说明：当梁先生的著作《东西文化及其哲学》发表后，胡适先生写了书评，指出梁先生的文化公式"只是闭眼的笼统话，毫无真知灼见"，以致恼火了梁先生。他在给胡适的信中，指责说："语近刻薄，颇失雅度。"而胡先生则在复信中反唇相讥，指出在梁著中"刻薄的论调亦复不少"。梁、胡两先生的这一场笔墨官司，其实质并非有无"雅度"，而是涉及双方观点之争。从中我们可以悟出：在20世纪30年代中国哲坛上的三大学派之间，并非"道并行而不相悖"（《中庸》语），而是"道不同，不相为谋"（孔子语）。三者之间的关系是：彼此对立，相互排斥，各不相容。门户之限，壁垒森严。

了解以上关系，将有助于我们深入理解冯友兰先生的治学和办院思想（即教育思想），以及当时清华哲学系的传统学风。下文我们先从清华哲学系的师资结构来分析。

二、大师云集的清华哲学系

1952年全国高校院系调整之前，清华哲学系以"短小精悍"著称。在校学生高峰时期不超过40人，是全校最小的系之一。而师资力量雄厚，堪称大师云集。

本文将对清华哲学系从1931年至1949年的师资力量作一概述。因为这一时期正是冯友兰先生任清华文学院院长、哲学系主任和教授之时。师资力量的配备，体现出冯先生的治学和办学思想。同时，又体现出清华哲学系的传统学风。

1931年至1934年，清华哲学系的教授有四人：冯友兰、张申府（1893—1986）、金岳霖（1895—1984）、邓以蛰（1892—1973）。专业讲师有沈有鼎（1908—1989）、张荫麟（1905—1942）[①]。清华哲学系除以上大师

[①] 以上材料引自《哲学系概况》一文，载于《清华周刊》1934年第41卷。

之外,还有张岱年,1933年毕业于北师大,受聘于清华哲学系,任助教。至今日,张岱年已是深孚众望的中国哲学家、中国哲学史专家,被誉为中国哲坛上的"一代宗师"①。

在20世纪30年代初,清华哲学系的师资力量是雄厚的,若按学术专攻方向,大致可分为三个方面,这个格局一直延续到1949年。不过先须说明的是,这三个方面仅是以专攻方向的"大致"区分。因为,在清华哲学系,这三个方面并非各自孤立,而是相互融会于一体的。

1. 辩证唯物论

哲学辩证唯物论在清华大学影响深远。我们首先提到的应是张申府先生。他是20世纪20年代末、30年代初著名的哲学家,又是革命活动家。1917年,他毕业于北大数学系,留校任助教。但他又酷爱哲学,深有造诣,不仅接受了辩证唯物论,成为一名马克思主义者,而且对西方哲学,特别是西方现代罗素的新实在论和逻辑解析法深有研究,在中国传统哲学方面亦根底深厚。在新文化运动、五四运动期间,他积极投入,成为李大钊从事革命活动的重要助手。曾任进步刊物《新青年》《每周评论》的编委,翻译和发表论文,宣传马克思主义,介绍西方文化哲学,提倡科学民主。1920年,他协助李大钊筹组共产主义小组,成为中国共产党最早的党员。同年,至法国里昂中国学院任教授。1921年,介绍周恩来入党,组成中共旅法小组。1922年至德国,在柏林成立中共旅欧总支部,任支部书记,并与周恩来共同介绍朱德入党。1924年回国,经李大钊推荐,参加黄埔军校建校工作,任黄埔军校政治部副主任,并任蒋介石的德文、英文翻译。1925年,张申府以党代表资格出席中共"四大",在党纲问题上与陈独秀发生争执而受到奚落,因而提出退党。经李大钊、章太炎的劝阻,仍坚持己见,但他提出"愿在党外帮助党工作"。从此,开始了他的教育生涯,先后在上海、北平任教。1931年,受聘于清华大学哲学系,任教授。此时正值冯友兰先生初任清华文学院长、哲学系主任。

从1931年至1936年,张申府先生在清华哲学系讲授逻辑学、数理逻辑、形上学,以及西洋哲学史等课程。他融会中西,学识渊博,讲课深入浅出,纵横自如,深受同学们欢迎。

---

① 第一次见于李淑珍《综合创新,一代宗师》一文,载于《北京大学学报》1995年第4期。

1931年"九一八"事变,日本帝国主义强占东北。国难临头,激起了全国人民同仇敌忾。在这"爱国有罪"的年代,张申府先生以满腔热情在课堂上谴责当局的不抵抗主义,分析形势的严峻性,鼓励同学们关心国家的前途和民族的命运。1934年元旦,还在《清华周刊》上发表了他的新年祝词——《新年的梦想》。文中写道:

(一) 我梦想我可以自由地做梦,同时我更梦想我能对得起我所做的梦。

(二) 我梦想1934年的中国,就是比较可以使我自由做梦的中国。

(三) 1934年的清华,我梦想它是有五四时代北大的意义的"1934年的清华",或者说它是一个树立了"清华基础的清华",也是我极愿做的一个梦。

〔说明〕时代是变迁的,历史是不照原样重演的,所以1934年的清华如能有五四时代的北大意义,一定必是:"1934年的清华"。

清华,清华,我更愿意它名副其实,而不只是"水木清华"而已也。①

这篇文章虽短,却掷地有声,为清华同学敲响了抗日救亡的警钟。

在中国共产党的领导下,1935年12月9日,北平学生掀起声势浩大的抗日救亡运动。一直鼓励、支持学生爱国行动的张申府先生,加入了学生游行行列,并组建了临时指挥部。② 第二年2月29日,张申府先生与清华学生20余人被捕入狱。1936年5月,由冯玉祥将军保释。7月初,清华评议会借故解除了张申府先生的聘约。

清华同学爱戴张老师,对解聘之事愤愤不平,写有《同情学运张教授被解聘》一文:"张教授知识渊博精深,为国内哲学界有数之人物,今竟弃若敝屣。故同学们闻此消息,莫不扼腕。"③

张岱年先生是张申府先生的二弟,生于1909年,少长兄16岁。1931年,张岱年还在北京师范大学求学时,发表《关于老子年代的一假定》一文,备

---

① 载于《清华周刊》新年特大号,1934年1月1日。
② 张申府文《我对一二·九运动的回忆》:"那天(12.9)上午,我同清华学生姚克广(姚依林)、女一中校长孙荪荃、学生郭明秋四人,同到西单亚北咖啡馆饮茶,算是组成了一个临时公开指挥部。"(收入北京市政协《文史资料选编》第8期,北京出版社1980年11月版。)
③ 《清华暑期周刊》第11卷,第1期,1936年7月25日。

受史学家罗根泽先生赞许,收入他主编的《古史辨》的第四卷,可见其在中国哲学方面的深厚功底。同时,在长兄的指导下,又阅读了大量西方哲学著作以及辩证唯物论的经典著作。对西方哲学,如当时还流行的实验主义等,张岱年先生不能契入,而对英国穆尔、罗素的新实在论以及维也纳学派石里克的逻辑实证论,特别是这两个学派的逻辑解析法,倍加赞许。而对辩证唯物论则不仅是赞许,而是为其理论光辉所折服,由此,张岱年先生接受了辩证唯物论,一生不渝。

张岱年先生善于思考,勤于写作,从1931年至1933年,仅三年在报刊上发表的论文就达33篇。这些论文大致可概括为三类:一是热情宣扬辩证唯物论,二是发掘、整理中国传统哲学中的辩证思维和唯物论思想,三是介绍西方哲学及逻辑解析法。其中不少可称为名篇,如1931年发表的《谭理》和《论外界的实在》,就是采用西方逻辑解析法,从理论上证明:"理在事中"和"外物于我是独立的","外物是实在的"。以上论文将逻辑解析法与唯物论相结合,从理论上丰富了唯物论,因此受到中国哲坛的重视。

早在20世纪30年代初,中国哲坛上曾有过一次辩证法与形式逻辑(包含逻辑解析)之争论。前者认为形式逻辑是形而上,后者认为辩证法是诡辩法,两派之间互相排斥、对立。而在此时,辩证唯物论者张申府和张岱年兄弟,则主张辩证法和形式逻辑是可以相容、互补的。因此,在《谭理》《论外界的实在》两文发表之后,学术界誉称为"解析法的新唯物论(即辩证唯物论)",并认为"此派具有批判的、分析的精神,其作品在新唯物论中,可谓最值得注意的,最有发展的"。而且称张申府、张岱年兄弟为这一学派的代表人物。[①]

冯友兰先生在《张岱年文集》第一卷"冯序"中评介当年的张岱年:"盖张先生真是一位如司马迁所说的'好学深思'之士,对于哲学重大问题'心知其意'。"1933年张岱年先生受冯先生之聘,来到清华哲学系任教,年刚24岁。他初登讲坛,讲授"哲学概论",在内容中增添了辩证唯物论,并称之为"当代最伟大的哲学"。他的讲课深受青年学生的欢迎。此后,又开设"中国哲学问题"等课程。1949年,开设"辩证唯物论"和"原著

---

① 孙道升:《现代中国哲学界之解剖》,《国闻周报》1935年,第12卷,第45期。

选读"等课程。张岱年为辩证唯物论在清华的启蒙和传播作出了贡献,其意义深远。

20世纪30年代初的中国,国难临头。日本帝国主义与军阀、政客相勾结,国家、民族危在旦夕。在思想领域,高压政策笼罩着中国。在此形势下,冯友兰先生勇于将张申府、张岱年先生聘至清华哲学系任教,足见冯先生有胆、有识,体现出他的治学和教育思想,也体现出清华哲学系传统的学风。

2. 西方哲学

清华哲学系一直是重视西方哲学的。但是,在20世纪30年代初中国哲坛上呈现的各种西方哲学学派之中,在清华哲学系占主要地位的还是英国穆尔、罗素的新实在论和石里克创始的维也纳学派的逻辑实证论,尤其是这两个学派的逻辑解析法,深得青睐。如冯友兰先生,他1919年到美国哥伦比亚大学留学时,杜威正在这所大学讲实验主义。冯先生对这个学派十分熟悉,但后来,他的学术思想又转到以新实在论占优势。在当时的清华哲学系已形成一个共识:逻辑特别是逻辑解析法是西方现代哲学中的科学内容。因此,从30年代初,全国的逻辑学大师几乎都集中在清华哲学系,直到40年代末,基本保持了这一格局不变。正如张申府先生在1934年代理哲学系主任(当时冯先生赴欧考察)所说的:"本系的趋向与希望就在期成一个东方的剑桥派。"①重视逻辑是清华哲学系的优势,形成了清华哲学系的学风和特色。②

金岳霖先生是中国最著名的逻辑学家。1911年入清华学校留美预备科,1914年至美国留学,1917年获宾夕法尼亚大学学士学位,1918年获哥伦比亚大学硕士学位,1920年又获该校政治学博士学位。他的毕业论文题为"T. H. 格林的政治学说"。格林是英国的政治学家,又是哲学上的黑格尔主义者。为了深入理解格林的哲学,1921年金先生赴英,入伦敦剑桥大学深造,研究英国著名的黑格尔主义者布莱德雷的哲学,因而接触到罗素的逻辑思想。他发现,用罗素的逻辑完全可以驳倒布莱德雷的诡辩。

---

① 剑桥学派指英国新实在论哲学家穆尔、罗素。两人同任剑桥大学教授,在逻辑学上有造诣,开创"逻辑解析"学派。

② 张申府:《哲学系概况》,载于《清华周刊》第41卷,响导专号,1934年6月1日。

于是金先生的兴趣转为逻辑。

1926年,金先生受聘于清华大学,任教授。继赵元任先生之后,讲授逻辑学。1929年清华哲学系成立,金岳霖、冯友兰先生同为该系的创始人。从这时起至1949年,金先生在哲学系开设的逻辑课程有:逻辑、符号逻辑、知识论、哲学问题等。金先生的讲课,逻辑严密,条理清晰,备受学生欢迎。金先生被誉为"中国的穆尔",当时,人称中国新实在论学派的"首领则当推金岳霖先生"①。

沈有鼎先生,1925年考入清华哲学系,成为金岳霖先生的高足。1929年赴哈佛大学留学,受业于知名的逻辑学家谢孚、怀特海,1931年获硕士学位。1931年至1934年,赴德国海德堡大学、弗莱堡大学留学。1935年回国,任清华哲学系专业讲师。在逻辑方面曾开设数理逻辑、逻辑研究、逻辑体系等课程。此外还开设西方哲学专题课:康德、胡塞尔论著选读、怀特海等课程,以及中国哲学专题"周易研究"课程。沈先生天资过人,学贯中西,而又不修边幅,清华师生昵称其为"怪才"。

洪谦先生,1927年于清华国学研究院预科毕业,赴德国留学,先后在耶拿大学、柏林大学主修物理学、数学和哲学,而对哲学更有兴趣。1928年转赴奥地利,入维也纳大学,师从维也纳学派创始人石里克,获博士学位。1937年回国,任清华、北大两校哲学系的讲师,系统、全面地介绍石里克的逻辑实证主义论和逻辑学。

王宪钧先生,1933年于清华哲学系毕业,1935年于清华研究生毕业,获硕士学位。1936—1938年在奥地利维也纳大学从事研究工作。1938年回国,任西南联大哲学系讲师、教授。复员后任清华哲学系教授,从事逻辑的教学和研究,曾开设逻辑、数理逻辑等课程。

清华哲学系从30年代初至40年代末,逻辑大师云集。逻辑学的研究在全国各大学中,处于领先地位。

西方哲学在清华哲学系亦占有重要地位。20世纪30年代初,北大哲学系的贺麟先生,在清华开设西洋哲学史课程。金岳霖先生开设西方哲学专题:洛克、休谟、布莱德雷等课程。沈有鼎先生亦开设了这方面的课程(详见前文)。

---

① 孙道升:《现代中国哲学界之解剖》,《国闻周报》1935年,第12卷,第45期。

张荫麟先生(1905—1942),1929年于清华学校毕业,深受梁启超赞识,留清华任讲师。后赴美留学,在斯坦福大学攻读哲学。1933年学成归国,任清华的哲学和历史两系教授。曾在哲学系开设英美近代哲学家选读等课程。张先生在哲学方面学贯中西,而又精通史学,著有《中国史纲》。熊十力先生称赞他:"张荫麟先生,史学家也,亦哲学家也。"张岱年先生誉之为"奇才"。① 张荫麟先生惜英年早逝,年仅37岁。

此外,还有任华先生,1935年获清华哲学系学士,1937年,在金岳霖先生指导下,完成论文《信念之分析》,获硕士学位。1946年,获美国哈佛大学博士学位。同年回国,任清华哲学系教授,开设西方哲学史课程。

3. 中国哲学

从1931年至1949年,清华哲学系中国哲学史课程一直由文学院长兼哲学系主任、教授冯友兰先生任教,足见清华哲学系对中国哲学的重视。冯先生在中国哲学史方面功力深厚,造诣尤深,而又学贯中西,进行比较研究。这不仅提高了清华中国哲学史课程的讲授水平,同时,又开创了清华哲学系在中国哲学方面融会中西的优良学风。

1933年,张岱年先生受聘来清华哲学系执教。他在中国哲学方面深有造诣,为清华哲学系增添了新生力量,曾开设中国哲学史课。同时,他在西方哲学方面研究精深,初来清华,即开设哲学概论课。尤其是在辩证唯物论的研究上深有见地,在辩证唯物论与中国传统哲学相结合上,多有创见,曾在清华开设辩证唯物论和原著选读等课程。

邓以蛰先生是现代中国负有盛名的美学大师。1917年赴纽约哥伦比亚大学求学,专攻哲学和美学。1923年于该校研究院毕业,1923年回国。1929年任清华哲学系的教授。邓先生是清朝大书法家邓完白的后裔,由于家学熏陶,不仅在中国传统美学上造诣高深,而且遍访欧陆各国,在西方美学上亦有很高的造诣。在清华哲学系同时开设中国美学史和西方美学史课程。邓以蛰先生学贯中西,受到学术界的景仰,他与当时在东南大学任哲学系美学教授的宗白华先生并称为"南宗北邓"。

---

① 张云台编:《张荫麟文集》,教育科学出版社1993年版。见熊十力的悼念文章及"张岱年序"。

三、清华原哲学系的传统学风

综观以上从1931年至1949年清华大学原哲学系的师资力量和开设课程的分析,清华哲学系的传统学风可归纳为三个方面。

1. 融辩证唯物论、西方哲学、中国哲学于一体的学风

20世纪三四十年代的中国哲坛上,辩证唯物论、西方哲学(包括逻辑)和中国哲学这三大流派之间相互对立、相互排斥、各不相容,门户壁垒森严。而在清华哲学系却是另一番景象:冯先生在1936年发表《清华廿五周年纪念》一文,希望将清华办成"万物并育而不相害、道并行而不相悖的大学"①。当时在清华的三大流派正如冯先生所言"道并行而不相悖",和平相处,济济一堂,体现出冯先生一贯强调的"学术尊严"和"学术民主"思想。其实,冯先生的这些思想与蔡元培先生于1917年出任北大校长时提出的"兼容并包"思想完全一致。

历史已证实,以"兼容并包"作为办教育的思想,会对发扬学术民主、维护学术尊严、促进学术繁荣、提高教育质量等方面起到积极、进步的作用。同时,我们又应看到,"兼容并包"已成为当时有识的教育家的共识。不仅北大、清华是这样,而且全国的知名大学大都是这样。因此,"兼容并包"在三四十年代是中国当时知名大学的共同点,而非清华或某一个大学的特点。

那么,清华在这方面还有没有特点?如果有,又在何处?我个人认为,清华在"兼容并包"上是有特点的。其特点是:"兼容并包"不仅是办教育的思想,而且深入大师们的个人治学方法之中,形成一种新的学风。这种新学风已不只是停留在"道并行而不相悖",而是深入、发展进而博采当时中国哲坛上三大流派之所长,并使之融为一体。这个新学风,就是清华哲学系的特点之一。其有代表性的思想就是冯、张两先生治中国哲学的"接着讲"的方法。至于详述,请见下文。

2. 重视逻辑并吸取西方新实在论、逻辑实证论中的逻辑解析法的学风

清华原哲学系重视逻辑,但是并非停留在教育思想上,而是深入大师们的治学方法之中,形成一种新的学风。如逻辑大师金岳霖先生,1940年

---

① 《清华副刊》第44卷,第3期。

出版哲学体系之作《论道》,以西方逻辑为主,又与中国传统哲学中老子的"道"和宋儒的"理"相结合,为中国哲学创建了一个运用逻辑来分析、论证的哲学本体论体系。

中国哲学大师冯友兰先生在美国哥伦比亚大学留学时,他的哲学思想中"先是实用主义的优势,后来新实在论占优势"[①]。冯先生在哲学思想上的这个转变,对20世纪30年代清华原哲学系倾向于西方新实在论和重视逻辑的学风的形成,有很大的影响,而且还影响到冯先生自己的治学方法。20世纪30年代,冯先生的中国哲学巨著《中国哲学史》(两卷本)完成。其中就采用了逻辑解析法,以厘定中国哲学的范畴,将先秦的名学分为惠施的"合同异"和公孙龙的"离坚白"两派。时至今日,仍为学者们沿袭。在20世纪40年代完成的哲学体系之作"贞元六书"之中,他的新理学哲学体系,即建立在四个逻辑命题之上。这两套著作为中国哲学创建了一个融会西方哲学的新哲学体系。

从金、冯两先生所创建的新哲学体系而观之：第一,可见本文所提出的清华原哲学系的学风,即融会中西哲学于一体,以及重视和吸取西方逻辑。此两者是紧密联系着的,或可以说,后者是前者的补充。第二,三四十年代,清华原哲学系已进入创建新哲学体系的时期。这是由于在新文化运动和五四运动之后,辩证唯物论以及西方各哲学流派纷纷传入中国,引起了中西哲学的激烈碰撞。同时,也由于时代的变迁,中国传统哲学已不能完全适应新的时代要求。因此,中国的传统哲学必须更新、转型。所以,20世纪三四十年代亦可称为中国哲学的转型时期。

中国哲学需要转型,必先有一个转型的思路。我们继续探讨这个有意义的问题。

其一,"三流合一"中国哲学转型的构思。

张申府先生来清华哲学系任教,曾多次提出"孔子、列宁、罗素,三流合一"的新的构思。在这里,孔子、列宁、罗素并非指个人,而是指孔子所代表的中国哲学优秀传统、列宁所代表的辩证唯物论新的传统和罗素所代表的西方逻辑解析传统。在这一基础上,1936年,张岱年先生在《哲学上一个可能的综合》一文中提出:"今后哲学之一个新路,当是唯物(指以

---

① 冯友兰:《三松堂自序》,210页,北京,生活·读书·新知三联书店,1984。

辩证唯物论为基础,并吸取中国张载、王夫之的气学)、理想(指中国传统的道德和人生理想境界)、解析(指西方的逻辑解析),综合于一。"①张氏兄弟的"三流合一"思想的提出,备受当时学术界的重视,被称为"最值得注意的、最有发展的"②思想。

既然以上关于中国哲学转型的构思是应20世纪30年代的时代要求而产生的,那么它为什么偏偏产生于清华原哲学系?如果说,在清华原哲学系存在着产生这一构思的"沃土",那么这"沃土"又是什么?

其二,产生中国哲学转型新构思的"沃土"。

在20世纪三四十年代,冯友兰先生任清华文学院院长,兼任哲学系主任、教授。他的思想对哲学系学风的形成是至关重要的。我们先分析他的文化思想。

1934年,冯先生在清华发表了《读经尊孔与提倡理工》一文。文章虽短,却体现出他的文化观。其主要论点有:

(1) 反对近30年来的体用之说。文章指出:"30年前张之洞等一般人提倡'中学为体,西学为用'。……用较摩登的话说,就是:西洋所超过中国的,不过是'物质文明'。至于'精神文明'还是中国占先。我们如果必须学西洋,也只可以学他们的'物质'方面,至于'精神'方面,我们还是保守旧有的。现在有一部分人主张读经尊孔而同时又提倡理工,这不就是这一种思想之十足表现么?"

(2) 指出体用说之错误所在。文章指出:"古有古之'物质文明',随其'物质文明'而有古之'精神文明'。而今有今之'物质文明',依其'物质文明'而有今之'精神文明'。"又说:"所以,要保持以前的'精神文明'必需保持以前的'物质文明',某种'物质文明'与某种'精神文明'是一套的。"冯先生既批判了"中体西用"说,同时又批判了"西体中用"说,并指出,两者的共同错误在于分割"某种物质文明与某种精神文明"之间的联系。这一批判是十分中肯的。

(3) 强调文化的继承和创新。文章指出:"然而古亦非尽不能存。历史是有联续性的。……凡古代事物之有普遍价值者,都一定能继续下

---

① 《张岱年文集》第1卷,210页。
② 孙道升:《现代中国哲学界之解剖》,《国闻周报》1935年,第12卷,第45期。

去。不过凡能继续下去者,不都因为它古,是因为它虽古而新。"①

冯先生的这篇文章的确精彩,尤其在文化的继承性问题上,今日读之,其中的新意仍跃然纸上。虽然这篇文章谈的是文化观,却涵盖了张氏兄弟"三流合一"的中国哲学转型的构思。因此,可以说,张氏兄弟的这个构思之所以能产生于清华哲学系,就在于冯先生的文化观从思想上提供了一片"沃土"。

为了进一步深入了解清华原哲学系的学风,下文将对冯先生20世纪三四十年代的巨著《中国哲学史》(两卷本)和"贞元六书"的治学方法,作一简略的介绍。大致有三个方面:

第一,吸取西方实在论的逻辑解析法。以逻辑解析法厘清中国哲学的范畴、概念以及界分中国哲学中的学派。如先秦逻辑中"合同异"(惠施)和"离坚白"(公孙龙)的界分。又如对二程兄弟哲学的界分:程颢为主观唯心论,程颐为客观唯心论。不赘述。

第二,运用马克思主义的唯物史观。在20世纪30年代,冯先生就阅读了不少马克思主义的哲学书,接受了历史唯物论。1935年,他从欧洲经东欧、苏联回国,写了一篇《秦汉的历史哲学》,借题发挥,讲的是历史唯物论,并在清华、燕京等校作演讲。后被当局押解至保定,尝了一天的"铁窗"生活。冯先生的著作之所以得到学术界的好评,在于他采用了唯物史观。

第三,"接着讲"的方法。冯先生在《新理学》"绪论"中说:"我们是'接着'宋明以来的理学讲的,而不是'照着'宋明以来的理学讲的。"冯先生在这里所讲的理学,专指程朱之学。所谓"照着"讲,就是奉程朱理学为圭臬,照本宣科,这是一种近于教条式的讲法。而"接着"讲就大不一样,从中国传统哲学看,冯先生"新理学"是"接着"程朱的"理"、老子的"道"以及魏晋玄学的"无"来讲的。而中国传统中没有讲的,如"新理学"中区分两个世界——真际世界、实际世界,"新理学"可以"接着"西方古典哲学家柏拉图的"理念世界"来讲,同时还吸取西方近代逻辑学,将"新理学"建立在四个逻辑命题的基础上。在方法上又运用了马克思主义的唯物史观和逻辑解析法。真可谓"新理学"哲学体系集古今中外哲学于一

---

① 《清华周刊》第42卷,第3、4期。

炉,而又不使读者有牵强附会之感。

"接着"讲,是建立"新理学"哲学体系的基本方法,它不见于前人,应是冯先生的首创。

张岱年先生的哲学体系也是"接着"宋明理学讲,与冯先生相同。不过在内容上有所差异,他是"接着"宋明理学中张(载)王(夫之)之"气学"讲。从实质上看,张先生的"接着"讲,也就是他提出的"一个哲学的新路:唯物、理想、解析、综合于一"。

"接着"讲,是为中国哲学转型而提出的新思路,应是清华原哲学系对中国哲学发展的一个贡献。

3. 热爱中国,为国家、民族之振兴而著的学风

清华原哲学系人才济济,勤奋治学,大都留下了传世的学术著作,其中冯友兰、张岱年先生更是著作等身。他们并非追名逐利,或孤芳自赏,为学术而学术,而是胸怀宏远志愿——热爱中国,为国家、民族之振兴而著。这一优良学风的形成,冯先生堪称表率。

冯先生的哲学体系之作"贞元六书"因由六本书组成故称"六书",为何又要冠以"贞元"两字?"贞元"即贞下起元。冯先生在《新世训》"自序"中作了解释:"贞元者,纪时也。当我国民族复兴之际,所谓贞下起元之时也。"冯先生认为抗日战争是中华民族复兴之始,将为中国迎来一个新的时代。在《新事论》一书的结尾,冯先生说:"真正的中国人已造成过去的伟大的中国。这些中国人将造成一个新中国,在任何方面,比世界上任何一国都有过之而无不及。"在"贞元六书"中,冯先生强烈地表达出中华民族的自尊、自强、自信之心,表露出他为中华民族的复兴而著作的宏愿。今日读之仍激励人心。

虽然,近世学者对冯先生的"贞元六书"见仁见智,褒贬不一,但是,对冯先生的爱国情怀,无论是褒者、贬者,只要他还是中国人,就会充分肯定。

在我记忆中留下深刻印象的是1985年10月的一天。冯先生嘱我篆刻一方闲章,印文为"敝帚自珍"。我刻了朱文、白文各一方,在冯先生九秩大寿的前夕,送给他以贺寿诞。冯先生很高兴地接受了这份小小的礼物。可是"敝帚自珍"这四个字意蕴何在?我百思不解。

我翻尽了冯先生的书,终于查到了。在《新理学》一书的"序"中,冯先生写道："此书虽'不着实际',而当前许多实际问题,其解决与此书所论不无关系。……且以自珍其敝帚焉。"文中"敝帚"是自谦之词,指该书中提出的"匡时济世"的主张。虽然这些主张很可能不为当政者采纳,可是,这是经过自己潜心思考出来的,自己应珍惜它。

篆刻"敝帚自珍"闲章,这已是20世纪的历史陈迹。这一年,冯先生已90高寿,因患白内障,双眼几近失明,他还在撰著《中国哲学史新编》(七卷本)。直至他辞世前5个月才大功告成。他那颗为民族、国家、社会而写作的爱国之心,始终如一,令人敬仰。

张岱年先生,今年已年逾90。一生勤奋,笔耕不辍。现已出版的《张岱年文集》(六卷)、《张岱年全集》(八卷),收集他的著作论文有四百万字,为当代中国的学术繁荣做出了卓越贡献。早在20世纪30年代,他为中国哲学的转型提出了一条新路,并完成了哲学史巨著《中国哲学大纲》。40年代又完成了《天人五论》。这两部传世之作,建立了他的哲学体系。在文化观方面,他于20世纪30年代提出了文化综合创新论的雏形,并认为当时的文化工作应是"为建设社会主义新文化做好准备"。1957年,他被错划为"右派",遭受不公正的待遇,长达20年。20世纪80年代初,改革开放的春风拂去了他在心灵上的创伤,重新抖擞精神,笔耕不辍,正式提出了"文化综合创新论"。20世纪90年代,又进一步从理论上提炼、完善。张先生的一生,从20世纪30年代到20世纪90年代,用了近70年的精力,为了从理论上阐发建设具有中国特色的社会主义新文化,成就斐然。

冯、张两先生足以代表三四十年代清华原哲学系的优良学风。

21世纪是中华民族振兴的世纪。随着经济的繁荣,必然出现文化、教育的繁荣。清华原哲学系的老一辈知识分子所建立起的优良学风,是一份宝贵的精神财富。该不该继承?应如何继承?如何光大?仅供思考。本文至此结束。言已尽而意无穷。

——原文收录于《清华哲学年鉴2001》,617~633页,保定,河北大学出版社,2002。

继往开来
——王玖兴先生访谈录

◎崔唯航　李云霞 采访整理

在清华大学即将迎来九十华诞和清华大学哲学系复系一周年之际，我们专访了著名学者、翻译家、清华哲学前辈王玖兴先生。

王玖兴，1916年生，1944年进入清华大学哲学系攻读研究生，毕业后留系任教。1948年至1957年留学海外。归国后任中国社会科学院哲学研究所研究员、西方哲学史研究室副主任、研究生院哲学系副系主任，国务院学位委员会哲学学科评议组第一届成员。主要译著有《精神现象学》《全部知识学的基础》《理性的毁灭》《生存哲学》等。

问：王老，清华大学即将迎来九十华诞，作为一个出身清华的前辈学者，您能否给我们谈一谈在清华学习、工作的情况？

王：这些都是旧事重提。你们两位都是清华大学哲学系复系以后来校的，对我们那时候的情况可能感兴趣，这里我只能结合我个人在清华哲学系的情况说一点。我是1944年进清华研究生院读哲学研究生的。抗日期间，北大、清华、南开三所大学合并为西南联大。在昆明，三校的哲学系当然也合并为联大一个哲学系，不过研究生还是分校招考。我现在算是一个搞点西方哲学史的人，可当时进清华却是想跟冯友兰先生学点中国哲学。我小学毕业后念过几年私塾，死记硬背，背过一些古书。到读了冯先生两卷本的《中国哲学史》，才知道当初囫囵吞枣的那些古董里边竟"头头是道"。后来冯先生在重庆作哲学公开讲演，讲了好几次，引经据典多是古书里来的，生动活泼，深入浅出，真是引人入胜。会后我找冯先生请教，又听到一些鼓励的话，于是下决心辞去在一个师范学院里的工作，投奔了清华。

当时清华哲学系的研究生很少，我那一届只我一个人。前一届也只有王浩。我去时王浩已经毕业，他出国留学前暂在昆明一家中学教书，不时还赶回学校听课或参加讨论会，后来成为国际著名的逻辑学家。他劝我多听听沈有鼎、王宪钧两位先生的课，他们也都是原属清华的教授。金岳霖先生是清华哲学系的创办人，始终是哲学系的灵魂。他对我说，他自己的课我只听知识论就可以了，但联大哲学系其他老师的课，不论为研究生还是为大学本科生开的，都可以听，而且最好尽量多听。是该这样的，当时的哲学系是国内大师云集、各抒己见、异彩纷呈的地方，机会十分难得。我除了听冯先生结合着他的《新知言》讲哲学方法论，金先生讲他贯注毕生精力的知识论以外，先后还听了汤用彤、陈康、贺麟、沈有鼎、郑昕、洪谦和王宪钧诸先生的课。有的还不止一门，讲的多是大师们在各自领域里的研究心得和独创见解，收获确实非常之大，当然也付出了一定的代价。

你们现在做研究生，生活怎么安排的我不知道。在那时候像我这样来自敌占区的研究生也同来自敌占区的大学生一样，只按月领一份伙食费。昆明是战时唯一通外的窗口，物价居全国之首。联大来自敌占区的学生都得在校外兼差赚点小钱，我也不例外。可是要兼外差，又要多听课，必然时力不济，怎么也不能不影响搞研究写论文的进度。而且，这种情况，金、冯两先生都清楚，但当时爱莫能助，唯有听我慢慢来了。1946年初，冯先生忽然对我说："你在城北上课，在城南兼差，与其每天来回奔跑，不如兼做我的半时助教，帮着编编联大大事记等等，事不多，省出点时力好搞研究，怎么样？"这样一来，我顿时轻松多了。当时联大结束，三校复员，冯先生主持联大校史编委会。有一天，我照料着编委会在冯先生家开会，大家到齐，冯先生从里房出来笑呵呵地跟大家说："我，我一高兴就写了这个稿子，你们看看怎么样？"那就是联大的纪念碑文。记得在座的闻一多先生接过稿子，朗诵了其中两节，连说："这些都是警句啊！"闻先生在昆明被反动派杀害，那天会上是我最后一次见到他。

回到北京，清华哲学系的阵容顿时又充实强大起来，讲美学、艺术史的邓以蛰老先生来了，著有《中国哲学大纲》的张岱年先生回来了，还有特意送往美国修习西方哲学史的任华先生也正好学成回国。联大哲学系的同窗好友周礼全先生也考来做研究生。这时冯先生准备应邀赴美讲学，就安排我为外系的文科学生开哲学概论的"大课"。1947年我有机会出国留学，由于查出患有肺结核病，没走成，下学年继续为外系讲哲学概论。这期间王宪钧先生曾想让我代替金先生为外系再开门逻辑课，金先生听了不以为然，说有病就得多休息，于是那门课还是由他自己教了。到1948

年春，我迫于客观原因非出国留学不可，但所教课程尚未结束，怎能离校？这次又是冯先生伸出了援手。他刚刚讲学回国，为了让我及时走成，就提出由他把我所开的课接下来讲完。回想起来，我在清华短短不足四年，老一辈大师们的耳提面命、关怀爱护，令人感念不已。清华哲学系我是离开了，但永远不会忘记。

问：您离开清华之后，又经历了一条怎样的学术道路呢？

王：我离开清华哲学系是到外国去学西方哲学的，这看起来好像违背了进清华时所抱持的研究中国哲学的初衷。但实际上，我并不是为学西方哲学而去学西方哲学的，他山之石，可以攻玉。我曾认为，我们中国哲学博大精深的道理，往往得自直观，出于领悟，而西方哲学善于分析，长于思辨，我们深入学习西方哲学的方法，回过头来再研究中国哲学肯定能发前人所未发，使中国哲学的精华发扬光大。这个想法未必对，但我是这么想的。至于后来走上一条不归之路，那是出于别的原因。

我1948年到欧洲学习。行前，我在武大时的老师、著名黑格尔专家张颐（真如）劝我还是到德国去，实在不行，就进瑞士北部的学校，那里属于德国文化地区，没受战争破坏。实际上"二战"后的德国，到处是断瓦残垣，重要的学者都避居到别国去了。我绕道法国到了瑞士，就读于弗莱堡大学文学院德国古典哲学研究班。学了点什么？怎么学的？我没学好，没有什么可说的。我只觉得，到一种哲学的出生环境里去学那种哲学，就像外国人到中国来学中国哲学那样，多少总有点同只读书本不太一样的地方，特别是参加研究班的讨论会，大家七嘴八舌，各抒己见，争论不休，最后由导师来做评判总结，确实可以使人得到许多启发，至少可以把问题理解得深入一些。

后来研究班结束，学习告一段落，我就在本校的东方学院教中文兼讲点中国哲学。教中文无非是教学生识字，字识多了就教他们念中文书。要说明的是，我之所以愿意接受这项教学工作，主要是因为除了教中文之外，还要我讲中国哲学。在教学之余，我还抓紧时间读了些当时乃至今天还深受哲学界瞩目的存在主义哲学，并觉得它比别的西方哲学有较多与中国哲学的精神相近的地方，因此还曾抽空到巴塞尔大学听雅斯贝尔斯讲他自己的哲学（当时海德格尔已在德国退休）。有一次金岳霖先生出访路过瑞士，想找雅斯贝尔斯谈谈，我陪他去了，这是题外的话了。总的说来,不管是在国外研究德国古典哲学也好,存在主义哲学也好,直到那时,我原来研究中国哲学的旨趣并没有改变。

1956年,冯友兰和任华两位先生到日内瓦开学术讨论会,我们在会上见了面,会后他们又专程到我家看望我爱人范祖珠(她也是清华的研究生,心理系的,自费和我一起来瑞士留学),并说周总理已发表文告,欢迎国外知识分子回国为社会主义建设服务。他们此来,也负有上级交代的任务,即动员我们俩回国。我于1957年6月回到北京,当时清华哲学系经院系调整已合并到北大哲学系,仍要我去。但此时反右斗争正如火如荼,我自知如果上课堂教课,必然是"开口便错",所以后来就进了中国社会科学院(当时叫中国科学院哲学社会科学部)的哲学所,这是个无须立即教课的地方。所里的领导很照顾,安排我在西方哲学史室,主要做些新从国外回来的人也能承担的翻译工作,现在我已退休,这就是我离开清华之后走的路。

问:您以翻译黑格尔、费希特的著作而闻名,听说现在又在翻译康德,不知进展如何?

王:"文化大革命"后,硬性翻译任务不多,我本想做两件事,一是整理出德国古典哲学各大家辩证法思想的发展线索,算是给国外那段研究做个结束,这是列入过年度计划的。另一是结合着胡塞尔的现象学及其后续的存在主义哲学,对中国哲学的一些方面和一些人物的思想作点对比、参照和阐发,以作为我的路的迟到的起点,或者也是早到的终点。没打算再翻译什么。

但没料到,此时我虽只是60岁左右的人,却未老先衰。表面上背也没驼,路也还能走,可就是记忆力衰退,思维迟钝,几乎完全不能集中精力干活了。再加上"文革"中红卫兵小将三次来家替我破四旧,除书籍字画之外,我的一些旧日手稿、笔记、卡片都统统被烧光,一切再从头开始,我就更加无能为力了。恰巧此时下放银川的王太庆先生来信,约我合作重译康德的《纯粹理性批判》。鉴于此书非常重要,我就勉为其难,重操旧业,并约同叶秀山、王树人先生等一起搞。大家的稿子不久就都交来,只是由于我的拖拉,直到现在,太庆先生已作古,我才在通读全稿,非常对不起大家。

这本书最早曾有胡仁源先生译过,被列入商务"万有文库"。现在使用的蓝公武先生的译本,也是商务出版的。此外,韦卓民先生还有个译本,台湾牟宗三先生也有一个译本,可能还会有别的译本,只就译本如此之多这一点,也足见其在哲学史上多么重要。我们的书已编为国家社会科学基金会项目《康德著作集》第三卷,并拟由商务另出单行本。

问:现在清华大学哲学系已经恢复,我们想知道您认为老的哲学系有些什么传统?对新的哲学系又有些什么希望?

王:对老清华哲学系,我没有能力作全面准确的评价,但可以就想到的几点说说。

首先,老哲学系是一个非常讲究逻辑的系。开山祖金岳霖先生的绰号就叫"金逻辑",他写有《逻辑》一书,是全国各哲学系逻辑课的主要参考书或读本,对我国逻辑水平的提高做出了重大贡献。其外,他还培养了一批逻辑学家。沈有鼎先生博学多艺,对《易经》、墨子都有精深的研究,他经常在外国著名逻辑刊物上发表文章。王宪钧先生是他专门送到维也纳学逻辑的。王浩先生留美未归,成了国际著名逻辑学家。跟着金先生一起来社科院哲学所的周礼全先生,是老哲学系最后的研究生,他独自倡导的"自然语言逻辑",已与国际逻辑发展相接轨。

其次,清华老哲学系善于和外校的哲学系通力合作,取长补短。这个系在北京各哲学系中间创办得不算早,开办初期师资并不齐备,就请外校的大师来补自己的缺门,特别是西方哲学方面,北大的汤用彤先生、贺麟先生早年都曾来清华兼过课。据说做过外交部部长的清华哲学系学生乔冠华,曾在毛主席面前自称是贺麟先生的弟子。冯友兰先生也是先来兼课,然后才从燕京大学转来清华的。当然清华哲学系的强项逻辑,也曾支援过外校。

还有一点,老哲学系很重视在哲学思想上独立创新。在此老一辈学者做出了榜样,金岳霖先生著有《论道》《知识论》,冯友兰先生除了他开创性的《中国哲学史》之外,还著有包括《新理学》的"贞元六书",都自成体系。当时流行一个说法:北大哲学系重历史,清华哲学系创体系。这说法当然不很恰当,因为前者是从哲学史中吸取教益来解决当前的哲学问题,而后者的体系则都是建立在深厚的哲学史素养的基础之上的。不过,它也从某个方面反映了两校的侧重点略有不同。

最后说到教学风格,清华哲学系有个特点,就是提倡师生共同讨论。

不仅研究生就论文的问题要请教导师,互相磋商,意见不同可以解释、申辩甚至争论,就是对本科学生讲课也欢迎学生提意见,对的就接受、订正。比如冯友兰先生在讲哲学方法论的课堂上,总是把他写好的讲稿念一段,留出时间,让大家提问,一直讨论到下课。下课之后学生追着老师提问题的就更多了。最典型的是沈有鼎先生,他在茶馆里和学生讨论,提得好的还可以在清茶之外吃到瓜子花生。

至于对新的哲学系,我相信在清华大学和哲学系师生的共同努力下,一定会办得更好。我希望时隔半个世纪后的新清华哲学系,继往开来,青胜于蓝。

——原文收录于《清华哲学年鉴2000》,424~429页,保定,河北大学出版社,2001。据崔唯航披露,这个访谈录经过了王玖兴先生本人的审订。

学统,知识谱系和思想创造
——"清华哲学研究系列"总序

◎万俊人

一

在人类文明史上,知识的生产如同物质的生产一样,经历了一个从自然自发到自觉自为的漫长发展进程,而伴随着这一进程所发生的最为重大的事件之一,当是出现制度化知识教育的学园或学校(院)。作为知识教育的基本场所,学园或学校(院)既是传授或传播知识的专门机构,也是生产知识、创造思想的特殊园地,尤其是现代型大学出现以后。这一文明史事实揭示了一个值得注意的学术议题:在人类知识生产、思想创造和教育学统三者之间,似乎存在着某些复杂的文化关联。我们不必过多地去追溯两千多年前那些具有经典文化意义的教育范例,诸如,孔子打破"学在官府"的传统,开创学(儒)者兴办私学之先风,从而创立中国儒学传统;古希腊柏拉图、亚里士多德创立"学园",从而开创西方哲学传统,乃至创立人类知识分类的基本范式;等等。只需要些微了解一下近现代中国和西方一些著名大学或学院的教育实践,我们就会发现,一所成功的大学及其所属的学术教育机构,往往都具有其独特、连贯而又持续有效的教育传统和学术传统,即我所谓之的"学统"。

一种独特、连贯而又持续有效的学统总是具有一些值得探究的文化特征。比如说,独特的学者群体或学术共同体[在某种文化谱系的构成性意义上,也可以称作学术部落或"学术俱乐部"(威廉·詹姆士语)],独特的学术风格,独特的理论学派的思想范式,甚至于独特的教育体制和方式,如此等等。20世纪前期会聚于清华国学院的梁启超、王国维、陈寅恪和赵元任"四大导师",无疑是当时国学研究界最著名也最有学术个性的学者群体,无论人们把他们称为"文化保守主义"是否确实,他们作为一个学术群体的个性却是鲜明的。这不独因为他们创办了《学衡》这样有其历史影响的学术园地,更重要的是由于他们各自的学术研究本身构成了某种学术共享的特征——续接国学命脉的学术志向和学术实践。历史地看,他们的学术风格是在与风行其时的自由主义西学和俄式马克思主义等思潮的比照互竞中显示出来的,也正是在这一比照的意义上,所谓"文化保守主义"的学派名称和思想标签虽不一定恰当,却又仿佛是自然而然地加诸到了他们的头上。他们所创造的融合中西、兼通古今的古典型人文主义学术精神,无疑是现代中国文化思想史上厚重而独特的一笔,而他们结合现代西学和中国古典文化所开展的教育方式和教育体制,比如,当时清华国学院首开的培养人文学研究生的课程体系和导师制教授方式等等,也在近代中国人文学高等教育史上留下了值得我们珍重的遗产。

  当然,并不是所有的学术群体都能像清华国学院的导师们这样,形成较为明显的学术共享特征。也不是说,任何一个学术群体都能构成一个具有统一学术风格或思想倾向的学派,而只是且只能说,一个能够持续生存和发展的学术群体总是或多或少共享某种或某些学术志向。比如说,20世纪前期的清华哲学系就给我们提供了一个重要的明证:一方面她以其哲学理论体系创造而区别于当时以哲学史见长的北京大学哲学系;另一方面却又以金岳霖先生的逻辑学和冯友兰先生的"新理学"之相互见异的学术旨趣,而显现其学术共同体内部不尽相同的学术追求。但即便如此,人们仍然可以从金、冯二位先生的哲学教研实践中,发现他们共享的学术特征,这就是追求中西贯通,运用现代哲学的方法、概念系统、话语方式和中国传统的哲学资源,创造特属于中国的现代哲学理论,区别只在于他们所致力开创的具体哲学知识领域各不相同。金先生躬身用力处是逻辑学和逻辑哲学;而冯先生终身追求者则是理性化的中国哲学重构,或者说,用现代理性哲学方法重构中国哲学。二者共享创造现代中国哲学的学术志向,又各显他们在不同哲学门类的重构功夫。在他们的哲学事业中,中国哲学或中国智慧仍然体现着一种民族文化的本色,同时,打通中西、榫接古今并最终实现中国古典哲学智慧的现代转化,又标示出他们傍本开新的知识创造与思想活力。即使仅仅从中国哲学史的现代发展角度来看,金、冯等哲学教育先贤的贡献不仅具有成功先例的知识创造意义,而且也因此成功地开创了清华大学独特的哲学学统和教育范例。因为他们以及他们的哲学同志们(如张申府、沈有鼎、张岱年、邓以蛰、林宰平、贺麟、潘怀素等)在缔造清华大学的哲学教育体制和知识谱系的同时,也创造了学术与思想互补、知识与理论共生的"清华哲学学派"。就此而论,早期清华大学的哲学系及其哲学事业,的确具有奠立知识谱系和追求思想创造的双重特征,有此两方面的功力,清华大学的哲学学统才得以生成。

二

可是,一种学统的成功生成并不能保证其未来的连贯发展。这也就是说,如同任何一种文化传统一样,一种学统(其实也可以归结为文化传统之构成部分,如若我们着眼于广义的文化传统概念的话)的连续生长还需要诸多条件,其中最为基本的当属知识教育和知识传播的制度化,以及更为重要的是思想创造的持久活力。人们至今还惊异于"哈佛哲学"作为"美国本土哲学"的持久生命力①,殊不知,如果只有20世纪初威廉·詹姆士的"实用主义哲学"创造,而无诸如怀特海的"过程哲学"、蒯因的"逻辑实用主义"、普特南的理性分析的实用主义等后来者的续接之功,以及,尤其是罗尔斯及其麾下的新自由主义政治哲学和正义伦理学的当代复兴之力,一言以蔽之,如果没有哈佛大学爱默逊楼里的哲学家暨哲学教育家一代又一代的前赴后继,或者干脆说,如果没有了哈佛大学的爱默逊楼(即哈佛大学哲学系的所在地),所谓"哈佛哲学"的持久与活力都将是不可想象的。作为具有宰制性影响的"美国哲学"的代名词,"哈佛哲学"的持续生长实有赖哈佛哲学教育的持续活力,后者为使前者获得思想力量提供了建立完整而系统的知识谱系的基础,反过来,"哈佛哲学"持久的思想张力,又为哈佛哲学之知识谱系的延续提供了能够持久充沛的思想动力。知识教育与思想创造,或者,学术传统与理论繁衍在其时其地真正形成了共生共长、相互补益的"良性循环"。

可见,一种连贯而强健的学统实际上既需要完整的知识谱系支撑,也需要持续活泼的思想创造,亦需要健全完备的教育体制的支撑,三方面缺一不可,互为表里。由此看来,1952年的院校调整无论是对于清华大学,还是对于现代中国教育,都可以称得上是一件"史无前例"的重大事件了。我不知道教育史学家是如何看待和评价这件大事的。在我看来,无论它的发生有多少可以解释的特殊时代背景和历史理由,其对于清华这所现

---

① 参见 H. S. 康马杰:《美国精神》,36 页等处,北京,光明日报出版社,1988。

代中国教育发展初期最为成功的大学之人文社会科学学统的伤害都是难以弥补的。这也就是说,它的发生既从高等教育的层面中断了清华大学历经千辛万苦才建立起来的人文社会科学教育的知识谱系,也凭借某种强制性的体制"解构"(恕我借用一个后现代的名词)"解构"(再用一次)了清华哲学思想创造的机制。研究现代中国哲学的学者大都清楚并时常感叹,作为清华哲学学派之理论领袖的金岳霖和冯友兰两先生的哲学体系创造,正是在他们的"清华时期"完成的,如金先生的扛鼎之作《论道》和《知识论》,冯先生著名的"贞元六书"。令人不解的是,自此以后,二位先生的哲学教育事业便开始了莫名的坎坷颠簸,他们的哲学思想创造也因之进入冬眠,即使偶尔有过苏醒的时刻(如冯先生晚年的哲学史重著),终究是风光不再,青春无返。这是何等地让人茫然、让人唏嘘啊!

自然,值得感叹的不只是这种人为的强制性"中断"给当事人所造成的学术人生后果,而且——从更为宏观的视野来看——还有它对于作为现代综合性大学之中国范例的清华所带来的教育学后果。在此我必须申明,我决无意借某种形式的"宏观"分析,来淡化这一事件对学者本身的影响程度。相反,我想通过分析其宏观后果的严重性,反证某些特殊的学者在某一特殊学术或教育共同体之知识谱系或思想学派的历史形成中所发挥的特殊作用。1952 年以后近五十年里,清华大学虽然名称未改,但实际上已然没有了作为一所真正意义上的"大学"之实,毋宁说,她已经变得更像是一所技术工程学院。经典意义上的"大学"必定是具有综合性或完备性的(comprehensive),包括它的教研体系、学科门类、专业配置、教学研究水平和人才培养方向等。被砍除了人文社会科学和部分纯理科学系之后,20 世纪后半叶的清华大学实际上已经被剥夺了作为大学的基本知识条件,成为一所只有手脚没有心脏和大脑的机器人。当然,这样说有些绝对。当今世界上的高等教育体制也并不是铁板一块,"名"与"实"更是常常出入甚大。

说到这里,我突然想做一个有趣的对比:半个多世纪以前,美国马萨诸塞州州立工学院(简称"麻省理工学院",即 MIT)大概是名副其实的。但今天看来,情形却大不一样。众所周知,该学院现在的经济学、历史学、哲学和政治学等,不仅在美国本土而且在全世界也是颇为知名的。在某种意义上说,它实际上已经变成了一所相当完备的综合性大学。可是,它没有因此改变其名称。这大概是出于尊重学校历史和传统的考虑吧。值得注意的是,该校对文科的强化性发展还在继续。笔者有幸作为清华大学文科考察团成员于去年十月底考察过该校的文科建设情况。在所得到的材料中,有一份材料引起我的特别注意。一份对该校历届毕业生的调查表显示:该校的毕业生们虽然绝大多数都成为当今美国社会乃至世界各地的精英人才,但他们在感激母校的教养之恩的同时,仍然存在不少抱怨,其中抱怨最多的几项依次是:学校没有教给他们足够的写作能力;没有教给他们必要的历史知识;没有培养他们必要的道德价值判断能力。这三项所占被调查者的比例均在 60% 以上,第一项甚至超过 80%。接受了当今最好的理工科高等教育的学子们大都抱怨母校文科教育的欠缺,的确是一个很耐人寻味的问题。如果追问一下这个问题,那么,对于 20 世纪后半叶的清华大学所出现的现象,就可能有不同于麻省理工学院的理解和解释:在这里,没有对学校历史和传统的考虑。也就是说,此期清华大学的学统不是丰富了,而是破损了、残缺了。这就是两所学校的差别所在。

三

学统是由学术教育群体创造的制度化了的知识教育体系和思想创造样式。一旦失去了健全而稳定的制度保障,尤其是,一旦失去一批作为学术研究和知识教育之中坚的文科学者或教育家,清华作为大学的学统就很难继续延伸。1952 年前后,几乎所有的清华文科教师都被并入北大,对于后者当然是中兴人文社会科学的福音,可对于前者却不啻一种沉重的打击。当然,北大在这次"院系调整"中也不是只有收获,它的理科特别是工科教育体系也同时受到重创,而清华也因此获得某种失却后的补偿。

陈旧的历史老账无须翻个不停。我这里旧事重提,不过是想再次说明一点:丢掉一件东西远比获得一件东西容易,一如建设难于破坏,更不用说重建之难了。然而,重建清华的人文社会科学教育体系恰恰是当今清华人所必须面对和承担的。事实上,清华人一直都非常怀恋自己的过去,毕竟技术再高也难以创造和体会诸如"荷塘月色"的奇妙与空灵。只不过因为某些非教育的因素迫使清华人失却了某种珍贵的东西。正因为如此,一俟"海内开禁",清华人便不动声色地开始了自身的文科重建。可是,如何重建文科?却仍然是一个问题,不独技术的,还有观念意识的。依愚之见,文科教育体系的建设与理工科殊为不同,它更需要时间,因为它更需要积累,需要智识资源和人力资源的积累。作为经典人文科学群中的基础学科之一,哲学于此尤甚。

  清华大学的确曾经有过良好的哲学学统。时至今日,当如何续接这一学统?同样是值得今天清华的哲学教育者认真思考的问题。重建于20世纪末春季的清华哲学系是一个年轻的学术群体。我们来自五湖四海,有着不尽相同的知识背景和哲学教研经验,重要的还有,我们曾经体验并承诺过不尽相同的哲学学统。在今天的清华哲学系这一新生的学术群体里,我们的聚会无疑会产生由知识背景的差异和哲学学统的差异所带来的哲学和哲学教育观念的歧异,乃至冲突。我以为,对于一种新生的哲学事业来说,这些差异本身无异于一种思想的财富,一种难得的"做哲学"(doing philosophy)的创造动力。差异意味的决不只是陌生和矛盾,它蕴涵着更多的思想张力和知识理论的丰富多样性。按照阿拉斯代尔·麦金太尔教授的见解,传统和探究方式或理路的多样互竞可能产生两种后果:其一是由知识偏见和自我传统的固执导致各种传统或观点之间的不可通约,这将导致它们相互间无公度可言的文化后果。但也存在着另一种可能,即:各种不同的传统或观点通过相互间的理性互竞和对话,不仅能够通过理解对方或他者的文化立场而扩展自身原有的理解,而且还可以借此丰富自身的文化传统与知识信息,甚至由此寻找到某种或某些能够相互共享的或可公度的文化理念或知识,而相对于它们相互对话和相互理解之前的各个别的传统或观点而言,这些可共享的文化传统和知识肯定是一种文化的丰富,一种知识的增长。在哲学和思想的意义上,这就是一种创造,一种由差异多样的思想张力所生发出来的知识创新。

  然而,对话和理解需要有特定的文化环境、知识条件和展开方式。出版学术专业刊物和作品系列,无疑是一种既传统又现代的行之有效的方式。它可以给某一特定的学术群体提供相互对话交流的"论坛",提供相互理解的知识"平台",至少也可以提供该群体成员发表或展示他们各自文化立场和知识信念的场所或机会。正是出于这样一种积极的考虑,我们这个新生的哲学群体决定出版自己的"哲学研究系列",以期合理有效地开展我们内部学术交流和思想讨论,通过交流我们各自努力探索的成果,积累我们自身的哲学智识资源和思想资源,从而努力续接清华哲学先贤们所开创的哲学学统。当然,我们也希望借此方式向公共哲学界展示我们哪怕是不太成熟的研究成果,作为我们参与公共哲学界思想交流的邀请书。还应该特别交代的是,除了必要而严格的学术审查之外,我们这套研究系列将始终优先考虑青年学者的探索新作。这一考虑不独缘于我们这个新生学术共同体的年轻,而且缘于我们对新世纪新千禧中国哲学之青春未来的真切期望。

是为序。

2001年9月初,于北京西北郊蓝旗营住宅小区悠斋

我们为什么需要研究西方哲学？
——《清华西方哲学研究》创刊辞

◎黄裕生

本刊应当是国内首份以西方哲学研究为志业的刊物。

我们为什么需要研究西方哲学？对于我们而言，这不仅仅是一个学科或专业的问题。

我们是谁？我们不是西方人，却也不是西方人可以随便打发的非西方人。我们是西方人的异在者，正如西方人一直是我们的异在者一样；作为这种相互的异在者，我们才是西方人的发现者，西方人也才是我们的相遇者。

虽然作为位格存在者（Person）而言，每个人之间都是相互的异在者，因为每个人都是作为不可替代的目的本身而存在；但是，作为复数的个体组成的群体，并非所有自称"我们"的群体都可以成为他人的异在者。实际上，唯能系统而深切地觉悟"绝对的一"而与此"绝对的一"共在的"我们"，才真正能互为异在者而构成"我们"与"你们"的关系。设若没有对绝对者的觉悟，也就不会有真正的"我们"。而就绝对的一即是绝对的源头而言，真正的"我们"实乃绝对本原的守护者与承担者，因此，"我们"展开的历史才是有所守护、有所担当而有道统的历史。借此道统，"我们"的历史不仅保持着自我同一性，而且具有了世界史意义。这样的"我们"在哲学上可以被称为"本原民族"，也才可以被称为本原民族，"我们"的文化才成为本原文化。

就人类古代而言，世界上只有四个这样的本原民族：希腊人与希伯来人，还有就是华夏与印度。他们是人类最早发现绝对本原并自觉以自己的历史承担起绝对性的民族。作为绝对本原的发现者，他们是绝对性的最早见证者而确立了世界史的基轴，以致史学的任何世界史叙述都无法离开他们的历史；而作为绝对本原的历史承担者，他们则是绝对者的古老"选民"而展开着绝对者的不同面向。他们之间的共同，是绝对者的唯一性的表达；他们之间的相异，则是绝对者的（诸）可能性的表达。因此,他们之间的相遇,不仅是人间的事件,也是绝对者的事件:这种相遇是见证者身份的相互印证,也是绝对者的多种可能性面向的呈现。见证者在相互印证的同时,也见证着绝对者的多种可能性面向。人类通过本原民族的相互印证而走向更高的普遍性,也因见证绝对者的更多可能性面向而更接近真理,更确信历史与未来都有普遍的公正在。不管是走向更高普遍性,还是更接近真理,更确信公正,于我们而言,都意味着更走向成熟,更走向自由,因而更成就了自身。对于人这种特殊存在者而言,不管是作为类还是作为个体,自由之外无自身,自由之外无自己。这意味着,唯有走向自由,才能真正成为自己,而要真正走向自己,成就自身,则唯有走向自由。真正的自己不在别处,只在自由里。

因此,本原民族的相遇是人类走向自由而成就自身的必经之途。在人类历史上,这种相遇首先发生在两希文明之间,也即发生在以思想为其标志的希腊文明与以一神教信仰为其核心的希伯来文明之间。我们也可以把这一事件简化为哲学与宗教的相遇。这种相遇在相互改变、提升了对方的同时,把自觉承担起这种相遇的民族与个人提高到了他们前所未有的高度与深度,直至他们能够以前所未有的普遍性捍卫人类的尊严与道德,以前所未有的广度改变人类与世界,以前所未有的力量开辟新的世界史。设若没有两希文明的相遇给宗教与哲学(包括科学)带来的深度变化,我们无法想象以深度觉识自由为其根本的启蒙运动会首先在欧洲大陆上展开。如果说人类是通过近代自然科学实现了对自然的跨越式认识,那么,人类正是通过启蒙运动把对人自身的认识提高到了一个跨越性的高度,实现了对自由的一次深度自觉,并据此确立了现代社会的普遍原则而开辟了一个全新的世界性时代——不同于古代的"现代"。

一个现代社会之为现代的社会,而不是古代的社会,不是旧社会,并不在于它所在的物理时间获得校准,也不在于它拥有了多少新的科技要素,而在于它是否奠定在一系列基于自由的那些更具普遍性的原则之上。在这个意义上,两希文明的相遇为现代社会做了遥远的准备,而现代社会则把人类带向更具普遍性的普遍性。西方哲学作为两个本原文明相遇的主角(不管是作为参与者,还是作为效果者,它都是主角),同时也是奠定现代社会的主角。因此,如果走向更具普遍性的普遍性,也即走向包含更多可能性、更多特殊性于自身的普遍性,因而也即更走向成熟与自由,是人类的目标与希望——因为否认这一点,人类将停留于各种特殊主义而固守在没有希望、没有出口的自我封闭里,那么,告别古代,进入另一个时代,也即走进现代社会,则是人类必须面对与完成的一个任务。而这在根本上意味着,西方哲学是人类自觉走向现代社会的一个必经关口,是人类自觉进入现代社会的一个必经桥梁。因为唯有自觉体认到现代社会奠定其上的那些普遍原则,才有可能承担起这些原则而自觉进入现代社会。

进入现代社会有各种方式,比如日本以及菲律宾这样的东亚、东南亚国家,只需通过学习制度性技术就可以进入现代社会。这是一种被卷入式或被带入式的进入。但是,对于本原民族的我们,则无法单纯以这种被卷入式的方式进入现代社会,因为这是一种对现代性价值原则无所自觉、无所承担的方式。而作为本原民族,我们从来都不可能对自己能够并愿意生活于其中的社会的价值原则无所自觉、无所承担,相反,我们从来就以自觉担当起其价值原则的方式生活于奠定在这些价值原则基础上的社会里。对于我们而言,要么坚守着古代原则而尴尬地生活着,要么自觉地承担起现代原则而更自由地生活着。

因此,于我们而言,研究西方哲学就不只是专业的事情,也是一个本原民族继续以自觉的方式去承担起时代原则的事业。如果说中国传统社会是在逼迫中朝向现代社会,那么,中国要完全从这种逼迫中解放出来,要完成从朝向现代社会到进入现代社会,直至承担与改善现代社会,则唯有自觉承担起现代社会的普遍原则。而最有助益于此自觉者,舍哲学而其谁?

更进一步说,如果说西方哲学既是两个本原文明相遇的参与者,又是这种相遇的结果,那么,作为另一个本原民族,作为第三方,我们研究西方哲学则并非只是出于我们自身的需要,也并非只为了我们自身的需要,它同时也是我们这个本原民族继续为人类打开、见证和担当更高普遍性的使命。如果说西方人承担了两个本原文明的相遇,那么,中国人则不得不承担着多个本原文明的遭遇。正如承担了两希文明相遇的欧洲人打开了前所未有的普遍性一样,我们命定要在承担多种本原文明的相遇中去自觉和打开人类从未有过的普遍性。换言之,我们研究西方哲学,不仅将把我们自己,也将把西方哲学与现代世界带进新的普遍性,并据此改善现代社会。我们将不再是原来的我们,但我们将更成为我们自己,西方哲学将不再是西方的哲学,但哲学将更成为哲学。

普遍性的升级,一方面意味着绝对者的更多可能性面向的开显,意味着真理的更多维度的显现,因此,我们借助于普遍性的升级而更接近真理;另一方面,普遍性的升级意味着我们进一步突破自身的局限,因此,我们通过普遍性的升级来解放自己——把自己从特殊性、地域性、时代性中解放出来,而这在根本上意味着借助普遍性的升级来升级我们的自由进而升级我们的"自身"。因此,研究西方哲学,以升级人类的普遍性,既是为了真理的需要,也是为了成就"我们自身"的需要。我们无需像一些人所担心的那样,研究西方哲学,深入西方文化世界,会失去"我们自己",相反,作为一个本原民族,我们反倒将在其他本原文化的深处发现我们自己而提升我们自己。

清华哲学系从其创办及至其复建,一直以一个本原民族的普世胸襟去面对和审视综合了希腊与希伯来这两大本原文化精神的西方哲学,使今天在中国的哲学研究不是简单地重温国故,而是以综合、会通四大本原文化之精神为己任,构建今日天下之"大学"。我们创办《清华西方哲学研究》,希图在新的条件下弘扬此精神,承续其使命。期待海内外哲学界同人共与焉。

2015 年夏初,于清华园新斋

我和清华的逻辑缘

◎ 刘奋荣

2001年我从中国社会科学院研究生院毕业,留在了哲学所工作。社科院的工作还算"清闲",除了每个周二返所,其余的时间都在家做研究。我当时是刚进所的年轻人,逻辑室的老前辈们常常给我讲故事,其中,关于金岳霖先生的故事被诸葛殷同、张家龙、刘培育等老师讲了很多遍。此外还有关于沈有鼎先生的故事。在倾听故事的时候,我的脑子里想象着那些远去的岁月,还有他们曾经生活过的清华园。清华园在故事中真切而又遥远。

在社科院工作的时候,我参加过庆祝周礼全诞辰70周年的研讨会。那时候,周礼全先生正好从美国回来,我第一次跟他见面。来参会的人很多,也是在那次会上我第一次见到了逻辑学界的很多老师。周礼全是金岳霖先生的学生,他在《回忆金岳霖师》的文章中写了金岳霖先生给予他的各种帮助,特别是在困难的时候金先生提供的经济资助。我记得当时在会上听到一个说法,在国内的逻辑学界,大部分人都是"金门弟子"。除了上面提到的沈有鼎,还有王宪钧、冯契,还有后来在台湾很活跃的殷福生(殷海光),他们又培养了自己的学生。我自己在社科院工作,作为金门弟子,是一件十分自豪的事情。

从2003年开始,我赴阿姆斯特丹大学学习,攻读我的第二个博士学位。当时王路老师已经从社科院调到清华哲学系。2007年夏天我回国的时候,在王老师的推荐下,我第一次跟万俊人老师见面。当时,万老师是哲学系的主任。现在仍然记得见面的很多细节。当时万老师告诉我他正在编一本书,里面涉及道德推理的内容,看我能否写一章。后来想想,这也许是万老师对我的考察。我顺利通过了这个"考试"。在谈话中,万老师告诉我他从北大调到清华,重建清华哲学系,他希望重振金岳霖先生开创的重视分析的清华哲学传统,鼓励我在逻辑学学科建设方面多作贡献。跟万老师的见面,坚定了我来清华的决心。记得那一年,万老师去哈佛大学访问,所以引进我的工作就落在了时任代理主任的王晓朝老师的身上。当年,社科院人才流失严重,自然是很不愿意让我调离的。我记得王晓朝老师亲自去找哲学所的领导谈,从而能让我顺利进入哲学系。为此,我一直心存感激。

从进入清华大学哲学系的那一刻开始,我就有一种强烈的使命感。金岳霖先生毕业于美国哥伦比亚大学,20世纪20年代回到清华大学。他创建了哲学系,做系主任。他亲自教授逻辑学,学生是沈有鼎。这就是广为流传的"一师一生"。在他之前,赵元任先生是第一位在清华教逻辑学的老师,他被后人誉为"中国现代语言学之父"。这也足见逻辑学与语言学之间的联系。金先生1935年写的《逻辑》,在当时是跟世界同步的。王浩是西南联大时期的学生,在金岳霖和沈有鼎两位先生的鼓励下,去了美国学习,在哈佛大学拿到博士学位,成为国际逻辑学界重要学者。2017年春,我在宾夕法尼亚大学哲学系访问的时候,那里的逻辑学家斯科特·韦恩斯坦(Scott Weinstein)教授听我讲了清华大学逻辑学的历史,他立即跟我说,他是王浩在洛克菲勒大学时期的学生。这样看来,他也是"金门弟子"了!来清华之后,我一直思考的问题是,如何在新的时代背景下,重建清华逻辑的传统并传承下去。2016年,在王路老师的协助下,我们主办了"金岳霖先生诞辰120周年研讨会",金先生的一些学生、学生的学生都回来了。研讨会专门设了一个回忆金岳霖先生的部分,他的学生们在会上发言,包括哲学系本科生、安徽大学的钱耕森先生,北京师范大学的宋文淦先生,社科院的诸葛殷同先生等。李学勤先生也专门打电话给我,说他当年读过金先生的《逻辑》,很喜欢,只是阴差阳错,没有能够从事逻辑学研究。西南大学的苏天辅先生是当年金岳霖先生的研究生,虽然已经生病在床,也委托唐晓嘉老师来参会,表达他对老师的一片感恩之情。郁振华老师讲述了冯契先生如何在华东师范大学继续金岳霖先生的传统。从学生的回顾中,我看到的是一位学术上严厉而生活中亲切的老师。与社科院不同,来清华大学后我开始给本科生上课,也有了自己的研究生,培养学生成为我学术生活的一部分。金岳霖先生培养学生的严谨态度一直是激励我前行的动力。

在清华大学,我的工作基本上是"按部就班",跟每一位大学教授一样,教课、做项目、培养研究生。我在阿姆斯特丹大学度过的5年对我的学术生涯影响很大,那里的逻辑、语言和计算研究所是世界顶尖的逻辑学研究中心,有着悠久的历史和学术底蕴。国外的深造经历让我深深体会到了国内外学术水平仍存在巨大的差距,也让我意识到,若想在国际学术界有所作为,首先重要的是与国际同行保持同步,积极开展国际合作。校内国际处有专门的项目支持此类合作,我非常感谢学校的支持,让我有机会邀请国外学者来访。阿姆斯特丹大学和斯坦福大学教授范丙申(Johan van Benthem)先生被聘为教育部"海外名师",是清华园的常客。他的到来,不仅对清华逻辑学的发展,也对中国逻辑学的发展起到了推动作用。2007—2012年,我跟社科院刘新文、人民大学余俊伟、北师大郭佳宏和西南大学郭美云等组织的《逻辑之门》四卷本翻译项目,主要翻译范丙申的论文和著作,约200万字。除了张清宇老师,该项目的其他参与者当年都是刚毕业的年轻学者或学生,他们在与范丙申的交流中逐渐成长,由此自然也形成了一个学术群体,很多当时的译者现在都是中国各大学的教授或副教授。

2014年,清华大学跟阿姆斯特丹大学建立了逻辑学联合研究中心,这是作为基础文科之一的逻辑学与国外大学共建的第一个研究中心。这对于哲学系有重大的意义。谢维和副校长出席成立大会并发表讲话,很多国际友人对于清华大学能够如此重视逻辑学十分佩服、感慨颇多!借助这个平台,我们推出了清华逻辑的LOGO,提出了贯通文理、古今、中西的清华逻辑学发展理念。我们请世界一流的逻辑学家来清华讲课,也把我们的学生送到世界各国的逻辑学研究中心去深造,这在清华逻辑的发展历史当中,是上了一个前所未有的台阶。马明辉、俞珺华、孙鑫、石辰威、赵博囡、戴益斌、谢凯博、李大柱等哲学系的学生都是这一国际合作中成长起来的新一代,他们去阿姆斯特丹大学或其他的国外大学进修,或获得学位。我很高兴看到下一代的青年学者们拥有更为广阔的国际视野。根据中心成员自己的研究专长和国际逻辑学界的发展动向,我们制订了三个研究方向:第一,社会主体性的研究,这个主要是研究理性主体的推理,以主体的认知为中心研究主体之间的策略互动;第二,语言与哲学,主要是形式语义学和语言哲学;第三,中国逻辑思想史研究,着重研究墨家的逻辑思想。这三个方向都有相匹配的项目,我们邀请了国内外其他的学者作为中心研究员参与中心项目的研究。比如,正在开展的"中国逻辑思想史手册"的项目,主要研究从先秦到1949年间中国逻辑思想的起源、发展和传承,在中西方哲学思想比较的框架下展开。有国内外约30位学者参与章节写作,中英文版本将在国内外同步出版。这个项目与国家近年来提倡的"中国文化走出去"的思路不谋而合,得到了清华大学的大力支持。

中心的另一件大事可以说是金岳霖讲席教授团组的设立。邱勇校长专门设立了文科基金,聘请国外专家来清华工作。时任人事处处长的王希勤老师给了很多指导,逻辑学又一次做了先锋,成功聘请了范丙申(Johan van Benthem)、司马亭(Martin Stokhof)、魏达格(Dag Westerstahl)和谢立民(Jeremy Seligman)四位教授来清华工作,他们都是国际知名的逻辑学家,其中三位是院士。有这样的团队给本科生直接开课,联合指导研究生,我经常说,清华学生"有福了"。在讲席团组聘任典礼上,陈旭书记充分肯定了逻辑学中心这些年来取得的成就,希望我们能再创辉煌。姚期智先生也对如此高水平的学者能加盟清华,大加赞赏。现在,这个团队正在尝试建立适应中国大学本科阶段的逻辑学教学体系,并撰写相应的逻辑学教材,努力将清华学生培养成既具有专业素质,又具有国际视野的优秀人才。

转眼逻辑学中心已经成立第5个年头了,现在全世界的逻辑学术界,没有不知道清华逻辑的。不仅仅是因为我们走出去跟他们交流过,而且他们也频繁地来这里合作研究最前沿的问题。特别是,我们还一起研究中国的问题,发出中国学者的声音。

这些年在清华,除了做好逻辑学方面的工作外,我还一直承担行政工作。万俊人先生做系主任的时候,我做助理,负责国际交流方面的工作;卢风先生做系主任的时候,我做副主任,负责教学方面的工作;黄裕生老师和宋继杰老师做系主任的时候,我是系里的党支部书记。很高兴看到这些年来哲学系的学科发展取得了令人瞩目的成绩。

前段时间网上讨论"996"工作制的事情,我就心生感慨,做学问尽管在时间上稍微灵活一些,其实工作时间远远超过996,就连周末、假期也都是工作时间,脑子里会一直想问题,想停都停不下来。但当我看到中心成员在科研方面取得的成绩,看到学生们的成长,一种满足感油然而生。我出去访问常常被问到,清华怎么样?我一直说,我很庆幸,选择了清华。从我进校的那一刻起,不管是学院,还是文科处、人事处、国际处、科研院等职能部门,还有学校的老领导、现任领导,都给了我非常多的支持,让我能安心做事。在清华,我深切体会到"行胜于言"这四个字的涵义。

2019年5月20日,于清华园新斋

部分杰出系友简介

沈有鼎（1908—1989）

中国现当代著名的逻辑学家、哲学家、教育家，中国逻辑学界的开拓者、先行者。专长为数理逻辑和中西逻辑史。1929 年，毕业于清华大学哲学系，同年考取公费留美。1921 年至 1931 年，在美国哈佛大学谢弗和怀特海指导下从事研究。1931 年，获美国哈佛大学硕士学位。1931 年至 1934 年，留学德国，先后在海德堡和弗莱堡大学杰浦斯和海德格尔指导下从事研究。1934 年回国，任教于清华大学，次年任教授，并担负指导研究生工作。1937 年至 1945 年，任西南联合大学教授。1945 年至 1948 年，赴英国牛津大学作访问研究。回国后先后任清华大学和北京大学教授。1955 年后，调任中国科学院、中国社会科学院哲学研究所研究员。著有《墨经的逻辑学》《有集类的类悖论》《两个语义悖论》等。

王宪钧（1910—1993）

著名逻辑学家。祖籍山东福山，1910 年 4 月生于南京。在南开大学上理科一年级，后入清华大学哲学系，1933 年毕业后考入清华大学哲学系研究生，师从金岳霖先生。1936 年毕业后赴德国柏林大学留学，1937、1938 年又在维也纳大学和德国敏士敦大学进修和研究。1938 年回国任教于西南联大。1946 年起任教于清华大学，1952 年经院系调整后任北京大学教授。历任中国逻辑学会副会长、名誉会长，中国符号逻辑学会理事长，北京市逻辑学会理事长。他的专著《数理逻辑引论》是新中国早期出版的现代逻辑著作之一。1952 年至 1956 年，王宪钧主持了中国第一个逻辑学专业的创立，并最先在新中国开设了数理逻辑课程。1956 年后他主要从事逻辑研究生的培养工作，为国家培养了大批逻辑人才。他所指导和培养的研究生与博士生，已经成为国内逻辑学界的骨干力量。

任华(1911—1998)

贵州安顺人,著名西方哲学史专家,民国政治家任可澄四子。周一良曾将任华、吴于廑、杨联升誉为"哈佛三杰"。新中国成立前后西方哲学史教学的主要奠基人之一。他熟悉中国古典文献,通晓希腊、拉丁、英、德、法、俄等多国语言。1931年考入清华大学哲学系,1935年毕业后入清华研究院,师从著名哲学家金岳霖。1941年由西南联大公派赴美国哈佛大学留学,获博士学位。1946年回国,任清华大学哲学系副教授、教授,讲授西方哲学史。1952年全国院系调整,任北京大学哲学系教授。1958年起,任北大哲学系西方哲学史教研室主任。曾任北京市哲学学会会长等职。主要研究领域为古希腊罗马哲学、十八世纪法国哲学、现代西方实用主义哲学和现象学等。

周辅成(1911—2009)

四川江津县李市镇人。1933年,他从清华大学哲学系毕业后考上研究生,拜金岳霖等教授为师,攻读西方哲学和伦理学,是我国创立研究生教育体制之初最早的专业研究生之一。曾担任《清华周刊》编辑。1936毕业后辗转成都,任《群众周刊》编辑;和友人牟宗三主办《理想与文化》期刊,并先后担任四川大学、金陵大学教授。抗战胜利后转任武汉大学教授,出版了《哲学大纲》一书。1949年后与北京大学中国哲学史组同人一起重新评价儒家传统,写了《论董仲舒思想》《戴震的哲学》两部著作。在伦理学方面,周辅成编译了《西方伦理学名著选辑》《西方人道主义、人性论言论选辑》,为研究西方伦理学提供了非常有益的原始资料。

乔冠华(1913—1983)

江苏盐城人。1929年高中毕业即考入清华大学哲学系,后留学德国图宾根大学,获哲学博士学位。抗日战争时期,主要从事新闻工作,撰写国际评论文章。1939年加入中国共产党;1942年秋到重庆《新华日报》主持《国际专栏》,直至抗战胜利。1946年初随周恩来到上海,参加中共代表团的工作,同年底赴香港,担任新华社香港分社社长。1949年后,历任外交部外交政策委员会副主任、外交部部长助理、外交部副部长、外交部部长等职。1976年后,任中国人民对外友好协会顾问。乔冠华在新中国的外交活动中发挥了重要作用,参加板门店朝鲜停战谈判、出席日内瓦会议、草拟1972年中美联合公报,特别在1971年11月,乔冠华率领中华人民共和国代表团第一次出席联合国大会,标志着中华人民共和国在联合国合法席位的正式确立。

冯契(1915—1995)

原名冯宝麟,出生于浙江诸暨。中国现当代著名哲学家与哲学史家。1935年,冯契考入清华哲学系,师从金岳霖、冯友兰等教授,20世纪40年代在西南联大清华文科研究所完成硕士论文。50年代初,冯契来到刚成立的华东师范大学,成为该校哲学系创始人,历任华东师范大学教授、政治教育系主任,华东师范大学哲学系名誉主任,上海社会科学院副院长,国务院学位委员会第一届学科评议组成员,中国哲学史学会第一、二届副会长,上海市社会科学联合会第三届副主席,上海市哲学学会第五届会长,中国辩证逻辑学会会长。著作结集为《冯契文集》(十卷本,1996;十一卷本,2015,华东师范大学出版社)。

王玖兴(1916—2003)

出生于江苏省赣榆县海头镇。著名西方哲学史专家、翻译家,中国社会科学院哲学研究所研究员、博士生导师。1944年秋,王玖兴报考西南联大清华研究院,攻读硕士学位,毕业后任该校哲学系哲学史课教员。1948年春,王玖兴通过公费留学考试,赴弗莱堡大学留学,进修哲学和心理学。1955年夏,取得博士学位,随后留校任教,任弗莱堡大学讲师,讲授中国哲学。1957年6月,在周恩来总理的亲自关怀下举家返回祖国,到中国科学院哲学所工作。1976年,任哲学研究所研究员兼研究室副主任。翌年,又兼任中国社会科学院研究生院哲学系副主任,当选为中华全国西方哲学史学会理事。后又当选为"国际辩证哲学协会"理事会理事,荣任第七届国际康德哲学大会名誉主席。

殷海光(1919—1969)

原名殷福生,湖北省黄冈市团风县人。中国著名逻辑学家、哲学家。师从金岳霖教授。西南联大毕业后,进入清华大学哲学研究所,并曾在金陵大学(南京大学前身之一)任教。1949年进入台湾大学哲学系任教,是20世纪五六十年代台湾地区最负盛名的政论家。

王浩(1921—1995)

数理逻辑学家、哲学家。祖籍山东省德州市齐河县,出生于山东省济南市。1939年毕业于现山东省济南第一中学,进入西南联大数学系学习,师从金岳霖先生。1943年获学士学位后又入清华大学研究生院哲学部学习,1945年以《论经验知识的基础》的论文获硕士学位。1946年,王浩前往美国哈佛大学,师从美国著名哲学家、逻辑学家奎因(W. V. Quine)攻读博士学位,两年时间即获哈佛大学哲学博士学位。在哈佛短暂教学之后赴苏黎世与贝奈斯(Paul Bernays)一起工作。1954—1956年,在牛津大学任第二届约翰·洛克讲座主讲,又任逻辑及数理哲学高级教职,主持数学基础讨论班。1961—1967年,任哈佛大学教授。1967—1991年,任洛克菲勒大学逻辑学教授。20世纪50年代初被选为美国科学院院士,后又被选为不列颠科学院外国院士。1983年,被国际人工智能联合会授予第一届"数学定理机械证明里程碑奖",以表彰他在数学定理机械证明研究领域中所作的开创性贡献。著有《数理逻辑概论》《从数学到哲学》《哥德尔》《超越分析哲学》等。

周礼全(1921—2008)

湖南湘西人,中国著名逻辑学家和哲学家,中国社会科学院哲学研究所研究员、博士生导师,曾任中国逻辑学会会长、中国社会科学院哲学研究所学术委员会主任等。1941年考入西南联合大学哲学系,1946年毕业后考入清华大学研究院哲学系攻读研究生,师从金岳霖教授。1949年研究生毕业获得哲学硕士学位,并留校在哲学系任助教、讲师。1952年院系调整,调至北京大学任哲学系讲师。1955年,调入中国科学院哲学研究所。1983年任《中国大百科全书哲学卷》编委、副主编。周礼全先生是在中国传播现代逻辑的主要代表人物之一。

苏天辅(1922—2017)

广东番禺人。1952年清华大学哲学研究生毕业,毕业后受聘于东北师范大学,1956年起执教于西南师范学院,1987年评聘为教授、硕士生导师,历任教研室主任、系主任、研究所所长、校务委员、校文科学术委员会主任等职。担任中国逻辑学会常务理事、学术咨询委员,四川省逻辑学会理事长,重庆市自然辩证法研究会理事长,中国金岳霖学术基金会学术委员,四川省社科联理事,中国辩证逻辑研究会副理事长、顾问等。

朱伯崑(1923—2007)

1951年毕业于清华大学哲学系,留校任冯友兰教授的助手;1952年与冯友兰一同调入北京大学哲学系。从1986年开始,他连续出版了四卷本的《易学哲学史》,长达150万言,开创了"易学哲学研究"新学科。他主编的"易学智慧"丛书成为20世纪90年代易学哲学研究的重要著作,荣获2000年国家图书奖;他主编的《国际易学研究》也成为易学哲学研究的优秀学术刊物。1990年以来,朱伯崑先生为推动中国哲学研究尤其是易学哲学研究做了大量工作。他先后主持成立了中国自然辩证法学会易学与科学委员会、东方国际易学研究院、国际易学联合会、冯友兰研究会。

张岂之(1927—　)

江苏南通人,中国著名历史学家、思想史家、教育家。1950年毕业于北京大学哲学系,同年考入清华大学文科研究所读研究生。1951年在重庆教育学院任教。1952年在西北大学从事教学工作,1980年晋升为教授,后历任西北大学历史系主任、西北大学副校长、西北大学校长、华中科技大学历史研究所所长,曾任西北大学中国思想文化研究所所长、教授,清华大学思想文化研究所教授。2016年10月29日荣获"国学终身成就奖"。

张岂之长期从事中国思想文化史研究。20世纪五六十年代,他协助侯外庐先生整理《中国思想通史》第一、二卷,后来又同侯外庐、邱汉生共同主编了《宋明理学史》,成为史学界著名的侯外庐学派的领军人物。

李学勤(1933—2019)

北京人,1951年至1952年就读于清华大学哲学系,师从金岳霖教授。著名历史学家、古文字学家,清华大学出土文献研究与保护中心主任、教授。致力于汉以前的历史文化研究,注重将传世文献与考古学、出土文献研究成果相结合,在甲骨学、青铜器、战国文字、简帛学,以及与其相关的历史文化研究等众多领域,均有卓越建树。曾担任国际欧亚科学院院士,国务院学位委员会历史评议组组长,夏商周断代工程专家组组长、首席科学家,中国先秦史学会理事长,英国剑桥大学、美国加州大学(伯克利)等多所外国名校的客座教授及国内多所高校的兼职教授。2014年9月获得首届"全球华人国学奖终身成就奖"。2018年1月21日,入选清华大学首批文科资深教授。

参考文献

[1] 陈旭、贺美英、张再兴主编:《清华大学志1911—2010》,四卷本,北京:清华大学出版社,2018。

[2] 韩水法主编:《北京大学哲学学科史》,北京:商务印书馆,2014。

[3] 李四龙编著:《有哲学门以来:北京大学哲学系1912—2012》,北京:生活·读书·新知三联书店,2012。

[4] 清华大学校史编写组编著:《清华大学校史稿》,北京:中华书局,1981。

[5] 清华大学校史研究室编:《清华大学一百年》,北京:清华大学出版社,2011。

[6] 清华大学历史系编:《文献与记忆中的清华历史系(1926—1952)》,北京:清华大学出版社,2016。

[7] 齐家莹编撰、孙敦恒审校:《清华人文学科年谱》,北京:清华大学出版社,1999。

[8] 苏云峰:《抗战前的清华大学(1928—1937)》,台北:"中央研究院"近代史研究所,2000。

[9] 万俊人主编,刘石、王中江、彭刚副主编:《清华大学文史哲谱系》,北京:清华大学出版社,2014。

[10] 王孙禺、周茂林、李珍编著:《清华时间简史·人文社会科学学院》,北京:清华大学出版社,2016。

[11] 谢维和等:《文脉:21世纪初的清华文科》,北京:商务印书馆,2019。

[12] 西南联合大学北京校友会编:《国立西南联合大学校史:一九三七至一九四六年的北大、清华、南开》,北京:北京大学出版社,1996。

[13] 袁小怡:《清华大学:王者之校》,香港:明镜出版社,2010。

致　　谢

2018年1月，宋继杰教授出任清华大学哲学系系主任之始，专门与我商谈，嘱托我编写一部"清华大学哲学系史稿"之类的东西，当时主要是为了完成由清华大学人文学院文史哲三家构成的"院史"中的哲学系系史部分。我于2019年1月底大致完成了上述哲学系系史初稿。经过我与宋继杰教授协商，为了迎接2020年5月清华大学哲学系复建20周年，有必要充实这一初稿。呈现在读者前的就是经过扩展而完成的"清华大学哲学系系史"。

首先，我感谢宋继杰教授，没有他的运筹策划，这部系史是不会问世的。

其次，我感谢白彩凤同志。她自2000年8月至2014年11月在哲学系办公室全面负责日常行政、教务、财会等事务工作，独自一人担负着并完成了在其他系办公室两三个办公人员才能胜任的工作。白彩凤同志出色的工作成绩和勤奋精神为哲学系全体同人所一致称赞，并且成为哲学系那些年发展的一个重要组成部分。我在编写哲学系系史时，白彩凤同志虽然已调入人文学院机关工作，但是她及时地给我提供了丰富的、珍贵的、往往是一手的系史资料、数据、图片等。没有白彩凤同志鼎力相助，这部系史不可能顺利完成。

再则，我感谢清华大学校史馆金富军、刘惠莉同志，感谢清华大学档案馆朱俊鹏同志，感谢清华大学图书馆周强同志，感谢人文学院机关高嵩、柴鸥立、王艳萍、边玉荣、刘爽同志。感谢乔昱卜同志为这部系史稿专门拍摄冯友兰先生塑像。上述诸位同志给了我非常需要的帮助。

还有，我感谢刘奋荣教授为这部系史所写的专文，感谢哲学系办公室的赵胜男、沈鸿慎同志，感谢哲学系各位学科负责同人。他们的大力帮助使我在编写之际受益至深。

最后，感谢清华大学出版社的梁斐同志，正是她的辛勤编辑和具体建议，为这部系史稿增光添彩。

之前，我从没有想到过由我来编写一部逾10万字的清华哲学系系史。迄今，我来清华大学任教近35年，经历了清华大学文科尤其是哲学学科的复建过程，各种体验，颇多起伏，诸类感慨，唏嘘不已！这部匆匆草就的哲学系系史，由于本人能力有限，挂一漏万，难免纰缪。谨望各位读者批评、指正！

唐少杰

完稿于2019年6月

定稿于2020年元月

清华园新斋211室

补　　记

此次补充在本书2020年6月第一版的基础上进行，主要是对截至2024年7月前的学生毕业简况、博士后出站简况、系领导班子变动和大事记等的补充。

首先，非常感谢清华大学校史馆金富军副馆长的建议，致使我编著的这部系史有可能忝列清华大学院系专门史的丛书之中。

其次，十分感谢清华大学出版社梁斐女士鼎力襄助，促使这部系史得以补充后付梓。

再则，谨向清华大学哲学系办公室赵胜男、曲冰致以谢忱，没有她们给予我的资料帮助，难以想象上述补充工作的顺利完成。

唐少杰

2024年7月

清华大学蒙民伟人文楼326室

1. 1926年，清华学校评议会决定设立包括哲学系等在内的十七学系。图片为《第二次评议会开会记录》(1926年4月28日)，清华大学档案馆藏，全宗号1，目录号2：卷宗号6：1

2. 金岳霖先生在20世纪40年代

3 金岳霖先生 1963 年秋季在北京

4 冯友兰先生在 20 世纪 30 年代

5 冯友兰先生 20 世纪 60 年代在北京大学家中

6 邓以蛰先生在 20 世纪 30 年代

7 张申府(崧年)先生在 20 世纪 30 年代

 8 张荫麟先生在 20 世纪 30 年代

 9 张岱年先生在 20 世纪 40 年代

 10 冯友兰先生与张岱年先生 20 世纪 80 年代在北京大学

11　1929年哲学系第一届毕业生 沈有鼎

12　1932年哲学系毕业生 乔冠华

13　1932年哲学系毕业生 王宪钧

14　1933年哲学系毕业生 周辅成

15　1934年哲学系四年级学生(后转入外系)　吴恩裕

16　1938年哲学系毕业生　王逊

17　1935年,清华大学哲学系系会

18　1936年,清华大学哲学系系会

19　1937年,清华大学哲学系系会

20　1951年夏,清华大学哲学系教师与毕业学生

21 1951年,清华大学哲学系教师,左起:沈有鼎、张岱年、王宪钧、金岳霖、邓以蛰、任华、冯友兰

22 1983年夏,张岱年先生与陈来在北京大学西门外餐厅

23 1986年夏,冯友兰先生与陈来在冯先生家

24 1993年10月,万俊人与著名哲学家、哈佛大学哲学系教授罗尔斯在罗尔斯办公室

25 2001年4月,著名哲学家哈贝马斯在清华大学发表学术讲演后,与万俊人聚餐

26　2000年,清华大学哲学系复系之初,全系教师合影。左起:刘燕妮、赵甲明、王晓朝、韦正翔、胡伟希、吴倬、卢风、蔡曙山、艾四林、万俊人、唐少杰、唐淑云、侯铁桥、田薇、邹广文

27　2003年10月,杜维明先生与清华哲学系教师在一起。左起:唐少杰、卢风、万俊人、杜维明、王晓朝、王路

28　2004年,哲学系教师宋继杰、彭国祥与2000年复系后的第一届本科生合影

29　2005年7月,哲学系教师在莫斯科全苏农业展览馆前合影。前排左起:韩立新、王晓朝、邹广文、肖巍、田薇、肖鹰、朱东华;后排左起:王峰明、王中江、赵甲明、唐少杰、艾四林、侯铁桥、万俊人、王路、唐文明

30　2008年1月26日，圣凯与季羡林先生在一起

31　2008年10月，哲学系师生在京郊青龙峡进行学术交流

32　2012年11月，清华大学"马克思恩格斯文献研究中心"成立大会

33　2014年7月，清华大学—阿姆斯特丹大学逻辑学联合研究中心开幕式

34　2014年10月,清华大学哲学系特聘教授叶秀山先生在《启蒙与自由——叶秀山论康德》出版座谈会上发言

35　2015年12月,清华大学道德与宗教研究院成立

36 2016年6月,万俊人在第六届ISBEE世界大会上作英文主旨演讲

37 2017年9月,清华大学长聘教授聘任仪式上,邱勇校长与哲学系获聘的五位长聘教授合影。左起:圣凯、夏莹、吴国盛、邱勇、宋继杰、丁四新

38　2017年10月,宋继杰(右二)、范大邯(右一)同清华大学教务处处长彭刚(右五)会见德国图宾根大学校长本特·恩格勒(Bernd Engler,左三)等

39　2017年11月,哲学系举办"黑格尔/费希特哲学翻译与研究"研讨会暨德国哲学专业委员会成立会议

40　2018年1月,陈来获得第四届会林文化奖

41　2018年3月,国家社会科学基金重大项目"汉传佛教僧众社会生活史"开题会

42　2018年4月,清华大学聘任四位金岳霖逻辑学讲席教授。左起:谢立民(Jeremy Seligman)、范丙申(Johan van Benthem)、魏达格(Dag Westerstahl)、司马亭(Martin Stokhof)

43　2018年5月,清华大学哲学学科学位授权点现场评估会。后排左起:唐文明、韩立新、蒋运鹏、田英、龚李萱、魏博、圣凯、郭庆来;中排左起:刘奋荣、宋继杰、丁四新、孙晶、段江飞;前排左起:万俊人、杨学功、李景林、王南湜、干春松、韩东晖、臧峰宇、吴彤

44　2018年6月9日,刘东在清华大学图书馆邺架轩举行新书发布会

45　清华大学哲学系2018届毕业纪念。后排左起:俞珺华、蒋运鹏、孙晶、唐少杰、圣凯、陈浩、朱东华、范大邯、王远哲;中排左起:何青翰、沈鸿慎、夏莹、刘奋荣、万俊人、田薇、唐文明、高海波、宋继杰、田英;前排左起:周阳、吕星宇、夏元谨、王芷西、王政杰、李琳、熊亦冉、赵藤子、朱吟秋、杨航

46 2019年9月21—22日,清华大学哲学系承办教育部高等学校哲学类专业教学指导委员会2019年年会暨全国高校哲学院(系)院长(系主任)联席会议

47 2024年8月,刘奋荣教授当选为国际哲学学院(Institut International de Philosophie)院士

48 冯友兰先生塑像(2001年校庆之际始立于清华大学人文社会科学学院图书馆,现立于清华大学蒙民伟人文楼二楼哲学系)